パリと五輪

空転するメガイベントの「レガシー」

佐々木夏子

以文社

序

筆者は二〇〇七年からパリに住む在仏日本人である。第二章で詳しく論じるが、フランスは極端に中央集権的な国で、その首都は同心円状の構造を持つ玉ねぎのように拡大したメトロポリスである。中心が空虚で（ロラン・バルト）、「副都心」や「新都心」がいくつもあり、めったに故障を起こさない鉄道網が高密度で郊外まで広がる東京とはまったく異なる成り立ちをしている。私はあまりパリの外に出ることがない生活をしているのだが、そのようなライフスタイルは私個人の出不精という資質に「だけ」起因しているのではなく、「文明の価値のもろもろ、つまり精神性（教会が代表）、権力性（官庁が代表）、金銭性（銀行が代表）、商業性（デパートが代表）、言語性（カッフェと遊歩道を持つ広場が代表）」[*1]が中心に凝縮するパリという都市の要請でもあるのだ。

けれども二〇一七年以降、郊外急行鉄道（RER）B線や地下鉄七番線、一三番線に乗ってパリの北、つまりサン＝ドニ、サン＝トゥアン、オーベルヴィリエといった地に赴く機会が増えた。この地域に集中するオリンピック関連施設の建設計画に不満を持つ住民らの運動に接近したからである。本文中ではさも旧知の土地のような書きぶりになっているが、プレイエル地区やジョルジュ＝

ヴァルボン公園、オーベルヴィリエ城塞を私がはじめて訪れたのはオリンピック決定後のことだ。タヴェルニーやトルシーにいたっては、二〇一七年以前に地名を知っていたかどうかすらあやしい。

ところで、こうした現場に足繁く通った私が、住民運動に歓迎されることはなかった。私は二〇一六年末に招致反対運動に参加し、パリでの開催決定後もデンバーにおける一九七六年冬季五輪反対運動成功の例を出して開催権の返上を訴えていたのだが[2]、そのような主張と活動により、オリンピックそのものに反対するわけではない住民運動への「潜入工作(entrisme)」を「フリースタイル(freestyle)」で試みる「遺伝子レベルの反オリンピック(génétiquement anti-jo)[3]」と揶揄され、あげくには非難されるようになったのである。

それでも私は、過去八年にわたりオリンピックに反対する活動に関わってきた。自らそう称することはないのだが、取材などを受けると「活動家(militante)」と紹介されてしまうので、その呼称を引き受けないわけにはいかないのだろうと諦めている。そして少人数での活動を続けていくなか、英語圏のマルクス主義理論コレクティブ、エンドノーツの展開する「非＝運動(non-movement)[4]」論への共感を深めていったのである。

エンドノーツの「非＝運動」論は、イラン系アメリカ人社会学者、アセフ・バヤットの「アラブの春」論[5]に直接依拠している。「非＝運動(non-movement)」というターム自体、アラブ諸国の「革命家なき革命(revolution without revolutionaries)」を論じるなかでバヤットの発明した概念で、エンドノーツはそれをフランスの「黄色いベスト」やアメリカの「ブラック・ライブズ・マター」の分析に応用したのだ。こうした反乱（uprising）あるいは論者によっては蜂起（insurrection）と呼ぶものが運動（movement）と似て非なるのは、前者が「バラバラで未組織の行為者による共同行動（the collective action of dispersed and unorganized actors）」であるためだ。そのため「非＝運動」は「混乱と統治不能（confusion and ungovernability）」を不可避的にともなう。エンドノーツが「非＝運動」にはじめて正面から取り組んだ論考、「野蛮人どもよ、前進せよ（Onward Barbarians）」のなかでは指摘されていないが、この趨勢の背景にあるテクノロジーとはもちろんソーシャルメディアである（ムバラク退陣に感激した父親にそう名づけられたエジプトの「フェイスブックちゃん」は、今年一三歳だ）。要約すると、活動家たちが対面での議論を重ねて地道に構築していくのではなく、知らない人間同士がソーシャルメディア上でハッシュタグを共有することで近年の大きな反乱は起きているということである。

パリのオリンピック周辺の行動も、勤勉な活動家たちの運動ではなく、バラバラで未組織な「非＝運動」が中心になるかもしれない、と思いながら、過去数年にわたり私は愚直に運動を続けてきた。この予感は、二〇二三年の年金改革反対運動で「#PasderetraitpasdeJO（年金改革案を引っ込めろ、さもなければオリンピックはないぞ）」（第三章）というハッシュタグが登場したとき、確信に限りなく近づく。それでも私が自分のやっている地道な運動を無駄だとまでは思わなかったのは、同時に「非＝運動」の限界についても考えはじめていたからである。*6「非＝運動」が起こるかどうかは予測できないし、そもそも起こそうと思って起こすことができるものでもない。「非＝運動」が起きないということは結局その程度の問題なのだ、とあっさりオリンピックを不問に付すことは、私にはできなかった。
ここまで、そもそもなぜパリでもオリンピックを批判しなくてはならないのかを説明することなく話を進めてきた。コロナで延期になったうえに無観客開催となった東京五輪と異なり、パリ五輪は環境に配慮する、これまでとは違う画期的な大会なのでは、と思われる向きもあろう。国際オリンピック委員会（IOC）の主催するイベントが、開催都市がどこであれ必ず同質の問題を生んでしまう構造を解明することは、本書の大きな目的のひとつである。本書で何度も参照されるアメリカの政治学者、ジュールズ・ボイコフは、フランスのシンクタンクが二〇二一年に行なったインタビューで次のように語っている。

最良の場合でも、オリンピックは負債、強制退去、グリーンウォッシング、公共圏の軍事化をもたらします。こうしたダイナミクスは東京で展開しているわけですが、これらは単に東京の問題なのではありません。地理を問わず、ある開催都市のあとで別の開催都市に出現する、オリンピックの問題なのです。[*7]

東京オリンピックで発生した問題は「東京の問題なのでは」なく、程度の差はあれあらゆるオリンピック開催都市で生まれる問題なのだ、とボイコフは言っているわけだが、本書は彼の議論を補強する最新のケーススタディということになるだろう。

第一章は、もともと独立した章にするつもりはなかったのだが、書いているうちに長くなってしまった二〇二四年大会にいたるまでの前史である。ここに書かれるのはフランス現代史で「栄光の三〇年間（trente glorieuse）」と呼ばれる第二次世界大戦後の高度経済成長期のあとで、旧工業地帯の空間をどう再編するかというポスト・フォーディズム的課題のローカルな展開でもある。

第二章では、このオリンピックがグラン・パリと呼ばれる首都圏の空間再編プロジェクトと密接に関わり、過去のどの大会でも見られた「都市への権利」をめぐる問題が反復されていることが分析される。質的にも量的にも、本書の中核となる章だ。

第三章は、パリ五輪への「反対運動」が気候運動によって活性化した文脈を紹介している。近年フランスで盛んな「守るべき土地（ZAD）」という占拠戦術が、オリンピックプール建設にともなう菜園破壊に反対する闘争でも採用された。こうした闘争の「レガシー」が、フランスでの開催が内定している二〇三〇年冬季オリンピックへの「抵抗」もとい「アルプス防衛闘争」につながるだろうか、という問いもこの章で検討される。

第四章では、二〇〇四年アテネ大会以降、すべてのオリンピック開催都市で見られる過剰な治安維持がパリ五輪で見せている展開と、そこからの派生問題が論じられる。

第五章ではいわゆる「商業オリンピック」の成り立ちが分析されるが、この章で一番書いておきたかったのは、パリ五輪組織委員会事務総長が設立したコンサルティング会社（ケネオ社）が二〇二〇年東京五輪の招致に関与していたこと、ならびに同社の買収によって電通がパリ五輪に間接的に関わっていたことである。オリンピックのまわりで蠢くスポーツコンサルたちは非常に狭い世界を作っており、顔見知り同士で手を組んだり、袂を分かってしのぎを削ったりしている。東京大会のあとで電通が世界のスポーツ業界での覇権を失って以降、フランスのスポーツコンサルの影響力が相対的に大きくなったために三〇年冬季大会もフランスに決まった、という側面もある。

本書は「非＝運動」論の展開が断念された結果、このような構成となった。オリンピック周辺での「非＝運動」について総括を著すには、やはりどうしてもパリ大会終了を待たなくてはならない。しかし八年も活動していたので私には書きたいことが溜まっている。それをパリ五輪への関心が高まるタイミングに合わせて世に問いたい、ということで生まれたのが本書である。換言すれば、一番売れそうな時機を得て出版したかったということになるが、その動機は金銭的なもの（だけ）ではない。私見では、東京大会を経験したあとの日本は、世界でもっともオリンピックへの批判が広まった国となっている。札幌でほぼ内定していた三〇年冬季大会が覆された最大の理由は、世論の不支持である。ＩＯＣが札幌を見切る直接のきっかけとなったと思われる高橋治之らに下った有罪判決（第五章）は、日本人のオリンピック嫌いを決定づけた「最後の藁」であって、理由のすべてではない。とはいえ日本で優勢であるのが「日本では二度とオリンピックを開催すべきではない」といった言説であるのもまた事実だ。そうではない、オリンピックは東京だから「失敗」したのではなくどこの国でも必ず問題を起こすのだ、という先に引いたボイコフの発言の変奏を、パリ五輪がはじまる前に世に問いたかったのである。おそらく日本のメディアは「さすがフランスでやるオリンピックは素敵」といった言説を形成するはずだ。それらを止められるとまでは思っていないが、対抗言説で先制することで日本におけるメガイベント批判に貢献できれば、本書の狙いは達成できたと言える。

パリでオリンピックをめぐる運動（または「非＝運動」）がどれほどのものとなりそうかは、大会を二ヶ月後に控える現在でもまったく予測できない。他方、「地球の裏側」のオーストラリアで興味深い動きが出てきている。同国は二三年七月にコモンウェルスゲームズの開催権を返上している。コモンウェルスゲームズとは、英連邦に所属する国と地域が参加し、四年ごとに開催される総合競技大会だ。二六年大会の開催地はオーストラリアのヴィクトリア州に「決定」していたのだが、開催費高騰を理由に州政府が中止を決めたのである。そのような政治的決定は可能なのだ。この序文を書いている二四年六月現在、代わりの開催地は見つかっておらず、コモンウェルスゲームズ自体がこのまま消えてなくなる可能性は決して小さくない。そしてこのような決定がオリンピック開催を八年後に控える国で下されたことで、オリンピックの中止が理論上はもちろん、政治的にも可能であることを思い起こさせたのだった。三二年ブリスベン大会のためには、日本の国立競技場のように、オリンピックスタジアムが新設される予定だったが、クィーンズランド州が計画を白紙撤回している。複数の報道によれば、その議論の過程でオリンピック自体の中止も議会で検討されたそうだ。[*8] オーストラリアにおけるこうした一連の動きは、運動でも「非＝運動」でもなく、間接民主主義で選ばれた代表者がオリンピックを葬り去る可能性が確実に存在することに、あらためて気づかせてくれたのである。

オリンピックの未来がこのように不安定であるのはなぜか、本書がその理解の一助となれば幸いである。

注

＊1 ロラン・バルト『表徴の帝国』宗左近訳、ちくま学芸文庫、一九九六年、pp.52-54。

＊2 Natsuko Sasaki, « Des villes qui refusent les Jeux olympiques », Frédéric Viale (dir.), *Paris JO 2024 : miracle ou mirage ?*, Libre & Solidaire, 2018, pp.131-140.

＊3 カッコ内のフランス語は、一字一句違わずメーリングリストのやり取りで使用された表現である。準私信であるので出典の記載は控える。

＊4 Endnotes, *Onward Barbarians*. https://endnotes.org.uk/posts/endnotes-onward-barbarians（二〇二四年四月二四日閲覧）

＊5 Asef Bayat, *Life as Politics: How Ordinary People Change the Middle East*, Stanford University Press, 2013.

＊6 二〇二二年にイランを席巻した「女性、命、自由」をめぐる闘争のあっけない鎮火が、「非＝運動」の限界に目を向けるきっかけとなったことを記しておく。

＊7 Estelle E. Brun, *The Olympic Games during Covid-19: What is at stake for Toyko?*, Institut de Relations Internationales et Stratégiques, le 19 février 2021. https://www.iris-france.org/154673-the-olympic-games-during-covid-19-what-is-at-stake-for-toyko/（二〇二四年四月二四日閲覧）

＊8 Jeremy Wilson, 'Queensland government looked into cancelling 2032 Brisbane Olympics', *The Telegraph*, 19 March 2024. https://www.telegraph.co.uk/olympics/2024/03/19/brisbane-2032-olympics-australian-government-cancel/（二〇二四年四月二四日閲覧）

パリと五輪　目次

メディア村
スタッド・ド・フランス
＝ドニ＝
イエル駅
JAD（オーベルヴィリエの
労働者菜園）
アディダス・
アリーナ
公園
ペリフェリック
（環状線）
パリ市内
ベルシー
体育館

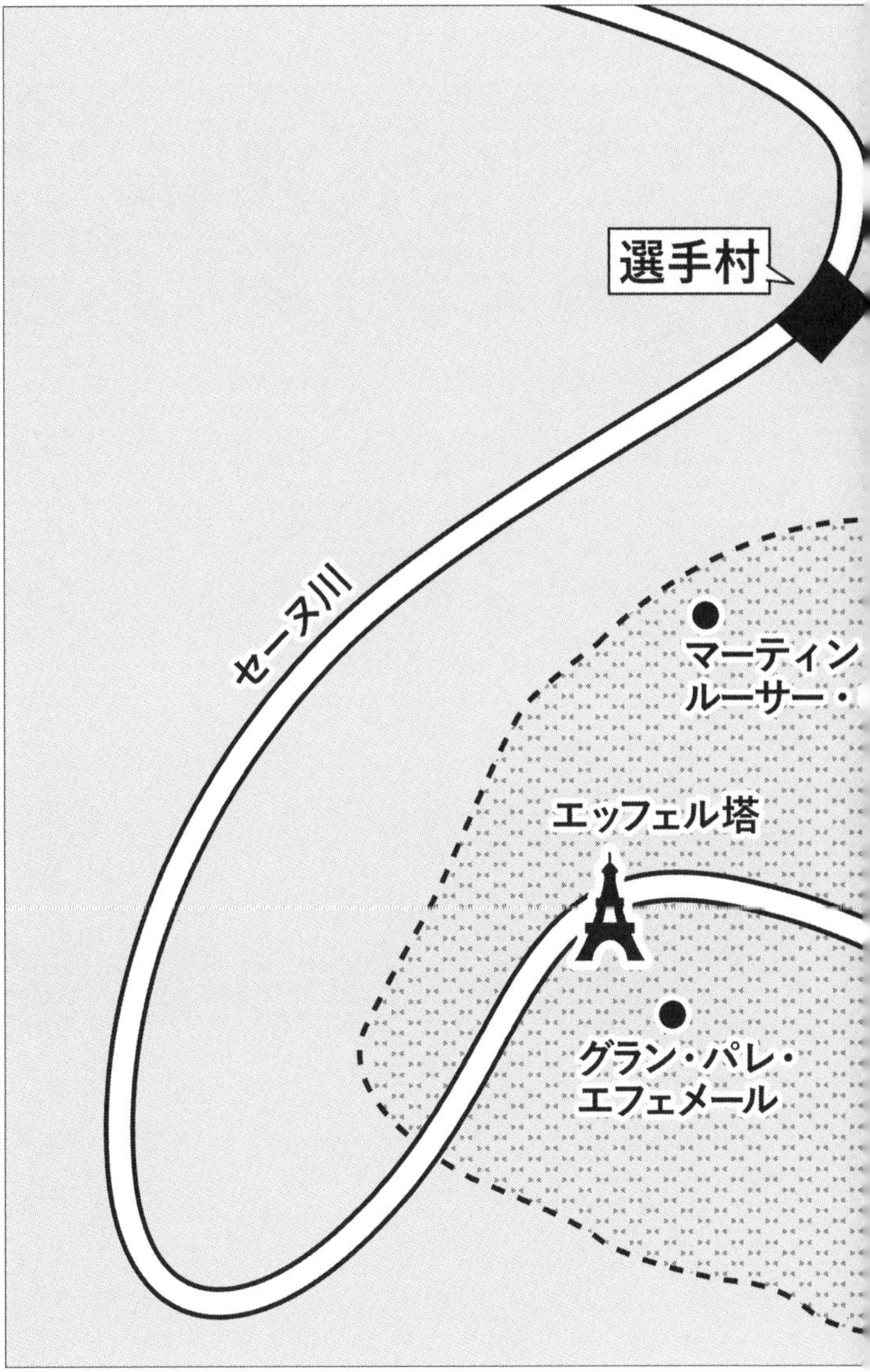

選手村
セーヌ川
マーティン
ルーサー・
エッフェル塔
グラン・パレ・
エフェメール

パリと五輪　空転するメガイベントの「レガシー」

第一章　一九九二年、二〇〇八年、二〇一二年大会招致計画

1-1. 前史――クーベルタンからグルノーブル冬季オリンピック（一九六八年）まで

パリへのオリンピック招致の歴史は長い。二〇二四年大会の開催が決まる前に、一九九二年、二〇〇八年、二〇一二年大会と三度挑戦している。九二年大会の招致活動が一九八三年にはじまっていることを顧みれば、二四年大会の開催は実に四〇年越しの悲願成就ということになる。一つの都市がこれほどしつこくオリンピック開催にこだわり続けた例は、ほかには東京くらいしかないだろう。日本人が首都でのオリンピック開催を企図する際、「一等国」であることを確認したいという承認要求があることは、多くの先人が明らかにしているとおりである。翻って、一九二四年大会はともかく、近年のパリ五輪招致計画にこうしたイデオロギー性は希薄である。

では「世界のなかのフランス」のアピールが動機でないなら、パリでオリンピックを開催することへの執着はどこから出てくるのか？　パリへの五輪招致計画の原動力を一言であらわすなら、それは政界、財界、スポーツ界の利害の一致となる。それを特殊フランス的と言うことはできないだろう。しかしここで注意したいのは、このような利害一致は実はそれほど普遍的な現象でもない、ということなのだ。政界や財界にスポーツ界が食い込んでいる国はそれほど多くあるわけではない。大規模スポーツ大会開催やエリートアスリート育成への関心が低い国は、経済規模の小さい途上国だけでなくヨーロッパにおいても数多く見出せる。その例にはオランダ[*1]およびフィンランド[*2]を挙げることができるだろう。

　オランダやフィンランドとフランスはなにが違うのか。近代オリンピックが一八九四年六月二三日にパリのソルボンヌ大学大講堂で生まれたという歴史的事実は、巨大な「レガシー」となっている。それは必ずしも「オリンピックの祖国」を素朴にアピールするかたちで表出するわけではない（「サッカーが祖国へ帰ってくる〔Football is coming home〕」のオリンピック版のようなフランス語の歌はない）。そうではなく、国際オリンピック委員会（ＩＯＣ）の第一公用語が現在にいたるまでフランス語であるといったような、目に見える制度として残っているのである。

　近代オリンピック創始者のピエール・ド・クーベルタンはフランス人であり、一九一五年までＩＯＣの本部はパリにあった。この事実は、一九世紀末から二〇世紀初頭にかけて黎明期にあった国際スポーツの組織化において、フランスが主導的役割を担ったことと大きく関わっている。しかしそれは必ずしも、クーベルタンが強い指導力を発揮したということではない。むしろクーベルタンとＩＯＣを牽制しようとしたフランス国内の対抗勢力の動きが、後世に大きな影響を残しているのである。

　よく言われることだが、クーベルタンは帝国主義全盛のフランスという社会的文脈においても、相当反動的な思想信条の持ち主であった。クーベルタンの人種主義と女性差別は、彼の時代のフランス社会のスタンダードからそれほどかけ離れていたわけではない。しかし当時としても問題となったのは、彼の階級意識と共和主義（つまりフランス革命）への距離である。クーベルタンはイギリスのパブリックスクールをモデルに、エリート教育の一環としてスポーツを根づかせようとした。他方、第三共和政（一八七〇―一九四〇年）のフランスでは大衆へのスポーツ普及を目指す勢力が拡大していた。そして一九〇五年に成立した政教分離法（Loi de séparation des Églises et de l'État）は、当時フランス最大のスポーツ組織であった共和主義の「フランス競技スポーツ連盟（Union des sociétés françaises de sports athlétiques）」と、それに対抗して結成されたカトリックの「フランス青少年体育・スポーツ連盟（Fédération gymnastique et sportive des patronages de France）」との間の緊張を高めることになった。この対立を受けて、敬虔なカトリックであるクーベルタンはフランス競技スポーツ連盟名誉会員の座を退いたのである（一九〇六年）。

クーベルタンおよび彼が絶大な影響力を持つＩＯＣと拮抗する反対勢力（＝フランス競技スポーツ連盟）がフランス国内にあり、そこから分離独立した組織が国際スポーツ連盟もリードするようになった、というのがこの時期の大まかな流れである。反クーベルタン陣営は、まずフランス国内の競技団体を取りまとめようとした。それに成功すると、今度はフランス主導で国際競技連盟を設立しようとする。そうして生まれた最大の組織が国際サッカー連盟であり、その略称ＦＩＦＡが「サッカーの母国」の言語ではなくフランス語名（Fédération internationale de football association）であるのはこうした経緯のためである。ヨアン・グロッセとミカエル・アタリはこの状況を「フランス人は多くの国際競技連盟の創設を誘発し、国際スポーツの組織化に関与し、国際スポーツ実践を生み出した。その組織、規則、イデオロギーはフランス人たちのナショナルなモデルに似ていた」[*3]と述べている。表1-1はフランス人の主導で誕生した主な国際競技連盟の一覧である。

国際連盟名称	設立年	初代会長／創設者	設立地
国際自転車競技連合（Union Cycliste Internationale）	1900	エミール・ド・ブーケラール	パリ
国際公認自動車クラブ協会（Union Cycliste Internationale）	1904	エティエンヌ・ファン・ザイレン・ファン・ナイベルト（ベルギー）	パリ
国際サッカー連盟（Fédération internationale de football association）	1904	ロベール・ゲラン（フランス）	パリ
国際航空連盟（Fédération aéronautique internationale）	1905	ロラン・ボナパルト（フランス	パリ
国際射撃連合（Union International de tir）	1907	ダニエル・メリヨン（フランス）	チューリッヒ
国際アイスホッケー連盟（Fédération internationale de hockey sur glace）	1908	ルイ・マニュス（フランス）	パリ
国際ローンテニス連盟（International Lawn Tennis Federation）	1913	ハンス・O・ベーレンス（ドイツ）	パリ
国際ウエイトリフティング連盟（Fédération internationale d'haltérophilie）	1920	ジュール・ロッセ（フランス）	パリ
国際馬術連盟（Fédération équestre internationale）	1921	デュ・テイル男爵（フランス）	ローザンヌ
国際狩猟連合（Union Internationale de Chasse）	1921	ジュスティニアン・クラリー（フランス）	パリ
国際ボブスレー・スケルトン連盟（Fédération internationale de bobsleigh et de tobogganing）	1923	ルノー・ドゥ・ラ・フレジョリエール（フランス）	パリ
国際ホッケー連盟（Fédération internationale de hockey）	1924	ポール・レオテ（フランス）	パリ

表 1-1　フランスの影響下で設立された主な国際競技連盟

国際サッカー連盟をはじめ、ここに挙げた連盟の多くがのちに本部をスイスに移している。その事実からも分かるように、国際スポーツにおけるフランスの影響力は第三共和政期のまま現在まで残っているわけではない。というよりも、一九二〇年代から三〇年代にかけて、クーベルタンのあとのIOC会長にフランス人を据えようとする試みがすでに失敗しており、「フランスの退廃の象徴となった」[*4]とグロッセとアタリは論じている。他方、フランスのスポーツ界は国際スポーツへの関心を失ったこともなければ、指を咥えたまま影響力の低下を甘んじて受け入れたわけでもなかった。つまり俗に言われる「スポーツ大国フランス」は、現在にいたるまでおおむね継続している。人民戦線内閣期(一九三六―三八年)にレオ・ラグランジュが初代スポーツ担当政務長官(secrétaire d'État)に就任して以降、政体が変わっても国家主導のスポーツ政策が根本から変わることはなかった。

そして第二次世界大戦後の高度経済成長期に、グルノーブル冬季五輪が開催された(一九六八年)。第一回冬季五輪のシャモニー大会(一九二四年)から四〇年ぶりとなる、フランスで二度目の冬季五輪である。この時点でフランスのほかに冬季五輪を複数回開催したことがある国は、アメリカ(レークプラシッド三二年、スコーバレー六〇年)とスイス(サンモリッツ二八年および四八年)しかない。グルノーブルはそれ以前のほとんどの冬季五輪開催地と異なり、山岳部のスキーリゾート地ではなく山麓の工業都市である。一九世紀から産業が発展しているローヌ＝アルプ地域圏第二の都市で(最大都市はリヨン)、一九五四年から六二年にかけて人口は四二・二パーセント増加していた。[*5]けれども、冬期オリンピックの競技の多くはもちろん山で行なわれる。そのため選手村やメディア関連施設のあるグルノーブルから六〇キロメートル離れた会場もあり、ＩＯＣによる開催地の選定を非難する声が複数の外国メディアからあがった。*6

都市開発のテコ入れのために招致された冬期五輪であるため、そのしわ寄せはこうしたかたちで押し寄せたのである。グルノーブル冬季五輪はその四年前の東京オリンピック同様、第二次世界戦後の経済成長を謳歌する西側の国家が大型インフラ整備を一気に進めるためのプロジェクトだった。そして東海道新幹線同様、国鉄グルノーブル駅や国道四八号線（リヨンとグルノーブルを結ぶ高速道路）といった大会「レガシー」の有用性については、現在も圧倒的なコンセンサスが形成されている。ヴィルヌーヴ（「新都市」という意味）地区に建設された選手村は、現在も誇らしげに「オリンピック村（village olympique）」の名を残している。そして自国選手の活躍で国別メダル獲得数で三位となり、集合的記憶に長く残る国民的英雄が生まれ、成功体験として語り継がれているのも東京オリンピックとよく似ている。大会に関連しグルノーブル市は二億二〇〇〇万フランの負債を背負い、六六年と六七年の住民税はそれまでの二倍以上に跳ね上がったが、経済成長とインフレーションにより大きな債務負担となることはなかった。

フランスに空前絶後の学生運動とゼネストの嵐が吹き荒れ、シャルル・ド・ゴール大統領の政治生命が絶たれるのは、この大会からわずか数ヶ月後のことである。けれども「グルノーブルの一三日」が、来たる五月のカルチェラタンの騒乱の記憶と混ざり合うことはまずない。世に出た時点でノスタルジーを先取りしていた、大会非公式テーマ曲とでも言うべきフランシス・レイのヒット曲（邦題「白い恋人たち」）の力も大きいのだろう。グルノーブル冬期五輪は「栄光の三〇年（trente glorieuse）」を謳歌する、アルジェリア戦争のトラウマも薄れゆく幸福なフランスの自画像を形成している。六八年のド・ゴール将軍は、グルノーブルとパリではほとんど別人である。

そして一三日間が過ぎ去ったら
フランスはいつもどおりに戻る
僕たちが心から愛する日常のフォークロア
それが毎日続いていく
けれどもこの一三日間に
フランスで僕らは愛を知った
この間ひとときも忘れたことはなかった
ゲームは続いていくのだ、ということを

Voilà qu'après treize jours
En France a repris le cours
D'un folklore quotidien qu'au fond l'on aime

Et qui vient au jour le jour
Pourtant pendant treize jours
En France on a fait l'amour
Sans oublier un instant que pendant tout ce temps
Les jeux suivraient leur cours

同年秋にはメキシコオリンピック開会式の一〇日前に、軍隊と警察の大弾圧が数百名の民間人の命を奪う。今日「トラテロルコの虐殺」として知られるこの事件が近代オリンピック史の重要な一ページとなっているのは、それが大会開催にいかなる影響も与えなかったというまさにその事実によってである。セレブレーションは断行される。それから四年後（七二年）のミュンヘンオリンピックでは、選手を標的にしたテロ事件が起き大会関係者から死者を出し、その模様が世界中のテレビで生中継された。この悲劇に対するアベリー・ブランデージＩＯＣ会長の答えは「The Games must go on（大会は続けられなくてはならない）」の絶叫であった。七六年のモントリオール大会は準備中にオイルショックが起き、ケベック州は負債の完済に三〇年の年月を要することになる。八〇年のモスクワ大会はアメリカをはじめとする主要国のボイコットが起こる。西側諸国の高度経済成長に翳りが出はじめるのとほぼ時を同じくして、オリンピックとＩＯＣは本格的な冬の時代を迎えたのである。

この間グルノーブルでは、オリンピックのあとで役目を失った施設がひっそりと実存的危機に陥っていた。フランスのスキー人口はグルノーブル五輪効果で急増し、アルプスの木々がなぎ倒されて「雨後の筍」のようにスキー場が出現したが、スキージャンプの競技人口まで爆発的に増えることはなかった。そもそもグルノーブル冬季五輪のジャンプ台は、当初から「レガシー」となることがまったく考慮されておらず、「オリンピック以外の存在理由を持たなかった」[*7]とボルドー大学のアンドレ・シュシェは論じている。ジャンプ台から飛行する選手をテレビカメラが後ろから映すとグルノーブルの街の上を飛んでいるような絵になる、というそれだけの理由で、ほとんど降雪のないサン＝ニジエ＝デュ＝ムシェロットに建設されたのである。

このジャンプ台は一九八一年の世界大会で使用されたのを最後に廃墟と化し、「白い巨象（white elephant：大きすぎて使い道がなく維持が大変な「無用の長物」のこと）」の好例となっている。前出のアンドレ・シュシェによれば、廃墟となったがゆえに近隣の若者が夏に集って違法薬物を楽しむ場という新たな役割が生まれているようだ。しかし本書の関心は、サン＝ニジエ＝デュ＝ムシェロットのジャンプ台の存在が現在にいたるまでフランスでほとんど知られていないことにある。つまりこの廃墟が、グルノーブル冬季五輪、ひいてはオリンピックそのものに批判的な考察を加えるきっかけとなることはなかったのである。

かくしてフランスで二度目の冬季五輪は幸福な一三日間として記憶され、『パリマッチ』誌によれば、グルノーブルは「フランスで最初の二一世紀の都市」（一九六八年二月一〇日号の特集タイトル）

となった。この思い出に支えられて、「スポーツ大国フランス」は長らくオリンピックの夢にまどろむことができたのである。

1-2. 一九九二年──ベルシー地区再開発

グルノーブル冬季五輪から一八年後、ピーター・ユベロスという実業家のもたらしたさまざまな「改革」が功を奏して、ロサンゼルスオリンピックが一九八四年に「大成功」を収める。メキシコシティ、ミュンヘン、モントリオール、モスクワと長く続いたオリンピックの冬の時代は終わり、スポーツマーケティングの本格的導入によって華々しく蘇ったのだった。

パリ市長ジャック・シラクが一九九二年大会の招致計画を明らかにしたのは、ロサンゼルスオリンピックの一年前の一九八三年である。この時期にシラクがパリ五輪を言い出した背景にあるのは、社会党のフランソワ・ミッテラン大統領との対立である。第五共和政初の左派の大統領となったわずか四ヶ月後に、フランス革命二〇〇周年およびエッフェル塔一〇〇周年にあたる一九八九年にパリで万国博覧会を開催する計画をミッテランは発表した。八二年には博覧会国際事務局（BIE）が申請を受理。八三年四月には万博開催関連法案が閣議に出される。そこまで進んだ話を、シラクはひっくり返したのである。

国政を担うようになったばかりの社会党の根回しの経験値は低く、革命二〇〇周年パリ万博の計画は関連自治体と協議されることなく、もっぱら国の中枢で話が進められた。すでに首相経験があり（一九七四年から七六年）ミッテランの最大の政敵であったシラクが、パリ市長という立場を利用して国政与党の出鼻をくじかずにいる理由を見つける方が難しい。八三年三月にパリ市長に再選されたシラクは、万博開催にかかる費用を理由にパリ市の協力を公に否定する。その二週間後にミッテランが中止を発表。そしてシラクは万博を反故にする前から進めていた五輪招致計画を主導していく。

ところで一九八九年パリ万博の発案者は、フランス軍需産業の大物で保守派の国会議員でもあったマルセル・ダッソーだった。一九七八年、つまりミッテランが大統領に就任する三年前に、ダッソーは国民議会でパリ万博開催の必要性を次のように訴えた。「私はエンジニアです。それと同時に、母国が失業を撲滅し、繁栄を取り戻したのち世界的危機から脱することを願う一人のフランス人でもあります[*8]」。ミッテランらは、ダッソーの唱える一九世紀から真空保存されたかのようなサン゠シモン主義にインスパイアされたわけではないだろう。けれども、ミッテランには革命二〇〇周年に合わせてパリを大改造し自らの足跡を首都に刻みつけたい、というアジェンダがあった。そしてパリ以上に万博による都市改造の業績を誇る都市は、世界中どこにもない。「エッフェル塔をはじめ、シャイヨー宮、グラン・パレ、プチ・パレ、アレクサンドル二世［ママ］橋、オルセー美術館、パリ市近代美術館と、現在知られるパリ名所のほとんどは、もとは万博施設として建設されたものである。一九世紀の首都パリは、まさしく博覧会都市にほかならなかったのだ[*9]」との吉見俊哉の言葉を引いて足早に確認しておこう。ミッテランが大統領に就任した一九八〇年代初頭には、パリには大規模開発の余地がまだ残っていた。彼の「グラン・プロジェ（Grands Projets）」に、ダッソーの提案するパリ万博が組み込まれるのは自然な成り行きですらあった。

幻に終わった万博主会場に予定されていたのは、パリ一二区、セーヌ川右岸（東側）のベルシー地区と対岸のトルビアック地区であった。

現在私たちの知るパリの市域を定めたのは、七月王政（一八三〇―四八年）下に建設された「ティエールの壁」である。ティエールの壁完成後も、壁の内部と外部に引き裂かれた格好となったベルシー市はしばらくの間パリに編入されず、一八五九年まで独立した自治体であった。一八世紀初頭にマロン・ド・ベルシー家が建設したベルシー城は、ベルシー市解体の二年後となる一八六一年に取り壊され、以後は（パリからリヨン方面に向かうのでこの名称となっている）リヨン駅がこの地区の姿を作っていく。産業革命による封建貴族の駆逐である。

リヨン駅は、パリとフランス第二（リヨン）および第三（マルセイユ）の都市圏を結ぶ、フランスでもっとも重要な鉄道駅のひとつである。それゆえベルシー地区は、増えていく一方の線路とセーヌ川に挟まれる格好となり、パリ市内で最後に開発される地区となった。一九七〇年代になってもこの地区は、一九世紀初頭から続くワイン倉庫街のままだったのだ。この地でミッテランは万博を行なおうとしたのである。

万博計画を葬り去ったシラクがパリにオリンピックを招致しようとした際も、ベルシー地区の開発は織り込まれた。招致委員会作成パンフレットの裏表紙は、一九八四年二月に完成したばかりのベルシー体育館の航空写真となっている。

「シラクのパリ五輪」はパリ東部の開発計画であった。招致計画の目玉となるベルシー体育館は、体操、ハンドボール（決勝トーナメント）、バレーボール（決勝トーナメント）の会場となる。選手村建設予定地となったのは、ベルシー体育館すぐ近くのベルシー地区と、セーヌ川を跨いだトルビアック地区である。また、メディアセンターおよび競泳会場となる一万人収容のアクアティックセンターもトルビアックに計画された。

もちろんこれだけの施設でオリンピックを開催することはできない。当時フランスには、八万人を収容できるスタジアムはなかった。パリ首都圏で最大のスタジアムであったパルク・デ・プランス（パリ・サンジェルマンFCのホームスタジアム）は、マルセイユのヴェロドローム（オランピック・マルセイユのホームスタジアム）やパルク・オランピック・リヨネ（オランピック・リヨンのホームスタジアム）よりも小さく、収容人数は五万人に満たない。そのため九二年パリ五輪招致委員会は八万人級のオリンピックスタジアムの新設を計画し、用地にはパリ東部に広がるヴァンセンヌの森が選ばれた。招致委員会の資料には、ヴァンセンヌの森にオリンピックスタジアムを建設することでどれだけの木が伐採されることになるかは書かれていない。

シラクはこの計画に自信を持っていた。だが、のちにフランス大統領を二期務めることになるシラクは、国内政治のプロであっても国際スポーツの政治力学についてはど素人であった。ＩＯＣの内部事情に通じていれば、九二年大会の開催権獲得が不可能であることは明らかだった。第七代IOC会長に就任したばかりのファン・アントニオ・サマランチが、出身地バルセロナを強く推していたからだ。IOCがバルセロナでオリンピックを開催し、一九三六年のベルリンオリンピックに対抗するかたちで同地で準備された人民オリンピックの歴史を上書きすることは、熱烈なフランキストであるサマランチの悲願であった。

当時もっとも有力なフランス人IOC委員であったグルノーブル五輪の三冠王、ジャン＝クロード・キリーは、こうした事情に精通していたのだろう。はたしてキリーが九二年大会のパリへの招致に協力することはなかった。パリ五輪招致協会はバルセロナに対する優越を示すため「近代オリンピック一〇〇周年」を持ち出す。IOCが定める「近代オリンピック誕生日」は、ソルボンヌ大講堂で全会一致でIOCの創立が可決された一八九四年六月二三日である。だから一九九二年では一〇〇周年に二年足りない。そこでパリ五輪招致協会は、一八九二年一一月二五日に同じくソルボンヌ大講堂でクーベルタンが行なったオリンピック復活の提唱に言及することで（「この偉大かつ有益な仕事、オリンピック大会の復活を実現させようではないか〔Réaliser cette oeuvre grandiose et bienfaisante : le rétablissement des Jeux Olympiques〕」）、IOC史観に修正を迫ったのである。ところでロサンゼルス五輪の成功を目前に、オリンピックは冬の時代から脱しつつあった。それにともなうIOCと開催希望都市の力関係の変化を、シラクらは見抜いていなかったのである。またオリンピック発祥地であることのみならず、自国の歴史や文化全般に対するフランス、ないしはジャック・シラクの自惚れは、IOC委員の心証を悪くし以後の招致活動の失敗の主要因となった、とフランスのスポーツコンサルタント、アルマン・ド・ランダンジェは分析している。*10

この間、ジャン゠クロード・キリーは「シラクのパリ五輪」には目もくれず、九二年冬季五輪をサヴォワ県の小都市、アルベールヴィルに招致するため奔走していた。サマランチにとっても、九二年夏季大会をバルセロナで開催する見返りにフランスに冬季五輪開催権を与えることは好都合であった。そしてアルベールヴィル五輪が決定し、キリーは組織委員長に就任した。しかし、フランスで三度目となる冬季オリンピックは、「栄光の三〇年間」を象徴するグルノーブル大会ほどの「レガシー」を残すことはなく、フランス選手団の活躍も国別メダルランキング七位に終わるなどパッとしなかった。この大会から生まれた最大のスターはアスリートではなく、開会式の演出を担当した振付家、フィリップ・ドゥクフレであろう。都市ではなくスキーリゾート地で開催された大会であるため選手村の建設は過剰な投資となり、建設地となったブリッド゠レ゠バンはのちに債務不履行に陥ることになる。

他方、パリでは万博に続き五輪の計画も潰えたわけだが、それでベルシーやトルビアックの開発が滞ることはなかった。一九世紀から続く経済活動（ワイン倉庫）に市内の土地を数十ヘクタールも占めさせておけるほど、パリの空間編成は悠長ではない。一九八八年には経済・財務省がベルシーに移転し、毎日五〇〇〇人が通勤する官庁街が形成された。ちなみに現在、フランスの政治・経済を語る文脈で「ベルシー」の語が出てくれば、この経済・財務省のことである。シラク肝入りのベルシー体育館の対岸には、ミッテランの名を冠した巨大図書館が作られる（一九九五年開館）。このフランス国立図書館新館は、ルーブル美術館のピラミッドやオペラ・バスティーユとならぶミッテランの「グラン・プロジェ」を代表する建造物となり、この地区の重要性を一気に高めた。一九九三年には広大な（一四ヘクタール）ベルシー公園が誕生。世紀が変わるとシネマテーク・フランセーズが公園内に移転する（二〇〇五年）。しかしこの地区の変容にとってもっとも重要であるのは、パリ初の全自動運転の地下鉄路線、一四号線の開通であろう（一九九八年）。当初は都心のサン＝ラザール駅やシャトレとパリ東部のリヨン駅やベルシー地区を結ぶために作られた路線であるが、その後パリ市域を超えて南北に伸長し続けており、後述する「グラン・パリ」計画の要ともなっている。

現在のベルシーの姿が示しているのは、万博やオリンピックがあろうとなかろうと、重要な都市開発は必ず進行するということだ。だとしたら、メガイベントの存在理由をＩＯＣが発明した「レガシー」というレトリックに求めることは、はたしてどこまで妥当なのだろうか？　この問いを検討するため今後もしばらくパリ五輪招致計画の歴史を見ていくが、二〇〇八年大会招致の前に起きる重要な出来事を検討するため、少し回り道をしなくてはならない。

1-3. スタッド・ド・フランス

一九九二年にパリでオリンピックを開催する計画は、ジャック・シラクという一人の政治家の野心に大きく依っていた。サマランチIOC会長の推すバルセロナに対する勝算をシラクが疑わなかった理由のひとつには、ある有力なIOC委員との「密約」がある。

そのIOC委員とは、第七代FIFA会長ジョアン・アヴェランジェであった。ジャン＝フランソワ・ヴィロットというスポーツ官僚とアントワーヌ・グランボームというスポーツ記者による共著『スポーツの隠された顔（*La face cachée du sport*：未訳）』は、二〇〇四年から二〇〇七年までスポーツ大臣を務めることになる元金メダリスト（フェンシング、八四年および八八年）、ジャン＝フランソワ・ラムールの発言を引いてこの間の事情を要約している。

（FIFA会長でIOC委員の）ジョアン・アヴェランジェとの会合は紛糾した。アヴェランジェは一九九二年大会の開催都市はパリに投票すると約束していたのに、最終的にバルセロナに寝返った。もちろんその背後にはIOC会長、サマランチの圧力があった。このときシラクはアヴェランジェの「裏切り」に対して激怒していた。[*11]

しかしアヴェランジェの裏切りで失ったパリ五輪の代償は大きかった。一九八五年にベルリンで開催されたＩＯＣ総会で、シラクは怒りを伝えるためアヴェランジェの控え室に出向く。その場でアヴェランジェは、サッカーワールドカップ（以下Ｗ杯）のフランス開催のために尽力することを約束したのだった。この時点でシラクはパリ市長であって大統領の椅子は遠く、首相の座にもまだ返り咲いていない。

この経緯については、フランス最大のスポーツ紙『レキップ』が一九九八年初頭に行なったインタビューで、シラク本人の口からも語られている。

この［フランス開催の］Ｗ杯の発端は、東ベルリンで開かれたＩＯＣ総会でのアヴェランジェ氏と私の間の衝突なんですよ。一九九二年オリンピックへのパリの立候補に、アヴェランジェ氏は反対したんですね。私たちの間のやりとりはいささか難しいものとなりました。緊張が和らぐと、私はアヴェランジェ氏にこう言ったのです。「われわれが九八年のＷ杯に立候補するのはどうだろうか？」信頼と友情を育む場を見つけて、彼は嬉しそうでした。私たちの信頼と友情はそれから一度も損なわれたことがありません。彼の答えはこうでした。「ぜひそうしましょう（pourquoi pas ?）」。こうしてフランスが立候補することになったんです。[*12]

二〇二四年現在、このインタビューはフランス大統領官邸ウェブサイトで閲覧可能なので、いわば「大統領官邸公式見解」となっている。インタビュー時にフランス大統領となってすでに久しいシラクのこの「暴露話」には、公的なお墨つきが与えられているのだ。アヴェランジェが一連の汚職疑惑でIOC委員を辞任するのは、このインタビューから一三年後のことである。

一九九八年のサッカーW杯のフランス開催はこうして決まった。ところでパリ市が九二年オリンピックの招致を目指した時点で、フランスに八万人級のスタジアムが存在していなかったことを思い出そう。パリの落選が正式決定したあと、九二年五輪招致計画にあったヴァンセンヌの森にスタジアムを建設する計画は白紙に戻された。一九〇〇年パリ五輪の会場となったヴァンセンヌの森には国立スポーツ体育研究所（INSEP）があり、フランスのスポーツ界は一九三〇年代からこの地に巨大スタジアムを望んできた。しかし二〇世紀を通じて優勢だったのは、ヴァンセンヌの森の環境を守ろうとする勢力の方である。一九六〇年代には初代文化大臣、アンドレ・マルローがヴァンセンヌの森防衛のために介入している。九二年のオリンピック開催地がバルセロナに決定したあと、ヴァンセンヌの森のあるパリ一二区の区議会は満場一致でスタジアム建設に反対した。そしてシラク発案の首都圏に巨大スタジアムを新設する計画は、建設地をめぐって長い間混乱することになったのだ。

コロンブ、トランブレー＝レ＝ゴネス（現在はトランブレー＝レ＝フランス）、ヴィルパントなど、パリ郊外のいくつかの候補地が浮上しては却下されたあと、一九八八年の大統領選挙と国民議会選挙での社会党の勝利が情勢を変えた。シラクの後任として首相の座についた社会党のミシェル・ロカール（一九八八年から九一年）は、パリから南西に三五キロメートル離れた新都市、セナールを新スタジアム建設地に選ぶ。一九九二年七月にサッカーW杯の九八年フランス開催が正式に決定すると、ロカール主導のもとセナールへのスタジアム建設計画が進んだ。しかしフランスのスポーツ界は、パリから遠すぎる、と猛反対した。その混乱に乗じ、野党に下った共和国連合（保守派）の大物であるオー＝ド＝セーヌ県議会議長、シャルル・パスクワが、パリ西部ナンテールを提案する。しかしパスクワはただでさえ錯綜している話をいっそう混乱させただけだった。その後目まぐるしく交代した社会党首相（エディット・クレッソン、ピエール・ベレゴヴォワ）はセナールへの建設案を進めたが、一九九三年の国民議会選挙で保守派が勝利して第二次コアビタシオン（保革共存）政権が誕生すると、スポーツ相に就任したミシェル・アリヨ＝マリーが計画を撤回した。この時点で九八年W杯まであと五年しか残されていない。

新スタジアム建設の最高責任者、ジャック・ペリリアは、パリ・八区に隣接するフランス共産党の牙城、サン＝ドニの市長交代に望みをかけた。同市には、サン＝ドニ運河と二つの高速道路（一号線および八六号線）に囲まれた二五ヘクタールにおよぶガス工場跡地があったため、シラクがスタジアム建設を言い出した頃から有力な候補地に挙がっていたのである。しかし一九七一年から九一年まで二〇年連続でサン＝ドニ市長を務めたマルスラン・ベルトロが、スタジアム建設計画に反対し続けていた。『パリ大全』を著したパリ史の大家、エリック・アザンは「二〇世紀の半分以上を通じて、バンリュー（郊外）ともっとも自然に結びついていた語は「工場」であった」[*13]と記している。パリ郊外のなかでもラ・プレーヌ・サン゠ドニ（la Plaine Saint-Denis）は、ドイツのルールやイギリスのマンチェスターに匹敵する欧州最大規模の工業地帯と謳われていた。天然ガスに取って代わられる一九七七年まで、プレーヌ・サン゠ドニ北部の石炭ガス工場は稼働していたのである。

七七年にガス工場が閉鎖されると、跡地の利用が課題となった。しかしサン゠ドニが工業都市から別の何かに変わることをマルスラン・ベルトロは望まず、一九八〇年代を通じて工場誘致の可能性を残し続けたのである。もちろんポスト「栄光の三〇年間」の脱工業化の流れはサン゠ドニ市だけの問題ではなく、市長の力で流れを止めることなど不可能だった。「サン゠ドニでは一九七二年以降、毎年一五〇〇の雇用が失われていった[*14]」と労働運動史家、アラン・リュステンオルツは述べている。工場に変わってプレーヌ・サン゠ドニに建設されたオフィスビルが新たな雇用を生んだが、それらは「住民の技能にマッチしておらず」そのため「一九七五年にプレーヌ・サン゠ドニは人口の四分の一を失い、その間に活動人口の六二パーセントが市外で就労するようになった[*15]」とリュステンオルツは続ける。

マルスラン・ベルトロのあとを継いで一九九一年にサン゠ドニ市長に就任したのは、同じく共産党のパトリック・ブラウゼックだった。しかしブラウゼックはパリに隣接するサン゠ドニの将来が工業にあるとは考えなかった。この判断はその後長い時間をかけて、フランス共産党の支持基盤を崩していくことになる。ジャック・ペリリアから電話がかかってきたときのことを、ブラウゼックはこう回想している。

言い回しは単刀直入で言葉づかいは明晰だった。「前任者同様、サン＝ドニの新市長もコルニヨン地区北部にスタジアムを建設することに反対しますか？」答えはブルターニュ的というよりはノルマンディー的であった。どちらとも言えませんね。（……）絶えず批判に晒されてきたもののミシェル・ロカールが支持し、ピエール・ベレゴヴォワが追認したムラン＝セナールへの建設計画が白紙に戻されてから数週間が経過していた。（……）たしかにこの時期のサン＝ドニ市長、マルスラン・ベルトロの断固とした拒絶は、事態の進展を助けることはなかった。しかしこれには説明が必要であろう。最終的にスタッド・ド・フランスが建設されるコルニヨン地区北部は、一世紀におよびガズ・ド・パリが利用してきた。そのためそこにはパリ市が所有していた六五〇ヘクタールの広大な敷地、プレーヌ・サン＝ドニが含まれていたのである。このプレーヌ・サン＝ドニはかつて欧州最大の工業地帯で、数十の企業、数万の製造業の雇用が集中していたのだが、近年には雇用流出が顕著になっていたのだ。[*16]

ブラウゼックはスタジアム建設許可に三つの条件を出した。第一に、大気汚染と騒音の原因となっているのみならず、市内の往来の障壁となっている高速道路一号線を地下化すること。第二に、郊外急行鉄道（RER）の新しい駅（スタッド・ド・フランス・サン＝ドニ駅）を作ること。第三に、高速道路と運河に囲まれているスタジアムの敷地を高架橋などで開放すること。日刊紙『リベラシオン』によれば、要求のすべてを手に入れたブラウゼックは「国から四年で四五億フランの投資を引き出した地域がほかにあるなら、ぜひ教えてくれ」[*17]と豪語した。こうしてブラウゼックはスタッド・ド・フランスともっともつながりの深い政治家となり、この「成功体験」によってその後もスポーツ大会による都市開発を強力に推進することになる。

スタッド・ド・フランスは、パリに隣接しながらフランスでもっとも貧しい自治体のひとつであるサン＝ドニ市の性格を、不可逆的に変えた。使い道の定まらなかったガス工場跡地にスタジアムを作るため、国の費用で除染が行なわれる。大型投資によって新しい駅ができ、利便性が向上する。スタジアムの周囲には新しいビジネスが誘致され、新しい雇用が生まれる。市の税収が増える。それに何より、ノートル＝ダム大聖堂からの距離がパルク・デ・プランスと変わらない立地に、一九三〇年代からの悲願である欧州最大規模のスタジアムがようやくできる。

スタッド・ド・フランスの正当性の強化にもっとも貢献したのは、パトリック・ブラウゼックの手柄である高速道路の地下化でもRERの新駅でもなく、サッカーフランス代表だろう。ブラジルを3-0で下した九八年W杯決勝戦で二点を入れたジネディーヌ・ジダンは国民的英雄となり、会場となったスタッド・ド・フランスは聖地と化した。ついでにジャック・シラク大統領の支持率も急騰する。アルジェリア移民二世のジダンがフランス社会に与えたインパクトについては、すでにあらゆることが語られている。もちろん一サッカー選手に、フランス植民地主義の負の遺産をそっくり清算することなどできるはずがない。けれどもフランス社会の多くの人物（シラクら）や分野

（サッカー界）が、ジダンのおかげで幸を得たのもまた事実であり、スタッド・ド・フランスは紛れもなくその代表的存在である。フランス国民の集合的記憶に残ることで、歴代フランス君主の埋葬地であるサン＝ドニ大聖堂とならぶほどの住民の誇りとなったのだ。

しかしその経済的価値は非常に疑わしい。そもそも一九九〇年代になるまでフランスに八万人級スタジアムが建設されなかったのは、収益性を問題視した歴代政権が却下し続けてきたためである。フランスのスポーツ界はシラクという政治家を得ることで、ようやくロンドンやベルリンやローマに匹敵するスタジアムを首都圏に獲得したわけだが、「白い巨象」になるのでは、との懸念は完成前からあがっていた。はたして総工費は二六億七二〇〇万フランに達し、そのうち一二億六七〇〇万フランが国の負担となっている。[*18] 完成後もスタッド・ド・フランスの経営が軌道に乗ることはなく、たとえば二〇一六年にここでコンサートを行なったミュージシャンはビヨンセとリアーナだけである。しかもリアーナをもってして、一夜だけのコンサートを満席にできなかったのだ。

この「白い巨象」が作られたコルニヨン地区北部は、ガス工場跡地なだけではなかった。一九九三年一二月七日に国民議会に提出された「スタッド・ド・フランス関連法」報告書の「法案の目的と基本方針（Les objectifs et les grands axes du projet de loi）」はこうはじまっている。

パリ北部の玄関口、サン＝ドニ運河と高速道路一号線と八六号線の間に、多目的スポーツスタジアムが一九九七年秋に完成し、翌年のサッカーW杯に向けて完全実用化されていなくてはならない。このスタジアムが建設されるのは、一九六五年に閉鎖されたガズ・ド・フランスの旧工場があったコルニョン地区北部である。*19

これだけ読むと、まるでこの地が完全に無人の廃墟であったような印象を受けるが、コルニョン地区には九〇年代になっても人が住んでいたのである。北はコルニョン通り（rue du Cornillon）、南はランディ通り（rue du Landy）、東はサン＝ドニ運河、西はウィルソン大統領大通りに挟まれた区画は、「小スペイン地区（Petite Espagne）」と呼ばれていた。

「ルールやマンチェスターに匹敵する欧州最大規模の工業地帯」であったプレーヌ・サン＝ドニは安価な労働力を必要としており、一九世紀終わりから二〇世紀初頭にかけてスペインはこの地に大量の移民労働者を送り込んだ。一九三〇年代にはスペインで左派と右派の対立が激化しやがて内戦でフランコが勝利すると、政治亡命者がそこに加わった。第二次世界大戦が終わると、社会的地位の上昇を果たしてフランス人と婚姻することの多いスペイン移民二世・三世が小スペイン地区にとどまることは稀となり、北アフリカからの移民が流入するようになる。こうした人種構成の変化はあれど、庶民が助け合って生活するコミュニティが連綿と保たれてきたことは、小スペイン地区についての数々のモノグラフが示している。

スタッド・ド・フランス建設にともなう小スペイン地区コミュニティの解体を記録したドニ・フェルナンデス＝レカタラ著の『スタッド・ド・フランス年代記（*Chroniques du Stade de France* : 未

訳)』は、そのひとつである。フェルナンデス゠レカタラはランディ小地区、ボワーズ横丁三番地(quartier dit du Lendit, 3 passage Boise)で子ども時代を過ごした。同書冒頭にはこう記している。

ボワーズ横丁三番地にあった建物は取り壊された。鉄道はふさがれ、歴史の煉獄に押し込められた土地に散らばった労働者菜園は[閉園の]宣告を受けた。(……)スタッド・ド・フランスによって都市化が進むそうだ。ラ・プレーヌのこの一画には高速道路に通じる道が作られ、かつてこの場所を特徴づけていたわずかばかりの異国情緒を奪いさるスタジアムが授けられるのだ。[*20]

スタッド・ド・フランスが破壊したのは人々の住まいとコミュニティだけではなかった。住民が生活のために耕していた労働者菜園もコンクリートに沈んだのである。労働者菜園とは歴代の市政が郊外に残してきた、多くの場合市が所有し、利用者に安価で貸し出す菜園である。その主目的は「労働者」が野菜を植えて生活の足しにすることであるが、都市や工業地における貴重な緑地としての機能も果たしている。

パリ郊外に建設される大規模スポーツ施設が労働者菜園を破壊するシナリオは、二四年大会で繰り返される。しかしその前に九八年W杯の成功を自らの政治資本としたジャック・シラクがいかにパリへのオリンピック招致に固執していったか、そしてそれがどのような影響を都市とフランスのスポーツ界に残していったかを見ていくことにしたい。

1-4. 二〇〇八年──プレーヌ・サン＝ドニ再開発と「スポーツ大通り（boulevard du Sport）」

スタッド・ド・フランスがいずれパリで開催されるオリンピックの主会場となることは、計画段階から織り込まれていた。名称が正式決定する前は基本的にグラン・スタッドと呼ばれていたが、オリンピック・スタジアムと言及されることもあったのである。

九八年W杯の成功を政治資本としたジャック・シラクは、今度はフランス大統領としてオリンピック招致に向けて動き出す。二〇〇四年大会にはフランス北部の（脱）工業都市リールが立候補するが、これは本気ではなくＩＯＣと関係を保つためのものだと言われている。[*21] フランスのスポーツ界の本命はもちろんパリだ。九八年W杯の余韻もまだ冷めやらない一九九九年五月にはすでに、二〇〇八年オリンピックの招致についての報道が出はじめている。

パリ市長として九二年大会の招致に失敗し、首相在任中にアルベールヴィル冬季五輪が準備され、大統領としてサッカーW杯を迎えた経験を積んだあとでも、シラクの判断能力はあまり進歩しなかった。一九九二年大会がバルセロナであったように、二〇〇八年大会は北京でほぼ内定していたのである。北京はシドニーに敗れて二〇〇〇年大会の開催権を逃しており、ＩＯＣが近い将来に中国の便宜を図ることは確実であった。二〇〇四年大会は、アトランタに敗れて一九九六年大会を逃したアテネで開催されることが確実であったため、中国は二〇〇八年大会に照準を合わせていたのである。さらに二〇〇四年大会がアテネで開催される以上、次の二〇〇八年大会も欧州で開催される見込みはほとんどなかった。フランスのスポーツ関係者はみなそのことを分かっており、日刊紙『ル・モンド』によれば「アンリ・セランドゥール［フランスオリンピック委員会会長］も、フランス人IOC委員（ギィ・ドゥリュ、ジャン＝クロード・キリー）も、共産党のスポーツ大臣マリー＝ジョルジュ・ビュッフェも、のちにスポーツ大臣となる当時シラクの相談役であったジャン＝フランソワ・ラムールも、誰一人として可能性を信じていなかった」[*22]とのことである。

スポーツ界のやる気のなさを反映し、二〇〇八年パリ五輪計画について残っている資料は少ない。九二年大会の招致協会が多くのニューズレターやパンフレットを発行したのとは対照的である。それでも、いずれはオリンピックをパリに招致するのは既定路線であったため、会場整備計画を作っておくことはまったく無駄というわけではなかった。実際、二〇一二年および二〇二四年の招致計画は、二〇〇八年の計画から多くを継承している。

計画の中心となったのは、もちろんスタッド・ド・フランスである。このスタジアムをきっかけに、二〇〇八、二〇一二、二〇二四年と三度のパリ五輪招致計画はすべて、プレーヌ・サン＝ドニ地区の開発を推進するものとなっている。換言すれば、ベルシーおよびトルビアック開発を企図した九二年大会招致計画と二〇〇八年大会の間には大きな断絶が認められるが、〇八年以降はどれもよく似ているということだ。三つのオリンピック招致計画を貫く思想について、フランス建築研究所（l'institut français d'architecture）の所長、ジャン＝ルイ・コーエンはこう記している。

パリ市内の敷地を広く使って未来的なイメージを生み出す最後の試みとなったのは、一九八九年万国博覧会の準備である。まだ記憶に新しいその試みは、最終的には頓挫した。その計画で争点となった土地はセーヌ川岸と、パリの東端のベルシーおよびイシー＝レ＝ムリノーと境を接するパリの西端だった。この頃にはまだ、パリ市内の大規模な近代化が問題となっていたのである。けれども二〇〇〇年代のオリンピック計画から垣間見られるものは、それとはまったく異なるものである。そこに見られるのは産業化の終わりが決定的になったあとでの、メトロポリスとしてのパリのイメージである。オーベルヴィリエ、サン＝ドニ、パンタンといった土地の固有性を失うことなく、それらを統合するパリのイメージだ。それはノスタルジーのイメージでもなければ、タガの外れたファンタジーのそれでもなく、予想外の可能性に開かれた風景なのである。[*23]

もっと散文的にまとめれば、オーベルヴィリエ、サン＝ドニ、パンタンといったパリ郊外から工場が消えたあと、この脱産業化空間をどう再編していくのか、ということだ。主会場となるスタジアムは完成しているので、もっとも大規模な建設計画はそのすぐそばに作られる選手村となる。その次に続くのが、一万五〇〇〇人を収容できるが大会後に縮小されるアクアティック・センターで、サン＝ドニとパリ一八区の境界地に建設が予定された。そのほかに〇八年大会で新設が予定された会場には、ラ・クルヌーヴ県立公園の射撃会場、ウォーターポロ会場となる五九〇〇人収容のオリンピック・プール（クレテイユ）、七三〇〇人収容の自転車競技場（オーベルヴィリエ）などがある。[*24]

選手村の建設予定地となったのは、スタッド・ド・フランスのすぐ南である。サン＝ドニ運河沿いに三九万八〇〇〇平方メートルにおよぶ庭園都市を作るという、壮大な計画だった。建物は全体的に低層で、選手村中心部にはピエール・ド・クーベルタン辻公園を作り、空間にゆとりをもたせる。選手村への入口となるのは、南端のオリンピック諸国広場（place des Nations olympiques）だ。広場から北上した先にはサン＝ドニ運河の支流が引かれ、水のある静謐な風景が広がる。

サン＝ドニ運河再開発の計画者は日本人建築家、伊藤豊雄であった。伊藤はキャリアの最初期に大阪万博（一九七〇年）に携わり、以後も名古屋世界デザイン博（一九八九年）、横浜博覧会（一九八九年）、ハノーバー万博（二〇〇〇年）、台湾で開催されたワールドゲームズ二〇〇九などに関与した、メガイベントと縁の深い建築家である。そして二〇〇八年パリ五輪招致計画のために招聘された一二名の建築家のひとりに名を連ねたのだった。表1-2は集められた建築家の一覧となる。

世界中から集められた一二名の建築家は、四名ずつ「スポーツ大通り（boulebard du sport）」、選手村建設計画となる「オリンピズムと都市（l'olympisme et la ville）」、選手村の大会後の利用案「スポーツのある住まい（habiter sportivement）」の三つのテーマに振り分けられた。このうち、二〇〇八年大会招致計画とそれ以降の招致計画を分けているのは「スポーツ大通り」計画であろう。パリ北東部、一九区の外縁に沿って延びるマクドナルド大通りを東に延長させ、大通り沿いにスポー

建築家	国籍	プロジェクト	詳細
伊東豊雄	日本	オリンピズムと都市	選手村（サン＝ドニ運河）
ラジ・レワル	インド	スポーツのある住まい	選手村（ル・コルビュジエ風住宅）
パオロ・メンデス・ダ・ロシャ	ブラジル	スポーツ大通り	運河入り口の巨大柱廊
スティーブン・ホール	米国	スポーツのある住まい	選手村（可変住宅）
エリ・ムイヤル	モロッコ	オリンピズムと都市	選手村（庭園内宗教施設）
エドゥアルド・アロヨ	スペイン	スポーツのある住まい	選手村（鏡壁タワー）
ベン・ヴァン・バーケル	オランダ	スポーツ大通り	迷路状回路
オットー・シュタイデル	ドイツ	スポーツのある住まい	多機能キューブでできた住宅
パトリック・ベルジェ	フランス	オリンピズムと都市	選手村（庭園内宗教施設）
アレクサンドル・シェムトフ	フランス	スポーツ大通り	マクドナルド大通りの伸長
ジャン・ヌーヴェル	フランス	オリンピズムと都市	選手村（透明な巨大ホール）
クリスチャン・ド・ポルザンパルク	フランス	スポーツ大通り	ラ・ヴィレット公園改修工事（緑地増）

表1-2　2008年パリ五輪のための12のプロジェクト

出　典 https://www.lemoniteur.fr/article/resultat-de-l-appel-a-idees-international-lance-par-le-gip-paris-2008.290354 および *Paris olympiques : Douze projets d'architecture et d'urbanisme pour les jeux 2008*

ツ施設を集中的に建設する計画だった。この地区は西側にも南側にもそれぞれ北駅、東駅から延びる線路が大量に敷かれており、東側にはサン＝ドニ運河があるので、開発前のベルシーやトルビアック同様に徒歩でのアクセスが悪い。列車の騒音のため住宅建設にも向いていないため、スポーツ施設でも作るか、という発想が出てくるのはそれほど不思議なことではない。表1－3は「スポーツ大通り」に予定されていた計画の一覧となる。

二〇〇八年大会は前評判どおり北京での開催が決まったので、前述の計画のうちそのままのかたちで実現したものはない。しかしオリンピック招致計画は、それ自体が「レガシー」として

競技	会場名	立地
バドミントン	バドミントン専用ホール	ポルト・ドーベルヴィリエそば
バスケットボール	スーパードーム	マクドナルド大通り
水泳	新設アクアティック・センター	マクドナルド大通り東端
ハンドボール	ハンドボール専用ホール	ポルト・ドーベルヴィリエそば
体操	スーパードーム	マクドナルド大通り

表1-3 「スポーツ大通り」に予定された競技会場

機能する。パリのようにすでにできあがっている大都市では、都市再編計画が先にあったうえでその加速装置としてオリンピックなどのメガイベントが呼ばれるからだ。とはいえ、メガイベントの役割を過小評価することもできない。一例を挙げると、パリ北東郊外オーベルヴィリエの地下鉄七番線、フォール・ドーベルヴィリエ駅の駅前には広大な土地が都市化されることなく広がっていて、デベロッパーが目をつけていた。二〇〇八年大会の招致計画ではここに自転車競技場の建設が予定されたが、オリンピックが消えたことで駅前の開発計画も潰れる。この地への資本投下は、二〇二四年オリンピックのパリ開催でようやく実現した。メガイベントの開催権を得て、ようやく開発が進展することは珍しくない。

翻って、ニューヨークの二〇一二年オリンピック招致計画のように、開催権の有無が再開発の大勢にそれほど影響を与えない例もある。二〇〇八年パリ五輪招致計画は、ニューヨークほどは多くの計画実現を見ることはなかった。たとえば伊藤豊雄が構想したサン＝ドニ運河再整備案は、すっかり歴史から退場させられている。他方、プレーヌ・サン＝ドニの選手村建設予定地はその後再開発され、複数の大学・研究所が共同利用・運営する郊外型キャンパスへと生まれ変わった（キャンパス・コンドルセの開校は二〇一九年）。オリンピック諸国広場の建設予定地近くには、ほかでもない二〇二四年大会組織委員会が入居するオフィスビルが建設される。スポーツ大通りが計画されたポルト・ド・ラ・シャペル近辺には、アディダスにネーミングライツを売却した八〇〇〇人収容のアリーナが建設され、二四年大会ではバドミントンと体操の会場となる。ところでポルト・ド・ラ・シャペル近辺はアリーナ工事がはじまる前は非公式な難民キャンプとなっていて、二〇一七年八月に強制退去が執行された際には二七七一名が同地で生活していた。二〇二四年現在、この地に集まる難民の数は激減している。

ともあれ二〇〇八年大会はフランスのスポーツ界にとっても、パリ市やサン＝ドニ市にとっても、前哨戦という位置づけであった。二〇〇一年にモスクワで開かれた第一一二回IOC総会で正式に落選が決まる前から、招致関係者の目は四年後に向けられていたのである。ちなみに〇八年大会の招致スローガンは「パリにオリンピックは必要ではない、オリンピックがパリを必要としている（Paris n'a pas besoin des Jeux, les Jeux ont besoin de Paris）」であった。このスローガンは当時としては明らかに時期尚早で、日刊紙『リベラシオン』は「自殺行為に等しいエゴの表明」[*25]との国際自転車競技連合会長の評を報じている。しかしそれから一五年が経過すると「オリンピックがパリを必要と」する状況が本当に到来し、そうなってはじめてパリはようやく開催権を獲得するのである。

1-5. 二〇一二年――バティニョール再開発

フランスのスポーツ関係者の本命は二〇一二年大会の招致だった。二〇〇八年夏季オリンピックはアジア、二〇一〇年冬季オリンピックは北米なので、二〇一二年大会のヨーロッパ開催は確実視されていた。ジャック・シラクにとっては三度目のパリ五輪招致挑戦となり、日刊紙『ル・モンド』は「これでシラク氏は二〇年来三度オリンピックの招致に立候補することになり、個人としては前人未到の記録を樹立する」[*26]とその「偉業」を称えている。

しかし、一二年大会招致の中心となったのはシラクではなく、初の社会党出身のパリ市長となったベルトラン・ドラノエだった。ドラノエは二〇〇一年三月の統一地方選挙を制してパリ市長に就任し、前任者のジャン・チベリ（共和国連合シラク派）が進めた二〇〇八年オリンピック招致計画をそっくり引き継ぐ。〇八年大会の北京開催を決定するモスクワの第一一二次IOC総会に出席し、プレゼンを行なったのも就任間もないドラノエである。そして〇八年の計画にほとんど手をつけることなく、そのまま次大会の招致に臨んだのだった。

二〇一二年の招致計画は、〇八年同様プレーヌ・サン＝ドニに北東クラスター、パリ一六区のブーローニュの森に南西クラスターを予定した。会場計画の全体図は〇八年のものとよく似ている。のみならず、招致ファイルの構成や中身もほとんど〇八年の使い回しである。もちろん同じ都市が二大会連続で立候補するのだから、環境や気候、財政状況や交通インフラが大きく変わるはずがなく、労力を節約するのも当然だろう。ただそこから次のことが分かる。招致関係者は、計画に問題があって〇八年大会を逃したとは考えていなかった、ということだ。アテネや北京が一度落選してから開催権を獲得したように、今度はパリの番だ、と考えていたのは招致関係者だけではなかった。フランスの報道の熱の入り方も〇八年と一二年ではまったく違っている。

その分、一二年大会の開催地がロンドンに決まったときの落胆は大きかった。戦犯に問われたのはジャック・シラクと、『レオン』や『フィフス・エレメント』などで知られる映画監督、リュック・ベッソンである。シラクについては、イギリス料理を酷評したジョークが英トニー・ブレア首相の配偶者を怒らせＩＯＣ委員の心証も悪くした、と複数のメディアが報じている。この件はニュース価値の高い「ネタ」ではあろうが、高齢の大統領がイギリス料理を揶揄したことが開催権の行方を大きく左右したと考えるのは難しいだろう。

他方、巨額の制作費（六〇〇万ユーロ）を費やしてリュック・ベッソンが製作したプロモーション・ビデオについては、日刊紙『リベラシオン』がロンドンと比較して以下の厳しい評を寄せている。

ベッソンの制作物はたしかに、非難の的となっても「プロ」の映画監督の持つ技術とノウハウが用いられたクリップであった（予算は六〇〇万ユーロ）。けれどもＩＯＣに向けられたそのメッセージは完全に的はずれであった。ロンドンのビデオは黒人のティーンエイジャー二人ではじまる。背景に映るのは南アフリカのタウンシップあるいは貧困からまだ脱していない国の恵まれない地域と見紛うような風景である。キッズたちはテレビで二〇一二年にロンドンで開催されるオリンピックを見ていて。そして自分たちの栄光を求めて走りたい、という欲求をすぐに抱くのだ。*27

そもそもリュック・ベッソンという人選に招致委員会のセンスの限界が露呈しているのでは、という議論も可能だろうが、それにしても落選の主因となるには弱いだろう。ロンドンが用意した映像もナショナリズムに訴えるアイコンでこってり塗り固められていたのだから、そこには程度の差しかない、と論じることも可能である。シラクやベッソンといった著名人がことさら槍玉に挙げられたのは、裏を返せば招致ファイルの比較だけではロンドンの優位を指摘できない、ということにほかならないのだ。この時期、ＩＯＣは持続可能性ということを盛んに言い出しはじめていた。一九九五年には「ＩＯＣ スポーツと環境委員会」が発足し、一九九九年には石油会社シェルの支援を受けて「オリンピック運動のアジェンダ21：持続可能な開発のためのスポーツ」を発表している。もちろんこうしたＩＯＣの努力は、もれなくグリーンウォッシングとして分析すべきものではある。それでもこの時期すでに、ＩＯＣが環境への配慮に「やってる感」を出そうとしていたのはたしかな事実だ。すでにスタッド・ド・フランスが完成しているパリに対し、ロンドンの計画はイースト・エンドを作り替える壮大な再開発案であった。パリが提案した相対的に「コンパクト」な案よりも、前世紀的な巨大公共事業の方がIOCにとって魅力的に映った、と認めないのであれば、すべったジョークやダサいプロモーションビデオに敗因が求められることになる。

敗因はそんなところにない、と分析するのは、コンサルタントとして一二年大会の招致に関わり『失われた大会 パリ二〇一二という賭けの失敗（*Jeux Perdus : Paris 2012, pari gâché*：未訳）』という総括を著したアルマン・ド・ランダンジェである。ランダンジェによれば、フランスの招致関係者はIOCという組織を理解しておらず、IOC委員に気に入られる努力を怠りすぎた、とのことだ。「オリンピックを望むということはIOC委員への愛の表明であり、オリンピックを得るということは知己の証明である」[*28]とのメキシコのIOC委員、エドゥアルド・アイの発言を引き、IOC委員に愛されなければオリンピックの開催権は得られない、とランダンジェは論じる。ではその愛はどうしたら得られるのか？

その鍵は（一）IOC委員は投票ではなく推薦任命（cooptation）で選出され、（二）開催都市選出の投票が無記名投票であることだ、とランダンジェは述べる。このような組織が腐敗せずにいる例を人類史上に見つけることは相当困難であろう。事実、二〇〇二年ソルトレークシティ冬季オリンピックでは数々の汚職が疑われ、六名のIOC委員が追放されている。そのような実例がある以上、ロンドンの招致委員会がIOC委員を買収したのでは、という燻り続けている疑いはまるっきり根拠を欠いたものではない。しかしランダンジェは、パリがロンドンに負けたのは賄賂を渋ったからだ、という考えには与しない。彼が強調するのは「アフィニティ」である。ＩＯＣ委員を結びつけるアフィニティを大きく「歴史的アフィニティ」「伝統的アフィニティ」「新アフィニティ」の三つに区分し、「投票者のアフィニティを熟知すれば、その人物の利益をよりよく把握でき、その人物にあてたディスクールを改善できる」[*29]とランダンジェは記す。そうした努力をフランスが怠ったから負けたのだ、と。しかし問題は本当に、ランダンジェがいうようにディスクール「だけ」だったのだろうか？

このあたりの事情について雄弁なのは、パリの敗因を分析するランダンジェではなく、東京の勝因を分析する石元悠生の『東京五輪招致の研究』である。石元は東京都知事政務担当特別秘書として東京五輪に深く関わったあと、駒澤大学大学院グローバル・メディア研究科博士課程で博士号を取得した。その学位修得論文が『東京五輪招致の研究』である。この著作における石元は、ありていに言えば、あきれるほど「口が軽い」。ランダンジェ同様石元も、ＩＯＣ委員への贈賄があった、と断定することはない。しかし、たとえ石元自身がみなまで書かなくても、報道によって既知の情報で補いながら読むと、学位論文として破格の内容がここには記されているのである。

石元は、二〇二〇年大会招致のキーマンだった竹田恒和に聞き取りを行なっている。招致をめぐる汚職疑惑によって日本オリンピック委員会会長とＩＯＣ委員の座を退いた人物の功績について、石元はこう記す。

竹田氏は招致活動中に計五二カ国七五名のＩＯＣ委員を訪問した。国際会議などを含めるとすべてのＩＯＣ委員と面会を果たしているのがその証左といえる。仲間意識の強いオリンピックファミリーの一員になることで、招致行動について建前やリップサービスでない本音を聞くことができる関係を構築してきたと考えられる。[*30]

私たちは現在、「仲間意識の強いオリンピックファミリーの一員になる」ために、竹田恒和が使った手段が問題となって彼が失脚したことを知っている。竹田恒和への聞き取り調査だけでも十分に驚きなのだが、さらに読者の度肝を抜くのが、国際陸上連盟会長ラミン・ディアクについての石元の分析である。ディアクは東京五輪の招致をめぐる汚職疑惑でフランス検察の捜査を受けたが、起訴を待たずに二〇二一年に死去している。しかし死亡前にロシア陸連からの収賄容疑で逮捕・起訴され、二〇二〇年九月に有罪判決を受けている。この人物が東京五輪招致に果たした役割を評価する石元の筆致に、批評性はまったく見られない。

一方、招致委がアフリカの委員への働きかけを依頼したのは、セネガル出身で国際陸連のラミン・ディアク会長だった。ディアク氏は一九七九年から一九九九年まで国際陸上競技連盟（現・世界陸連）の副会長を務め、一九九九年から二〇一五年まで会長として君臨した。同時にＩＯＣ委員も一九九九年から二〇一五年まで一六年間務め、アフリカなど他のＩＯＣ委員に影響力を持つと言われた。ディアク氏が会長を務めていた国際陸連のスポンサー八社中五社（二〇一三年）が日本企業で日本の五輪関係者ともパイプは太い。（……）国際陸連やアフリカ票に影響が強いディアク氏への働きかけや歴史的な関係性に加え、第五章でも触れた日本政府によるアフリカの政府関係者らへの働きかけや、柔道用畳支援、陸上競技機材支援、バレーボール機材支援、サッカー場の整備支援などの地道な草の根文化無償協力などで信頼関係を醸成したといえる。[*31]

この延長線上に、私たちが報道で知る「セイコーの時計」や「飲み食い」といった「土産」[*32]や、シンガポールのコンサルタント会社に支払われた数億円がある、と考えずにいるのは困難である。エドゥアルド・アイの言う「IOC委員への愛の表明」とは、こういったことなのだろうか？

他方パリでは、「パリにオリンピックは必要ではない、オリンピックがパリを必要としている」というスローガンをかかげて〇八年大会招致活動を行なった面々の多くが、一二年大会でも続投していた。パリ五輪にまつわる汚職疑惑は二四年大会決定後にきっちり浮上するので、フランス人にオリンピックをやらせればクリーン、ということではない。しかし後述するこの件は、組織委員会とフランス国内のステークホルダーの利益相反である。ランダンジェの総括を読む限り、IOC委員に賄賂を渡すという発想は、フランスからはついに出てこなかったようなのだ。開催希望都市が減少し、IOC委員による投票という制度そのものがなくなってはじめて、フランスが開催権を得たという事実も、この見方を支えるかもしれない。

それでもフランスは、IOCがふっかけてくる要求をことごとく無視し続けたわけではない。〇八年と一二年の招致計画の最大の違いは、選手村にある。前述のとおり、〇八年の計画はスタッド・ド・フランス建設ではじまったプレーヌ・サン＝ドニの開発を推し進めるものであった。その功罪はともかく、ここで注意しておきたいのは、プレーヌ・サン＝ドニ再開発計画がフランス国内で超党派的な総意であったことだ。フランスの側には自治体（サン＝ドニ、オーベルヴィリエ）、県（セーヌ＝サン＝ドニ）、地域（イル＝ド＝フランス）、国のレベルで、プレーヌ・サン＝ドニ再開発について政治的な障壁はなかった。この貴重なコンセンサスに、IOCは「治安が悪い」とダメ出しをしてきたのである。〇八年大会のプレーヌ・サン＝ドニの選手村について、IOC評価委員会報告書は「選手村は大会の間、公営住宅や町工場のある区域に囲まれることになる。敷地全体に治安上の問題があり、さらなる警備が必要となる」[*33]との評価を寄せている。

フランス側は、オリンピックを契機としてプレーヌ・サン＝ドニの開発・社会浄化を進めようとした。それに対し、大会の時点で開発・社会浄化が不十分であることをIOCは問題視したのである。

フランスが郊外問題を「発見」したのは一九九〇年代のことである。フランス社会は「栄光の三〇年間」の工業生産を支えるため、旧植民地（北アフリカ、西アフリカ）出身の移民労働者を都市郊外に大量に受け入れた。その子供世代が、オイルショック後の経済成長停滞と脱工業化の流れで雇用からあぶれるようになったのがこの時期にあたる。郊外を意味するフランス語「バンリュー(banlieue)」の語源は「禁じられた(ban)」「場所(lieu)」であり、この言葉自体にそもそもきな臭さが漂っている。Banlieueという語自体は古くから存在しているが、パリを囲む郊外地域は第一次世界大戦までは「フォーブール(faubourg)」と呼ばれることが一般的だった、とエリック・アザンは述べている。[*34]「禁じられた場所」と呼ばれるようになった郊外に「移民」が結びつき、現在まで続く「郊外問題」が完成するのが一九九〇年代のことである。二一世紀に入るとそこに「イスラム」というさらなる火種が加わるが、一九九〇年代において郊外問題とは、何よりもまず若者の非行問題だった。アメリカから輸入されたヒップホップがフランス独自の発展を見せて大きく開花し、郊外の特権的な文化的表現の座を確立するのもこの時期である。一九九五年にはサン=ドニ出身のラップデュオ・NTM(Nique Ta Mère「お前の母親をファックしろ」の略語)が『爆弾の下のパリ(Paris sous les bombes)』を発表し大ヒットする。このアルバムは九〇年代の「ラップ・フランセ」の代表作と見なされ、文化史上の位置づけも定まっているが、フランス国外での知名度は低い。それに対し、同年に公開されたマチュー・カソヴィッツ監督作品『憎しみ』は、カンヌ映画祭監督賞受賞にも支えられ国際的なヒット作となった。郊外の低家賃住宅(HLM)に住むユダヤ系のヴィンツ、アラブ系のサイード、アフリカ系のユベールの三人組を主人公に、人種差別、失業、暴力、銃、麻薬、警察との反目などの要素を詰め込んだ本作は、フランスの郊外問題の言説形成に大きな影響を与えた。どれだけの数のIOC委員が『憎しみ』を鑑賞したかは分からない。けれども〇八年大会開催都市の選定にいたるこの時期、フランスの郊外問題が国際的な認知を得ていたことは『憎しみ』の興行的成功が示している。こうした文脈で、ＩＯＣはプレーヌ・サン＝ドニへの選手村建設案を事実上退けたのである。

そのため一二年大会招致委員会は、選手村建設予定地を新たに探すことになった。幸運なことに、招致申請ファイルに「選手村は、整備を必要とするパリ市内で最後の土地に、模範的な再開発を行なうものとして構想されている」[*35]と書くことができる場所が、この時点ではまだ残っていた。それはパリ一七区のバティニョール地区である。この地区には第二帝政期（一八五二―七一年）に作られたバティニョール辻公園がある。そのすぐ北、郊外のクリシー市と接する区画に、フランス国鉄が所有するバティニョール駅跡地の囲い地が荒廃した状態で広がっていたのだ。オリンピックのメイン会場となるスタッド・ド・フランス、およびパリ南西部のクラスターのどちらからも六キロメートルという立地である。パリ都市計画局（Apur）が発行する『パリ・プロジェ（Paris Projet）』のオリンピック特集号には、このように記されている。

いずれの場合にせよ、バティニョール地区の開発はパリ近郊の生まれ変わりという大きな計画の一環となり、プレーヌ・モンソー地区とより庶民的なエピネット地区の接続を可能とする。この開発はまた、前世紀の終わりに日の目を見たベルシー公園やアンドレ・シトロエン公園に匹敵する、広大な公園（一〇ヘクタール）をパリに作る最後の機会ともなる。[*36]

二〇一二年大会の開催権をパリが逃したあと、この計画は実現され、クリシー＝バティニョール協議整備区域（ZAC）となり、七〇〇〇人以上が居住する「エコカルチェ」となった。区域内にはパリで八番目の広さとなるマーティン・ルーサー・キング公園が完成し、パリのちょうど反対側にあるベルシー公園に倣い、オリンピックが招致されようとされまいと開発が進むことの好例となった。一二年大会選手村のコンペに入賞したフランス人建築家、フランシス・ソレルは「オリンピックが終われば、いくつかのできる限りわずかな変更が加えられて、アスリートを迎えた空間が配置し直される[*37]」と述べている。しかしいずれにせよ開発されるならば、オリンピックという短期イベントに合わせて準備された空間を作り変える必要性が最初から排除されている方が費用は抑えられる。言うまでもないことだが、改修工事はタダではできない。

都市にとってもっとも有益なオリンピックは、開催されないオリンピックなのではないか。一二年大会の招致計画には、パリ西部に広がるブーローニュの森の開発計画が含まれていたのだが、招致が失敗することで樹木が伐採されることはなかったのである。

パリ一六区のブーローニュの森南端には、ローランギャロスやパルク・デ・プランスなど、すべてのパリ五輪招致計画で使用が予定された既存施設がある。〇八年の計画では、アーチェリーと乗馬の会場がブーローニュの森に予定されていた。この二つは屋外競技であり、競技場の新設はともなわない。それが一二年の計画になると、柔道とバドミントンという二つの屋内競技のために

「ドーム（Dome）」という一万五〇〇〇人規模の会場の新設が計画されたのである。パリ都市計画局は「森林に与える影響を極限まで抑えるように、そうしてオートゥイユ門近辺の再開発に溶け込むよう構想されている」[*38]と述べているが、樹木に与える影響がもっとも少ない設備とは、建設されないそれであろう。

一二年大会の招致が失敗することで「ドーム」の建設計画は流れ、ブーローニュの森の木は残っている。つまりマーティン・ルーサー・キング公園とは異なり、オリンピックの有無にかかわらず都市にとって必要な開発であると「ドーム」が認められることはなかったのだ。しかしそれは裏を返せば、もし一二年大会がパリに招致されていれば、オリンピックで開催されない限り正当性の認められない「ドーム」が建設され、このあたりの木が切り倒されていた、ということなのである。四度目の正直でついにオリンピックがパリに招致されると、この「ドーム」のような正当性の低い設備がパリ近郊のいたるところに作られ、大量の樹木が切り倒されることになるのだった。

注

＊1　George Thorpe, 'Dutch not currently planning 2032 Olympic bid', 3 August 2017, *Inside the Games*. https://www.insidethegames.biz/articles/1053596/dutch-not-currently-planning-2032-olympic-bid

＊2　Ramus K. Storm and Klaus Nielsen, *Elite Sports in Finland: External international evaluation*, Commissioned by Finnish Ministry of Education and Culture, Idrættens Analyseinstitut, Report June 2022' 特にp.124, 'Legitimacy issues' 参照。

＊3　Yoan Grosset and Michaël Attali, ‘The French Initiative towards the Creation of an International Sports Movement 1908-1925: An Alternative to the International Olympic Committee’, *Journal of Sport History*, Vol. 36, No. 2 (Summer 2009), p. 257.

＊4　Grosset and Attali, ibid, p. 257.

＊5　Pierre Frappat, « Les Jeux Olympiques à Grenoble : une ville industrielle saisie par le sport », *Revue de Géographie Alpine*, 1991, 79-3, p.46

＊6　Frappat, ibid, p.49

＊7　André Suchet, « Les ruines des jeux olympiques de Grenoble 1968 : Le tremplin de saut à ski de Saint-Nizier-du-Moucherotte et ses fantômes », *Techniques & Culture 2016/1-2* (n° 65-66), https://doi.org/10.4000/tc.8176

＊8　マルセル・ダッソーの孫、ヴィクトール・アベール＝ダッソーが二〇二二年二月二一日にフランス国民議会に提案した決議案（proposition de résolution）内で引用。PROPOSITION DE RÉSOLUTION visant à inciter la France à créer une exposition universelle du numérique et des nouvelles technologies, présentée par M. Victor HABERT-DASSAULT, député.

＊9　吉見俊哉『博覧会の政治学』中公新書、一九九二年、pp.67-68

＊10　Armand de Rendinger, *Jeux perdus : Paris 2012, pari gâché*, Fayard, 2006.

＊11　Jean-François Vilotte et Antoine Grynbaum, *La face caché du sport*, JC Gawsewitch Editeur, 2012, p. 20

＊12　Interview de M. Jacques Chirac, Président de la République, dans "l'Equipe' du 28 janvier 1998, sur l'inauguration du Stade de France, la Coupe du monde de football, l’enseignement sportif et les rythmes scolaires, l’intégration par le sport, la professionnalisation des sportifs et le dopage. https://www.elysee.fr/jacques-chirac/1998/01/28/interview-de-m-jacques-chirac-president-de-la-republique-dans-lequipe-du-28-janvier-1998-sur-linauguration-du-stade-de-france-la-coupe-du-monde-de-football-lenseignement-sportif-et-les-rythmes-scolaires-lintegration-par-le-sport-la-professi　（二〇二四年四月五日閲覧）

＊13　Eric Hazan, « La porte des mots », dans Alain Rustenholz, *De la banlieue rouge au Grand Paris : D’Ivry à Clichy et de Saint-Ouen à Charenton*, La Fabrique, 2015, p.9

＊14　Alain Rustenholz, *De la banlieue rouge au Grand Paris : D’Ivry à Clichy et de Saint-Ouen à Charenton*, La Fabrique, 2015, p.228

＊15 Rustenholz, *Ibid*, p.228

＊16 Patrick Braouzec, « L'adhésion à un projet d'intérêt général » dans Frédérique de Gravelaine, *Le stade de France : au coeur de la ville pour le sport et le spectacle : l'histoire d'une aventure architecturale et humaine*, Le Moniteur, 1997, p.22

＊17 Sibylle Vincendon, « Stade de France : le Baptême du jeu. Ce soir, France-Espagne, premier épisode sportif d'une histoire mouvementée. Rappel des faits. » dans *Libération*, le 28 janvier 1998.

＊18 Dépassements budgétaires liés à la construction du Stade de France, Question écrite n°06493 - 11e législature. Réponse du ministère : Économie publiée le 04/06/1998. https://www.senat.fr/questions/base/1998/qSEQ980206493.html（二〇二四年四月五日閲覧）

＊19 Assemblée nationale, *Rapport sur le projet de loi relatif à la réalisation d'un grand stade à Saint-Denis (Seine-Saint-Denis) en vue de la coupe du monde de football de 1998*, 1993.

＊20 Denis Fernandez-Récatala, *Chroniques du Stade de France : communautés en chantier (fragments)*, La Dispute, 1998, pp.10-11

＊21 Sylvan Cipel, « Il ne suffit pas de tracer des sentiers, il faut souvent y revenir,et à plusieurs reprises, pour les élargir et les rendre praticables », dans *Le Monde*, le 6 juillet 2005.

＊22 Cipel, *Le Monde*, ibid.

＊23 Marc Desportes et al, *Paris olympiques: douze projets d'architecture et d'urbanisme pour les Jeux de 2008*, Le Moniteur, 2001, p.94

＊24 Desportes et al, *Ibid*, p.63

＊25 Alain Léauthier, « JO 2012: Le marathon du lobbying parisien », *Libération*, le 6 juillet 2005.

＊26 Sylvan Cipel, « Il ne suffit pas de tracer des sentiers, il faut souvent y revenir,et à plusieurs reprises, pour les élargir et les rendre praticables », dans *Le Monde*, le 6 juillet 2005.

＊27 Alain Léauthier, « Après l'échec de Paris, les débats sur le casting se font jour » dans *Libération*, le 8 juillet 2005.

＊28 Rendinger, *Ibid*, p.86

＊29 Rendinger, *Ibid*, p.87

＊30 石元悠生『東京五輪招致の研究』成文堂、二〇二三年、pp.66-67

＊31　石元、同上、pp.100-101

＊32　Antoni Slodkowski、Nathan Layne、斎藤真理、宮崎亜巳「東京五輪招致で組織委理事に約9億円 汚職疑惑の人物にロビー活動も」ロイター、二〇二〇年四月一日、https://jp.reuters.com/article/icUSKBN21I0RO/（二〇二四年四月五日閲覧）

＊33　Le comité international olympique, *Rapport de la commission d'évaluation du CIO pour les Jeux de la XXIXe Olympiade en 2008*, 3 avril 2001, p.37.

＊34　Eric Hazan, « La porte des mots », dans Alain Rustenholz, *De la banlieue rouge au Grand Paris : D'Ivry à Clichy et de Saint-Ouen à Charenton*, La Fabrique, 2015, p.8

＊35　Comité de candidature Paris 2012, *Paris 2012 ville cindidate*, p. 110.

＊36　Atelier parisien d'urbanisme, *Paris Projet n°36-37 – Jeux olympiques et renouvellement urbain*, 2005, p.16

＊37　Ville de Paris, Direction de l'urbanisme, Sous-direction de l'aménagement, *MINI PA N°31, Workshop Batignolles Paris : village olympique*, Pavillon de l'Arsenal, 2005, p.86.

＊38　Atelier parisien d'urbanisme, *Le bois de boulogne : Candidature de Paris pour les Jeux Olympiques de 2012 et plan d'aménagement durable du bois à l'horizon 2012*, 2005, p.2

第二章　グラン・パリとオリンピック

2-1. サルコジ政権のグラン・パリ計画

二〇一二年大会招致の失敗は、フランスのスポーツ界にとってもパリ市にとっても大きなトラウマとなった。ジャック・シラクにとっては三度目にして最後のオリンピック招致失敗である。それでもパリでの五輪開催は、スタッド・ド・フランス建設以降の既定路線である。一二年ロンドン大会を決定した二〇〇五年の第一一七回IOC総会のあと、一〇年後に二四年大会招致の中心となる人材はフランス国外の大会に関与していった。一九九六年アトランタ五輪に出場したバドミントン選手（男子シングルス三三位）のエティエンヌ・トボワは、〇八年および一二年大会の招致に関わったあと、スポーツ・コンサルティング会社ケネオ社を設立。同社の東京五輪招致への関与は、第五章で取り上げる。テコンドーの元フランスチャンピオン、ミカエル・アロイシオは、ロンドンのフランス大使館スポーツ担当官に就任し、一二年大会の運営をつぶさに観察する。トボワは一九六七年生まれ、アロイシオは一九七六年生まれである。ジャン＝クロード・キリー（一九四三年生まれ）やギィ・ドリュ（一九五〇年生まれ）といった、それまでの招致活動で活躍したIOC委員たちからの世代交代が水面下で進んでいた。

世代交代が進んだのはスポーツ界だけではない。二〇〇二年の大統領選挙でシラクが再選されると、すぐにシラクの後継者問題がフランス政界の最重要争点となる。フランスの憲法が大統領の再選について制限を設け、三期目以上を禁止するのはシラク引退後の二〇〇八年のことである。しかしシラクの年齢（一九三二年生まれ）を考えると、三期目がありえないのは再選前から自明であった。そして二〇〇五年に内務大臣に就任した反シラク派のニコラ・サルコジが後継者争いを制する。サルコジは右派、国民運動連合（Union pour un mouvement populaire）の大統領候補となり、二〇〇七年の大統領選挙で勝利した。

大統領就任直後の二〇〇七年六月二六日、サルコジはシャルル＝ド＝ゴール空港第三サテライトの開港式で「持続可能な都市整備政策に関する計画（projets en matière de politique d'aménagement durable）」について演説した。以下に引くのは、この演説中もっとも頻繁に言及される一節である。

> イル＝ド＝フランスが内向きになってしまえば、強く野心的なイル＝ド＝フランスは不可能となります。ヨーロッパでもっとも高いビルを建てることをあきらめてしまえば。世界でもっとも優れた研究者を引き寄せることをあきらめてしまえば。第一級の金融センターとなる野心を捨ててしまえば。ユーロの使用されないロンドンがヨーロッパ最大の金融センターであるというのは、実に不思議なことではないですか！　まったく不思議です！　われわれはヨーロッパを金融・通貨の動きの中心に据えようとしたのであって、追放しようとしたのではないのです。*1

遅れてきた新自由主義者であるサルコジが、この演説の主題であるはずの持続可能性に本気で関心を持つはずはなかった。サルコジにとって地球は、メトロポリスがしのぎを削る資本主義のアリーナである。この闘いでパリは、とりわけロンドン相手に、勝たねばならない。ロンドンが特権的に名指しされるのは、ヨーロッパで唯一ほとんどの指標でパリを上回る都市だからだ。サルコジは二〇〇八年三月に英国を公式訪問した際、ロンドンを「フランス第六の都市」と呼んだ。それはロンドンに住むフランス人の数が、フランス第六の都市であるナントの人口を上回ると推定されるためである。日刊紙『ル・モンド』によればそれは大げさで、実際には三〇番くらいだとのことだが、本当の問題は「数」ではなくて「質」なのだ。ロンドンに移住するフランス人の多くは高学歴の若者で、頭脳流出の側面がある。それに対してフランスに移住するイギリス人のステレオタイプは、温暖な気候を求めて南仏に家を購入する年金生活者なのだ。[2]

サルコジは「強く野心的な」パリが、ロンドンを凌駕することを望んだ。そしてそれを実現するための計画をグラン・パリ（Grand Paris）と名づけた。一般的にシャルル＝ド＝ゴール空港でのこの日の演説は、グラン・パリ構想の出発点とみなされている。

パリの拡大・成長にはいくつかの水準がある。物理的なパリの拡大について、エリック・アザンは「あらゆる巨大な首都のなかで、玉ねぎのように成長したのはパリだけである」と述べている。[3]玉ねぎの芯に当たるのが、パリの起源と言われるシテ島である。セーヌ川に浮かぶ面積わずか〇・二二平方キロメートルの小島を中心に、パリは同心円的に拡大してきた歴史を持つ。その際、市境は地図上の概念としてではなく、物理的な城壁というかたちで出現してきた。そこにはもちろん明確な軍事目的がある。一二世紀末のフィリップ尊厳王の城壁、一四世紀末のシャルル五世の城壁、一八世紀末のフェルミエー・ジェネローの城壁、一九世紀のティエールの壁、と新たな城壁が外側に作られるたびに古い城壁は（一部を残して）取り壊されてきた。やがて軍事技術の発展によって都市を要塞化する意義は消え、ティエールの壁がパリを囲む最後の壁となった。

完成時（一八四四年）、ティエールの壁の内側にはパリ以外の自治体（ベルシー、バティニョール＝モンソーなど）も含まれていた。セーヌ県知事、オスマン男爵のパリ改造によって城壁内の自治体がパリ市に併合されたのは一八六〇年のことである。こうしてニューヨークのマンハッタン島（約六〇平方キロメートル）よりも若干広い、城壁内部の七八平方キロメートルの空間が二〇区に分けられ、ほぼ現在のパリの姿となる。パリが「一九世紀の首都」（ヴァルター・ベンヤミン）であった頃、この面積が問題となることはなかった。しかし一九世紀と二〇世紀は、別の地質時代なのではないかと真剣に論じられるほど大きく隔たっている。

現在のパリの総面積は、ティエールの壁内部に東のヴァンセンヌの森と西のブーローニュの森が加わり一〇五平方キロメートルとなっている。面積でいえばフランスで一四番目の都市で、パリよりも「大きな」フランスの都市には、アルル、マルセイユ、ニーム、トゥールーズなどがある。しかし都市の「大きさ」が語られるとき、その面積だけが問題となることはない。はじめてパリに定住したフランス国王として知られるフィリップ尊厳王以来、パリは圧倒的な政治・経済・文化的中心であり続けてきた。フランソワ一世、ルイ一四世などパリを離れた執政を好む国王も出現したが、それによってパリの重要性が低下することはなかった。フォンテーヌブロー城とパリの間の直線距離は五六キロメートル、ヴェルサイユ宮殿にいたってはパリから一七キロメートルしか離れていないからだ。一四世紀の一〇〇年戦争とペスト禍、一六世紀の宗教戦争など、短・中期的に人口が激減するイベントはあった。しかし基本的にパリの人口は有史以来一貫して増え続けており、つねにフランス最大である。時代ごとにフランス第二の都市の座を占めたマルセイユ、リヨン、トゥールーズといった都市が、人口や経済規模、文化的威信や政治的重要性でパリに迫ったことは一度もないのである。そしてパリへの一極集中はフランス国家の中枢が意識的に選択してきた政策であって、「神の見えざる手」にまかせた結果ではない。その点において二〇二〇年代のもうひとつのオリンピック都市、ロサンゼルスとは好対照をなしているだろう。

一九世紀の都市計画による空間編成のまま、二〇世紀になっても首都一極集中が続けばどうなるか。現在のパリは身をもってその帰結を示している。交通渋滞、通勤ラッシュ、そして地価の高騰にともなう劣悪な住環境。「玉ねぎ」をさらに成長させる、つまりティエールの壁の外に市域を定め直すことは不可能に近い。ティエールの壁自体は第一次世界大戦直後に取り壊されたが、その跡をなぞるかたちでパリを取り囲む環状高速道路、ペリフェリックが建設されたからである。全八車線、幅三五メートルのペリフェリックは、歴代のどの城壁よりもパリの内と外を分厚く隔てている、と評されている。一九五六年に開始したペリフェリック建設工事の映像は、パリ近郊の主婦売春を扱ったジャン＝リュック・ゴダール監督作品『彼女について私が知っている二、三の事柄』に随時挿入されている。それもそのはず、タイトルの「彼女（elle）」とは「パリ首都圏」のことだからだ。同作が公開された一九六七年には、「小冠（petite couronne）」と呼ばれるパリを除くセーヌ県の人口はすでにパリ市内の人口を上回っていた。そこで生まれた新たな生活様式（とゴダールが考えたもの）が、映画の主題となったのである。セーヌ県からパリが切り離され、セーヌ＝サン＝ドニ県、オー＝ド＝セーヌ県、ヴァル＝ド＝マルヌ県に再編されるのは、同作公開の翌年、一九六八年のことである。

パリは市外と市内を物理的、行政的、心理的、そして何よりも視覚的に分断しながら、二〇世紀の間成長し続けてきた。二〇一九年のイル＝ド＝フランスの人口は一二二一万人で、フランスの総人口の二〇パーセント弱が集中し「ヨーロッパにほかに例を見ない人口密度」[*4]となっている。パリ市内に受け入れ可能な人口はとっくに限界に達している。一九世紀の小説家、オノレ・ド・バルザックの言う「パリに住むという普遍的な欲望」には約二〇〇万人という定員があるので、首都を目指す人々の受け入れ先は郊外、とりわけパリ市に隣接する「小冠」なる。かつてマンチェスターやルールに匹敵するヨーロッパ有数の工業地帯として名を馳せ、フランス共産党を支える「赤いベルト」となったのち、脱工業化の過程で非行と「イスラム」あるいは「ジハード」に結びつけられるようになった一帯だ。グラン・パリとは、この旧・赤いベルトをヨーロッパ最大のメトロポリスの成長に組み込もうとする計画なのである。

フランス全体では人口も経済成長も横ばいとなってすでに久しい。その文脈でグラン・パリの成長促進に国の投資を集中させれば、地方が割を食うことになる。経済活動の地方分散は首都の人口過密に歯止めをかける有効な政策であるだけでなく、地方の積年の要求でもある。二〇一八年から一九年にかけての「黄色いベスト」運動は、その点についての不満の爆発という側面もあった。しかしミッテラン政権の地方分権推進を例外として、フランスの基本方針は「パリに全振り」である。ニコラ・サルコジはフィリップ尊厳王以来のこの伝統を踏襲し、二一世紀になってもパリの拡大を継続する方針を定めたのだった。

大統領就任から二年後の二〇〇九年七月、サルコジはノルマンディー地方の港町、ル・アーヴルで行なった演説で「パリ、ルーアン、ル・アーヴルは、セーヌ川という巨大な道でつながれたひとつの都市である」[*5]というナポレオン・ボナパルトの発言を引用した。これに共鳴した建築家、アントワーヌ・グランバックは、ヨーロッパ文明における港の重要性を説く歴史家、フェルナン・ブローデルに依拠して、グラン・パリを港湾都市として構想する「セーヌ・メトロポール」を提唱した。パリとル・アーヴルの間の直線距離は一七七キロメートルである。

グラン・パリ構想は一時はここまで迷走し、収拾がつかなくなっていたのである。そのせいもあるのだろう、サルコジ政権の五年間でグラン・パリ計画が大きく進展することはなかった。二〇一〇年六月三日に「グラン・パリ法（Loi du 3 juin 2010 relative au Grand Paris）」が可決され、グラン・パリ公社（Société du Grand Paris）が設立される。翌年にはグラン・パリ計画の要となる首都圏新地下鉄路線、グラン・パリ・エクスプレスの合意が形成されたが、最終案の確定は二〇一二年に成立

図2-1　グラン・パリ・エクスプレス路線図

するフランソワ・オランド政権に持ち越されることになった。自治体間連合、メトロポール・デュ・グラン・パリが創設されるのは、オランド政権も末期の二〇一六年のことである。ニコラ・サルコジの新自由主義的発想から生まれたグラン・パリは、基本的にそのままフランソワ・オランドやエマニュエル・マクロンに引き継がれていったのだ。

サルコジの退場とともに、「ロンドンに追いつけ追い越せ」といった露骨な世界都市志向は後景に退いたが、基本案が大きく変わることはなかった。図2－1はグラン・パリ・エクスプレスの路線図である。

サルコジは二〇〇七年のシャルル＝ド＝ゴール空港での演説で「すべての地下鉄

ターミナルを結ぶ環状路線を作りましょう」[*6]と発言している。その提案を実現したのが地下鉄一五番線である。ペリフェリックのすぐ外側を走る格好となるこの環状線は、郊外の拠点間の移動を大幅に改善すると言われている。交通を専門とするジャーナリスト、オリヴィエ・ラズモンは「渋滞の主な原因は郊外からパリへと向かう交通ではなく、郊外と郊外の間の交通であって、後者は二〇一〇年にすでに交通量の八〇パーセントを占めている」[*7]と述べている。既存の一番線から一四番線までのパリの地下鉄路線はすべてパリと郊外を結んでいるので、郊外から郊外へと公共交通機関で移動するには一度パリに出なくてはならない。それが嫌なら車で移動することになり、こうして渋滞が発生する。

一五番線に反対する住民運動はほとんど見られなかった。グラン・パリ・エクスプレスの新しい駅ができることで開発が進み、家賃が上がり、住み続けられなくなった住民については多くの報道がある。しかし、新しい沿線から追い出された住民が団結して、一五番線建設計画に異議を挟むことはついになかった。パリ郊外の移動の改善の必要性、「小冠」をつなぐ環状線の利便性については、圧倒的なコンセンサスが形成されている。それへの反対は政治的にきわめて難しい。沿線の開発から弾き出されてパリからさらに遠くへ移ることになった住民たちは、政治的表現を欠いたままバラバラに孤立している。

しかし一五番線以外の路線に関する事情は大きく異なる。グラン・パリは郊外を8の字でつなぐ、とよく言われている。この8の字から分岐する格好となる、一七番線と一八番線の有用性は環境運動によって厳しく問われた。パリから遠く離れたこの二つの路線は、住宅地ではなく農地に敷かれるからである。

ほとんどの駅が乗り換え駅となる一五番線は、すでに人口が密集している地域を通過する。それに対し、無人地帯に敷かれる一七番線と一八番線の恩恵を受ける住民は現時点ではほとんどいない。この二つの新路線は、すでに存在する住民の利便性を向上するためではなく、開発の呼び水として作られるのだ。一七番線はシャルル＝ド＝ゴール空港を発し、グラン・パリ・エクスプレスのターミナル駅となるサン＝ドニ・プレイエル駅へ向かう。しかし南西にまっすぐ進むのではなく、トリアングル・ド・ゴネス駅に向かって一度北上する。本書執筆時点で、この駅の周辺には畑しかない。仮に明日トリアングル・ド・ゴネス駅が開業するとしたら、乗降者数はゼロとなるだろう。このような事態となっているのは、中国の大連万達グループ資本によるゴネス三角地帯（トリアングル・ド・ゴネス）の大規模開発が計画されたのち、白紙撤回されたからなのだ。大連万達グループの開発計画は「ヨーロッパシティ（EuropaCity）」と呼ばれ、三〇億ユーロを費やしてテーマパーク、ホテル、ショッピングセンター、人口スキー場を八〇ヘクタールの敷地に建設する、という前時代的なものであった。緑の党の元ドモン市議（ヴァル＝ドワーズ県）、ベルナール・ルーがこの計画に反対し、「ゴネス三角地帯を守るコレクティブ（Collectif pour le Triangle de Gonesse）」を結成する。その後ルーは支持者を増やし、二〇一九年にヨーロッパシティの計画は中止となった。しかし一七番線の敷設計画まで見直されることはなく、トリアングル・ド・ゴネス駅は畑のど真ん中に開業する見込みとなっている。駅ができる以上、このまま畑であり続けるはずはなく、いくつかの開発計画が浮上している。

他方南の一八番線は、大学や研究所が集中するサクレーという地域を通過する。現在、パリからサクレーに公共交通機関で行くには、郊外急行鉄道（RER）B線で南下し、それからバスに乗ることになる。これでは不便すぎる、サクレーを「フランスのシリコンバレー」とするためにはモビリティを高めなくては、ということで計画されたのが一八番線なのだ。主にフランス国内線が就航するパリ南のオルリー空港と、パリ西部郊外の大学都市、ナンテールがサクレーを通過して結ばれる。それはつまり、一八番線の開通によってパリから直接サクレーに行けるようにはならない、ということだ。そのため利便性にも疑問符がつくうえ、一八番線沿線のかなりの部分はゴネス同様農地である。採算の取れない乱開発ではないか、と考える人々は当然出てくる。「一八番線に反対するコレクティブ（Collectif contre la ligne 18）」の見積もりによれば「一八番線の輸送能力は一時間あたり乗客二万人とのことだが、二〇三〇年の時点で、もっとも混雑する区間の乗車数はラッシュ時でも六千人／時を超えない」[*8]とのことである。そのような新路線を大金をかけて敷くのであれば、いずれ沿線の農地は潰され、企業や研究機関が誘致されることだろう。そうなればマクロン政権が掲げる気候変動政策の柱、「土地人工化ゼロ（zéro artificialisation des sols）」との矛盾が生まれる。またマクロンはサクレーを「スタートアップネーション」の「ポール」にするため「フレンチテック」を「インキュベート」しようとしたが、このような発想を生むのはシリコンバレーについての壮大な勘違いでしかない。早い話、イーロン・マスクやサム・アルトマンのような資質の持ち主が、サクレーのような官主導の土地で起業するはずがないのだ。それなら、と一九五〇年代からサクレーにある原子力研究所のような国立研究所をサクレーに新設またはよそから移転させることになれば、国主導で研究機関の首都圏集中を促進し、「パリに全振り」路線を強化することになる。

グラン・パリの拡大・開発志向を体現する一七番線と一八番線には、このように批判が続出している。コンセンサス形成の難しい巨大公共工事を、通常の民主主義的プロセスを踏まずに一足飛びに進める手段のひとつが、メガイベントの招致である。一八番線を契機として検討されたのは、サクレーを会場とする二〇二五年万国博覧会の招致だった。そして二〇一七年九月二八日には博覧会国際事務局（BIE）に立候補申請文書が提出された。

グラン・パリ省庁間委員会は、二〇一五年四月一〇日に「一緒にグラン・パリを成功させよう（Réussir ensemble Grand Paris）」と題したプレスリリースを発表している。その第二部のタイトルは「グラン・パリ加速装置としての二〇二四年オリンピック大会と二〇二五年万国博覧会」となっていて、冒頭の「背景」にはこのような文章が置かれている。

建設現場全体に一貫性をもたらすには、意義が大きく、あらゆるアクターに活力を与え人々を一つにまとめる計画が、グラン・パリに必要となる。二〇二四年オリンピック大会と二〇二五年万国博覧会への立候補は、この目的にかなうものだ。グラン・パリに二つの国際イベントを迎える能力があることは間違いない。今日の挑戦は、勝利をおさめる運動を生むことだ。そのためには努力の集結と、チームワークの実践が不可欠だ。[*9]

ここでは「グラン・パリに二つの国際イベントを迎える能力があることは間違いない」と威勢のいい書きっぷりである。しかしオランドからマクロンに政権が移り国政人事が一変すると、「両方はさすがに無茶」とする論が優勢となった。ただし、このプレスリリースには経済・産業・デジタル大臣としてエマニュエル・マクロンが名前を連ねており、彼個人の考えがどのあたりにあったのかはよく分からない。二〇一四年にパリ市長に初当選した社会党のアンヌ・イダルゴは、当初万博の招致に関心を持っていた。しかし政財界やスポーツ界の入り乱れる思惑が水面下で調整された結果、万博は撤回され、オリンピック招致に一本化されることが決まったのである。

2-2. 選手村——脱工業化空間のジェントリフィケーション

四度目のパリ五輪招致計画はこうして決まった。先に引いたグラン・パリ省庁間委員会のプレス・リリースには「グラン・パリなくしてオリンピックはできない。他方でオリンピックはグラン・パリの建設工事を加速させることになるだろう」[*10]と太字で書かれている。九二年大会はベルシー再開発、〇八年大会はプレーヌ・サン＝ドニ再開発、一二年大会はバティニョール再開発のために計画された。招致に失敗してもこうした再開発が進んだあとで、二〇二四年大会はグラン・パリのためのオリンピックとして構想されたのである。

すると当然、二〇二四年大会案はグラン・パリの開発戦略と足並みをそろえることになる。ところで、二〇〇八年大会案でプレーヌ・サン＝ドニに計画された選手村は、第一章で見たとおり治安を理由にIOCによって事実上却下されている。二〇一二年大会案でパリ市内（バティニョール）に選手村が計画されたのはそのためだった。しかしマーティン・ルーサー・キング公園は完成し、もはやパリ市内に開発可能な土地は残っていない。パリ市内に選手村を作ることはもう無理なので、IOCの意向よりも開発戦略が優先されて招致案が作られたのである。

一五番線、一六番線、一七番線および既存路線の一四番線が延伸されて乗り入れるサン＝ドニ＝プレイエル駅は、グラン・パリ・エクスプレス最大のターミナル駅となる。設計者の隈研吾が「人々の生活にとって、そして地域にとって必要な共同空間」[*11]と評する同駅は、線路によって分断されたサン＝ドニの東西をつなぐ橋として設計され、商業・文化施設としての顔も持つ。この駅ができるプレイエル地域の住民数は、二〇一七年のサン＝ドニ市地域調査課（secteur des études locales）の推定では九三二五名であった。一九九九年には四六二〇人なので、二〇年弱で倍増していることになる。しかしそれでも、大宮駅に匹敵する一日平均二五万人の利用が予定される巨大ターミナル駅を抱えるにしては、ずいぶん人の少ない町である。グラン・パリ・エクスプレス開通にともなう不動産開発で、二〇三〇年までにプレイエル地区の住民は一万九〇〇〇人まで増加する、とサン＝ドニ市地域調査課は予測している。[*12]

グラン・パリの加速のために二〇二四年オリンピックを招致するなら、サン＝ドニ・プレイエル駅周辺が重点開発地域となるのは必然であった。プレイエル地区の西に流れるセーヌ川にはサン＝ドニ島が浮かんでいる。細長くのばした三日月のような面積一・七七平方キロメートルのこの小島は、サン＝ドニとは別の市、リル＝サン＝ドニ（「リル」は「島」の意）を単独で構成している。プレイエル地区対岸にあたるこの島の南部には、工場跡地が広がっていた。そこでサン＝ドニおよび南西に隣接するサン＝トゥアンのセーヌ川岸の土地とつなげて、選手村が作られることになったのである。

〇八年大会とは異なり、この計画にIOCから治安を理由にダメ出しが入ることはなかった。ひとつには、二四年大会の招致計画が練られる頃には、プレイエル地区のジェントリフィケーションがかなりの程度進行していたからである。巨大ターミナル駅の建設が決まっている地区が、いつまでもNTMや『憎しみ』（第一章参照）の暴力的なイメージであるはずもない。ちなみにプレイエル地区の名称は、この地に工場を構えていたピアノ製作会社、プレイエル社に由来している。この地区はプレイエル社の趨勢と歩調を合わせるように脱産業化していった。その後一九九〇年代から再開発が進み、オフィスビルが誘致されるようになった。この流れの延長で、グラン・パリ・エクスプレスのターミナル駅や選手村がこの地にできることになったのである。

次に指摘できるのは、IOCと立候補都市の力関係の逆転である。オリンピックの開催を望む都市が「IOC委員への愛の表明」を競う「招致合戦」は、二〇二〇年大会をもって最後となっている。英紙『ガーディアン』はリオ五輪直前の二〇一六年七月に「いま明かされるオリンピックの将来にとっての最大の脅威（Revealed: the biggest threat to the future of the Olympic Games）」*13と題された記事を掲載している。この時期は二四年（および二八年）大会の開催都市決定の一年前にあたり、ここで言われている「最大の脅威」とはオリンピック開催希望都市の減少のことである。二〇一五年の第一二八回IOC総会では、雪のほとんど降らない北京が二〇二二年冬季五輪開催都市に決定した。招致に関心を示した他都市が次々と撤退し、北京とアルマトイ（カザフスタン最大の都市）しか残らなかったためにこのような結果となったのである。有力候補とみなされていたオスロが招致撤退を決めたことは、この時期盛んに報道されていたリオ五輪のトラブルやロシアの組織的ドーピングよりも、オリンピックの将来にとってはるかに深刻な懸念で、IOCの「ビジネスを損なう可能性がある」と『ガーディアン』は報じた。この記事の一年前には、アメリカオリンピック委員会が二四年大会の立候補都市に選んだボストンが、世論の支持を得られず撤退している。二〇一五年一一月にはドイツのハンブルグで、住民投票によってオリンピック招致が退けられた。ローマでもオリンピック招致撤回を公約に掲げた有力な候補者が、市長に当選して公約を果たしている。「このパターンに気づくのに学者である必要はない」と『ガーディアン』の記事が書くとおり、住民の反対で招致が撤回に追い込まれる状況が主にヨーロッパでパターン化していたのである。表2-1は、ボストンで招致反対運動を展開したグループ、No Boston Olympicsがまとめた近年のオリンピック招致をめぐる主な住民投票の結果の翻訳・転載である。

オスロの住民投票では招致賛成派が上回ったが、その後ノルウェー国会が撤回を決定した。一部報道によれば、送迎やホテル、携帯電話の機種まで細かく規定したIOCの過剰な接待要求が原因だったとのことだ[*14]。他に特筆すべきはIOCのお膝元、スイスにおけるオリンピック反対派の優勢であろう。二〇一八年にはヴァレー州の州都シオンが、住民投票で二〇二六年冬季大会の招致を否決している。カナダのバンクーバーでは住民投票の結果賛成が上回り、二〇一〇年に冬季オリンピックが開催されているが、以後のオリンピック開催都市では住民投票が行なわれていない。換言すると、バンクーバーは住民投票で民意を確認して開催された最後のオリンピックなのである。

二〇一二年大会の開催権をロンドンと争ってパリが負けた頃とは状況がすっかり変わり、IOCは選手村の立地といった重要案件についてモノ申せる立場ではなくなった。また二四年大会の招致計画を〇八年、一二年と比べると、新規会場建設はさらに減っている。たとえば〇八年の招致計画には、パリから二〇キロメートル離れたピュイズー＝アン＝フランスという人口三〇〇〇人の「村」に、収容人数二万五〇〇〇人の野球場を新設する計画があった。フランスにおける野球の競技および観戦人口に鑑みれば、「白い巨象」となるのが確実な施設である。それが二四年の招致ファイルからは野球そのものが消えており、フランス側が自分たちの利益を追求している様子がうかがえる。

こうしてパリ五輪招致委員会は、IOCではなく地元の政治家の思惑を最優先して計画を作って

都市（国）	該当大会	住民投票実施年	賛成（%）	反対（%）
ベルン（スイス）	2010年冬季	2002年	21	79
バンクーバー（カナダ）	2010年冬季	2003年	64	36
サンモリッツとダボス（スイス）	2022年冬季	2013年	47	53
ミュンヘン（ドイツ）	2022年冬季	2013年	48	52
オスロ（ノルウェー）	2022年冬季	2013年	55	45
クラコフ（ポーランド）	2022年冬季	2014年	30	70
ハンブルグ（ドイツ）	2024年夏季	2015年	48	52

表2-1　オリンピック住民投票の結果（出典：Chris Dempsey and Andrew Zimbalist, *No Boston Olympics: How and Why Smart Cities are Passing on the Torch,* 2017, ForeEdge）

いった。スタッド・ド・フランス建設時のサン＝ドニ市長、パトリック・ブラウゼックは二〇〇四年にサン＝ドニ市長の座から退き、二〇〇五年に自治体広域連合、プレーヌ・コミューヌの議長に就任している。プレーヌ・コミューヌ広域連合にはオーベルヴィリエ、ラ・クールヌーヴ、リル＝サン＝ドニ、サン＝ドニ、サン＝トゥアンほか全部で九市が含まれ、この地域全体が二四年オリンピックの影響を大きく受けることになる。ブラウゼックは二〇一六年には発足直後のメトロポール・デュ・グラン・パリの副議長にも就任し、サン＝ドニ市長だった頃より影響力を増したと言えよう。スタッド・ド・フランスの「成功体験」が政治家としてのキャリアに大きく影響したブラウゼックは、パリ五輪の推進と関連インフラのプレーヌ・コミューヌへの誘致に尽力した。ちなみにこの間にブラウゼックは、フランス共産党を離党（二〇一〇年）したのち復党（二〇一七年）している。二四年大会の招致はブラウゼックの共産党離党時期に進んだわけだが、彼のあとの共産党のサン＝ドニ市長たちも選手村ほかの誘致に前向きであった。
サン＝ドニ、サン＝トゥアン、リル＝サン＝ドニの三市にまたがる、総面積五二ヘクタールの選手村案はこうして定まった。大会中に一万四五〇〇人のアスリートとスタッフを迎えたあと、二〇二五年には総数二八〇〇戸となる住宅が六〇〇〇名の住民を受け入れる、とパリ五輪組織委員会は謳っている。だがパリからほど近い立地に、五二ヘクタールもの広大な空き地が広がっていたわけではない。
複数の報道によると、選手村の建設予定地には企業一九社、学校三校、ホテル一軒、学生寮一軒、外国人労働者の集合住宅が一軒あった。企業数は報道によって一九社だったり二二社だったりしてバラツキがあるが、二〇社前後であるのはたしかだろう。そのうちの一社、サン＝トゥアンに事業所を構えていたケータリング会社、フォーション・レセプシオンの社長は「「引っ越しのための」期限は非現実的だ。われわれは移転先を見つけ、立ち退き料を交渉し、移転先の改修を終えなくてはならない。企業の論理とはまったく反対だ」と日刊紙『ル・パリジャン』（二〇一八年四月一一日）に語った。[*15] しかしそれから一年後には二四時間放送ニュース専門局、BFMTVが、企業のほとんどが近隣地域への引っ越しを受け入れたと報道している。[*16]
エンジニア養成専門学校の高等機械学院（Supmeca）は、選手村内に敷かれる公道によってキャンパスが二つに分断されることになった。さらに学生寮の取り壊しも決まった。それに対し学校の運営陣は不満を表明し、学生たちも署名運動やアスリートへの直訴などを展開した。その結果、

図2-2　高等機械学院の「キャンパス破壊」に反対するchange.orgの署名。宛先は当時の首相、エドゥアール・フィリップら（2023年11月22日アクセス）

キャンパスは予定どおり分断されるが、既存の校舎のすぐ横に学生寮と学生食堂が新設されることになったので、高等機械学院の公式見解は「ISAE-SUPMECAは、オリンピック・パラリンピック大会の工事によってキャンパスを近代化します」[17]といったところに落ち着いたのである。報道も「アスリートよりも先に選手村に入居するのは学生たち」といった肯定的な調子になり、「以前は湿気のあるアパートに毎月七五〇ユーロの家賃を払っていたけど、いまは五〇〇ユーロだ」という嬉しそうな学生の声を国営放送、フランステレビジョンが伝えている。[18]引っ越しを受け入れた企業同様、この学校も落としどころを見つけたのだろう。

映画監督リュック・ベッソンが設立した映画の複合施設、ラ・シテ・デュ・シネマ（La Cité du cinéma）のケースはもう少し入り組んでいる。フランス電力の発電所跡地に作られたこの施設は、選手村の大食堂として利用されることが物件所有者の預金供託金庫（Caisse des dépôts et consignations）とパリ五輪組織委員会の間で決められた。そのため借主である映画関係者は、一時的に退去する。映画撮影所を大食堂にするにはもちろんかなりの内装変更が必要で、「一時的強制退去」のあとの見通しは不透明である。日刊紙『ル・モンド』の報道によれば、二〇二三年三月の時点で退去の日程は知らされておらず、補償金の額も合意に至っていないとのことである。*19

大都市近郊で五二ヘクタールもの敷地が収用されれば、こうしたさまざまなドラマが生まれる。なかでももっとも典型的なオリンピック社会浄化としてあらわれたのが、サン＝トゥアンの外国人労働者向け共同住宅の取り壊し劇であった。サン＝ドニ通り八二番地にあったこの共同住宅は、ADEFアビタという社会住宅を専門に扱う非営利団体によって運営されていた。ADEFアビタの扱う物件の多くは、簡易キッチン、水回り（トイレ、シャワー、洗面所）、家具と寝具が完備されたワンルームで、家族手当基金（Caisse d'allocations familiales）の個別住宅支援（Aide Personnalisée au Logement）の対象となっている。そうした住宅のひとつだった二八六名の男性の外国人労働者が単身で入居していたサン＝トゥアンの共同住宅が、選手村建設のために取り壊されたのである。一九八〇年代に建設されたこの共同住宅には、四〇年近く居住していた住民もいた。住民の過半数が旧フランス植民地の西アフリカ諸国出身だったので、立ち退きおよび抗議行動について話し合う集会はつねにフランス語とソニンケ語（マリ、セネガルなどの公用語）の二言語で行なわれていた。

サン＝トゥアンのADEF共同住宅から追い出された住民たちは、ペリフェリックのすぐ近くに

図2-3　取り壊されるサン＝トゥアンADEF共同住宅の前で横断幕を広げる住民たち。「私たちの共同住宅に手をだすな」「オリンピックのあとでこの場所に戻る権利を」と書かれている。(撮影筆者、2019年11月9日)

作られたプレハブの仮設住宅に、住民たちいわく「詰め込まれ（entasser）」た。この立地だと防音措置が施されなければ騒音に悩まされることになる。ニュース専門局、フランス・ヴァン・カトル（France 24）は「空調や台所のホットプレートは故障してるし、ゴキブリは出るし、トイレは詰まっている」「暑いし臭いしどうしようもないから、窓もドアも開けっぱなしにしないといけない」といった住民の声を伝えている。[*20] 住民たちは数年に及ぶ仮設住宅での生活のあとで元の場所に戻る、つまり新しくできる選手村に入居することを要求したが、もちろん却下されている。

オリンピックの開催には住民の強制退去がつきものである。二〇〇八年北京五輪で立ち退きを強いられた人々の数は一〇〇万を超えるとも言われている。二〇一六年リオ五輪にともなうファベーラ解体は、世界中のメディアによって報道された。二〇二〇年東京五輪のための国立競技場建て替え計画には、都営霞ヶ丘アパートの取り壊しと明治公園の野宿者の強制排除が織り込まれていた。ファベーラや霞ヶ丘アパートの破壊についてはすぐれた映像作品も残されている。その一方で、多くの筆が費やされたリオや東京の影に、二〇一二年ロンドン五輪で取り壊されたクレイズ・レーン・エステートという住宅協同組合はかくれた格好となっている。

クレイズ・レーン・エステートはオリンピックで集中的に開発されたロンドン東部のストラトフォードにあったイギリス最大、ヨーロッパでも二番目の大きさの住宅協同組合で、二〇〇七年夏に退去命令を受け取った時点での住民数は四五〇名であった。リオ五輪によるコミュニティ破壊に抵抗して脚光を浴びたファベーラ、ヴィラ・アウトドローモには六〇〇世帯が居住していたと言われる。霞ヶ丘アパートには「二〇一二年に取り壊しと移転が告げられた時点では約二三〇世帯が居住していた」[*21]と社会学者、稲葉奈々子が記している。そこから言えるのは、ヴィラ・アウトドローモや霞ヶ丘アパートに比べてクレイズ・レーン・エステートがほとんど話題とならない理由は、強制退去の対象となった人数が極端に少なかったからではない、ということだ。それではクレイズ・レーン・エステートは、なぜ忘却されているのか。

本書第一章で見たとおり、二〇一二年ロンドン五輪はイーストエンドと呼ばれるメトロポリス東部再開発のために招致された。古くは切り裂きジャック、近年では「ゲットー出身ラッパー」ディジー・ラスカルなどで有名な、治安の悪さで知られる「貧困地区」である。とはいえ二一世紀にもなって、ヨーロッパ一の大都会にスラム街が残っているはずもない。しかしこの地域の「開発の遅れ」をオリンピックで一気に取り戻す方針は、党派を超えて支持された。ロンドン五輪といえば大会当時の市長だったボリス・ジョンソン（保守党）のイメージが強いが、招致を進めたのは労働党のなかでも最左派に位置し「赤いケン（Red Ken）」の異名を取っていたロンドン市長（二〇〇〇年から二〇〇八年）、ケネス・リヴィングストンである。彼はこのような発言を残している。

私は何も三週間の運動会のためにオリンピックを招致したのではない。私がオリンピックを招致したのは、それがイーストエンド開発のために政府から数十億ポンドを引き出す唯一の手段だからだ。これで土壌を浄化し、インフラを整備し、住宅を建設することができる。[*22]

「土壌を浄化し、インフラを整備し、住宅を建設」と言っているが、なにもロンドン東部に土壌が汚染された広大な空き地が広がっていたわけではない。「政府から数十億ポンドを引き出」して開発される場所には、たとえばクレイズ・レーン・エステートがあったのだ。クレイズ・レーン・エステートの住民だったジュリアン・シェインは、二〇〇八年に英紙『ガーディアン』のインタビューでこう語っている。

こうしてロンドン東部が再生されるわけだが、それは現在住んでいる人々のためではない。

まったく新しい住民のために行なわれている。かつて産業の用途に応じていた運河を水のある近所の風景として楽しむことができる、はるかに豊かな人々のためだ。われわれのコミュニティはバラバラになってしまった。人々は移転先の確保を心配していたため、いったんはじまったらあっという間に崩れてしまった。(……)家賃はすごく安かったから、低賃金労働者でも幸せに暮らすことができた。(……)エステートの住民のおよそ半数が脆弱な人々だった。いまでは、彼らの支援ネットワークは消えてしまった。[*23]

団地内支援ネットワークの存在とオリンピックによるその破壊は、霞ヶ丘アパートの事例でも伝えられている。家賃が安く、住み心地がよいから入居者が住み続ける。その結果コミュニティが根をおろし、分厚い歴史が蓄積される。それをオリンピックが断ち切る。このインタビューの時点で、一九四七年生まれのジュリアン・シェインの年齢は六一歳であった。ものすごく高齢というわけではないが、若いとは決して言えない。この年齢になって一九年間住み続けた住まいから、追い出されたのである。

霞ヶ丘アパートの顛末にここまでよく似たクレイズ・レーン・エステートの事例をあえて無視しようとする欲望があるのだとしたら、その出どころはひとつしかない。東京五輪(または北京五輪やリオ五輪)は批判するが、ロンドン五輪は評価したい、という態度だ。ロンドン五輪は「イーストエンド地区の再開発に最初から狙いを定め、文化的な演出も洗練された仕方で取り込みながら目的を達した」[*24]といったように、成功例として挙げられることが多い。その際、「最初から狙いを定め」られた「イーストエンド地区の再開発」の内実が問われることはない。東京五輪を鋭く批判する側に回った社会学者、吉見俊哉はたとえばこのような発言をしている。

そもそも今回の東京五輪は本末転倒だった。首都の東京で五輪を開催するならば本来、東京をどんな都市にするのかという議論があるはず。ロンドンならば東部の再開発が目的だった。パリも（自転車や徒歩圏内で生活できる）「一五分都市」の構想を掲げる。だが、東京はビジョンがない。[*25]

ここで吉見が問題にするのは、ビジョンのあるかなしかだけである。しかしビジョンというものはあればいいというものではないだろう。問われるべきはロンドン五輪の目的だった「東部の再開発」の中身である。仮に一般利益のためのとるに足らない犠牲としてクレイズ・レーン・エステートの解体を片づけるのだとしたら、イーストエンド再開発が一般利益と呼ぶに値するものなのかどうかが検討されなくてはならないはずだ。ロンドン五輪の一〇年後にあたる二〇二二年に『ガーディアン』はいくつかの後追い取材を行なっている。「大いなる裏切り：ロンドン五輪のレガシーはどのように売り飛ばされたか（'A massive betrayal': how London's Olympic legacy was sold out）」[*26]や「ロンドン二〇一二から一〇年：誤った想定にもとづくスポーツレガシーとの格闘（London 2012, 10 years on: wrestling with a sporting legacy built on false assumptions)」[*27]と題された記事は、オリンピックの恩恵を受けたのはごく一部の人々（組織委員会会長セバスチャン・コーなど）で、「数年におよび関与した多くの人々にとって、結果は苦い失敗（the result is a bitter failure）」[*28]だったという結論を出している。近年では唯一の成功例と評価されることの多いロンドンすら「苦い失敗」であるならば、近代オリンピック自体のあり方が問われなくてはならないはずだ。なぜ「レガシー」というコンセプトが持ち出されるのか。なぜ「三週間の運動会」が都市開発に結びつけられる必要があるのか。そういった根源的な問いを避けて、例外的な失敗とみなす大会、たとえば東京五輪のみに批判を絞るなら、その裏にはどこかに成功した大会がなくてはならない。そして二一世紀に入ってから成功例として挙げうるオリンピックはロンドンのほかにはないので、クレイズ・レーン・エステートは無視されることになる。

吉見はすでに東京との比較で、「「一五分都市」の構想を掲げる」パリ五輪を、開催を待たずして肯定的に評価している。この評価が堅持されるなら、サン＝トゥアンのADEF共同住宅も無視されることになるだろう。成功例として持ち上げたい大会に外国人労働者の強制退去などという事例があっては困るから、無視するしかない。一〇年以上前に終わったロンドン五輪と異なり、パリ五輪の選手村の再開発が本格化するのはこれからである。民間資本による社会浄化の悪夢、とすら評されることもあるロンドンとは異なる未来が待っている可能性は、理論上はゼロではない。その可能性にすがって、一般利益（＝「一五分都市」）の犠牲となるべきとるに足らない特殊利益としてサン＝トゥアンのＡＤＥＦ共同住宅の取り壊しを無視するか。それとも酷似する事例の蓄積をパターンとして捉え、「三週間の運動会」による都市開発という発想自体を問い直すか。

サン＝トゥアンのＡＤＥＦ共同住宅があった場所に選手村が建設されるきっかけは、グラン・パリ・エクスプレスのサン＝ドニ・プレイエル駅である。同駅の設計者である隈研吾は、東京の国立競技場の建て替えも手がけている。ライターの武田砂鉄によると、隈は「自分が担当することとなった国立競技場建設をめぐる一連の動きを「様々な雑音」と言った」[*29]そうだ。「地域の生活をぶっ壊した人たちが、そこにいた生活者からの訴えが含まれる声を「様々な雑音」と呼んだ」[*30]と武田は続ける。サン＝トゥアンのＡＤＥＦ共同住宅からサン＝ドニ・プレイエル駅までの距離は、直線距離で一キロメートルに満たない。隈の手がけるサン＝ドニ・プレイエル駅が、彼の言うとおり「人々の生活にとって、そして地域にとって必要な共同空間」になるのだとしても、再開発後に戻ってくることを許されない人たちの声は、ここでも「様々な雑音」にしかならないのだろうか。それとも雑音としてすら隈の耳に届くことはないのだろうか。

そしてパリにおいて「様々な雑音」の発生源は、選手村の敷地内だけではなかった。選手村から主会場となるスタッド・ド・フランスまでは二キロメートルほどで、若く健康なアスリートなら難なく徒歩で移動できる距離である。しかし、もちろんオリンピック選手が徒歩や自転車や公共交通機関で競技場に向かうことはない。選手村のすぐ近くには、ペリフェリックの外側を周回する環状道路、高速道路八六号線が通っている（東京外環道と比較可能だろうか）。しかし選手村にもっとも近い既存の八六号線の乗り入れ口は、スタッド・ド・フランス近くのポルト・ド・パリか、リル＝サン＝ドニの西対岸のヴィルヌーヴとなり、どちらも選手村からのアクセスは良好とは言えない。IOC評価委員会の報告書はこのように述べている。

交通需要管理やオリンピック道路ネットワークの完成を含む効果的な交通管理手段は、輸送作業の成功にとって不可欠な要素である。*31

そしてこの評価報告が、「様々な雑音」のもうひとつの発生源となったのである。

2-3. プレイエル地区、高速道路インターチェンジ

先述のとおり、プレイエル地区の再開発は一九九〇年代にはじまっている。グラン・パリ・エクスプレス最大のターミナル駅が作られる下地は、この頃から準備されていた。一九九八年W杯でスタッド・ド・フランスが建設されたプレーヌ・サン＝ドニ地区は、プレイエル地区よりも先に再開発が進んだ。環状高速道路八六号線と、シャルル＝ド＝ゴール空港とパリをつなぐ高速道路一号線は、スタッド・ド・フランス近辺で交差している。そのため出入口となるインターチェンジもこの辺りに集中している。スタジアム周辺にオフィスビルが誘致され、「質の高い

雇用」が生まれ、地価が上がると、七ヘクタールもの空間が道路交通に利用されている現状への疑問が出てくる。またスタッド・ド・フランス建設の条件に当時の市長、パトリック・ブラウゼックが高速道路一号線の地下化を要求したように、騒音と大気汚染の緩和は近隣住民の切実な願いである。そのためスタッド・ド・フランス近くのポルト・ド・パリ高速道路インターチェンジ（IC）を閉鎖する案が浮上した。二〇一四年一月二二日には「文化と創造の地域」と名づけられた地域開発協定（Contrat de Développement Territorial）が国とプレーヌ・コミューヌの間で締結され、そのなかでポルト・ド・パリ高速道路ICの閉鎖について言及されている。協定には「ポルト・ド・パリ地区では高速道路一号線の出入り口となる高架ランプが、かなりの広さの土地を占めている。ポルト・ド・パリ協議整備区域（ZAC）南部の都市計画に活用するため、そして都市密度の目標達成のために高架ランプを移動できれば有益であろう[*32]」とある。

スタッド・ド・フランス近くのICを閉鎖するなら、一号線と八六号線をつなぐ別のICをどこかに作らなくてはならない。そこでプレーヌ・サン＝ドニ地区に比べて開発の遅れているプレイエル地区の交通の便を改善するため、同地にICを作る案が出てきたのである。つまりスタッド・ド・フランス近隣では地域発展のためにICが閉鎖され、プレイエル地区では地域発展のためにICが作られる、という理屈だ。たしかに二キロメートルも離れていないこの二つの地区の経済発展および交通量には差があり、地域間均衡を求める論理はまるっきり的はずれというわけではない。しかし、いったいいくらかけてこの工事をやるのか、という問いが当然出てくる。A地点の混雑を

B地点に移すための工事に、大金を費やす意義はあるのか、と。こうして費用対効果の議論が決着しないタイミングで、二〇二四年オリンピックをパリへ招致する話が持ち上がったのである。招致ファイル（第一フェーズ）五五ページ「交通インフラ」には、このように書かれている。

道路網はつねに改善されています。いくつかの開発プロジェクトがすでに計画されていて、それにはとりわけオリンピックのコンセプトにとって有益な二つのインターチェンジが含まれています。高速道路一号線のリンドバーグ交差点と、八六号線のプレイエルです。選手村やメディア村、メディアセンターとすべての会場を接続するこうした投資は、大会期間中の移動速度を上げます。*33

プレイエルＩＣ建設計画がオリンピック招致に先立っているとあるが、「すでに計画されている」る開発プロジェクトの先行きは招致段階では、とりわけ費用面で不透明であった。それがオリンピックの開催決定によって一気に解決する。選手村の目と鼻の先に作られるプレイエルＩＣの建設費用は、オリンピック会場建設公社（La Société de livraison des ouvrages olympiques、以下ＳＯＬＩＤＥＯ）が全額九五〇〇万ユーロを負担することになった。つまり計画はオリンピック前から存在していたが招致されなければ実現不可能であった、というオリンピック開発の典型がこのプレイエルＩＣなのである。

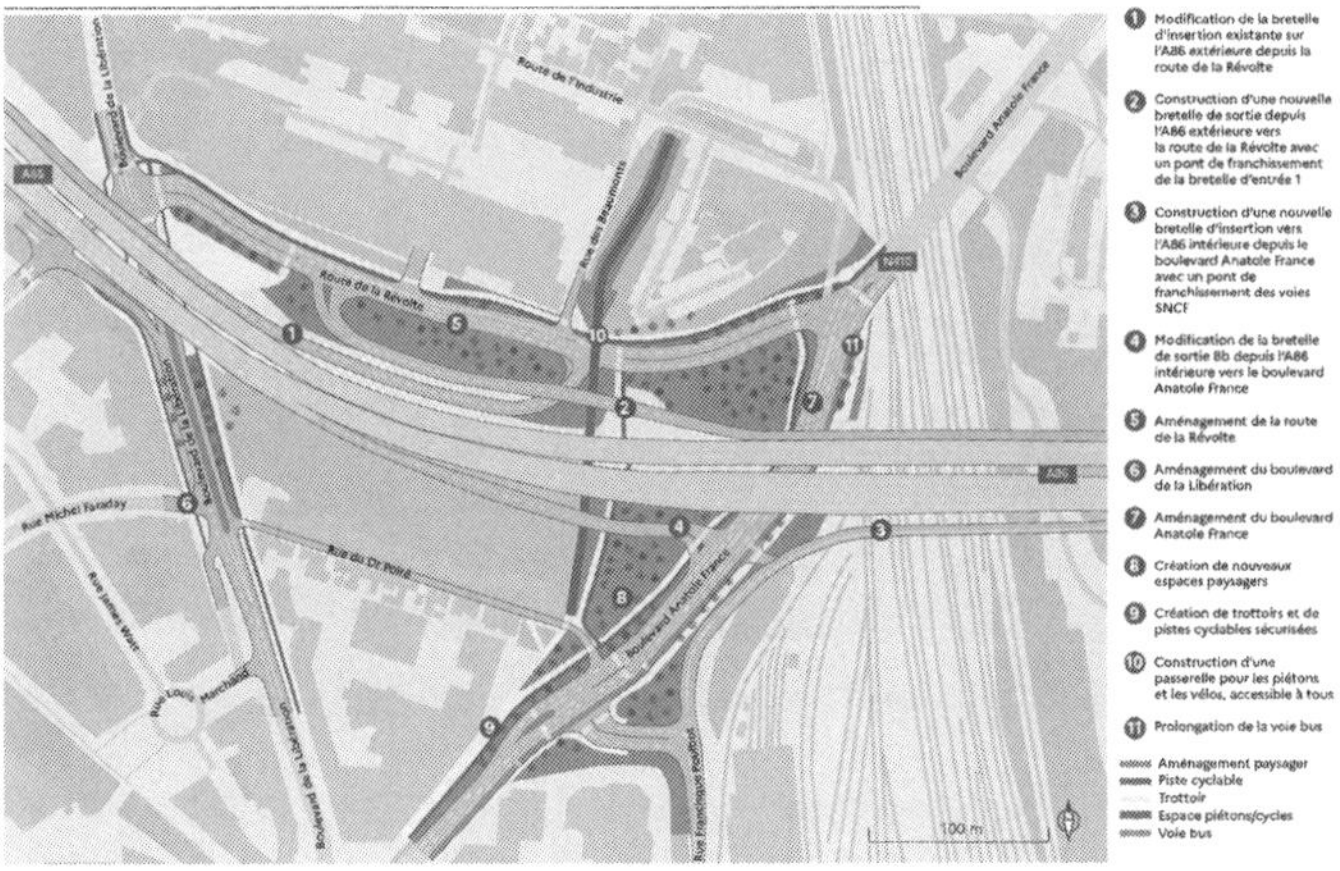

図 2-4　プレイエル IC 周辺再整備完成予想図

選手村建設予定地同様、この新ＩＣ建設予定地も空き地だったわけではない。スタッド・ド・フランス近隣の混雑緩和のツケは、プレイエル地区の住民が払うことになった。このプレイエルＩＣの問題がフランス国内だけでなく外国のメディアによっても報道されるほど大きくなったのは、もっとも大きなツケを払うことになったのが数百名の幼稚園児と小学生だったためである。図２－４は、イル＝ド＝フランス広域道路管理局（La direction des routes d'Île-de-France）が作成した整備完成予想図である。

新設される公園と新設される歩道と自転車レーンの間をとおり、リベラシオン大通りに届くポワレ博士通り（Rue du Dr. Poiré）は、住宅密集地である。新ＩＣの影響をもっとも受けるのは、アナトール・フランス大通り（Boulevard d'Anatole France）に接するポワレ博士通り東端の住宅であ

図2-5　プラカードを出すポワレ博士通りの住宅とプレイエルIC工事現場（撮影：NOlympics LA）

る。ここの住民はベランダに一メートル四方くらいのプラカードを出して、オリンピックが彼ら彼女らに何をもたらしたのかを訴えている（図2-5）。白地のプラカードにはこう書かれている。

二〇二四年オリンピックは環境に配慮した大会だと言われています。

すなわち：

・四〇パーセントの大気汚染増加

・五〇パーセントの騒音増加

が七〇〇〇人の子どもたちと二〇〇〇名の近隣住民に約束されました。

新しいICをどうもありがとうございます！

念のため記しておくと、このプラカードで使われているレトリックは反語であって、ここの住民は感謝の念などまったく抱いていない。そしてこの家からアナトー

図2-6　アナトール・フランス学校グループ（左）とプレイエルIC工事現場（撮影：NOlympics LA）

ル・フランス大通りを南に下りほんの数十メートル移動すると、右手に小学校と幼稚園が見える。ポワレ博士通り（北）、アナトール・フランス大通り（東）、リベラシオン大通り（西）に囲まれた三角地帯には、三歳から一二歳までの七〇〇人もの園児・児童の通う学校グループ（groupe scolaire）があり、新ＩＣはそのすぐそばに作られるのだ。図２−６は、工事現場と学校を二〇二二年五月にアナトール・フランス大通りから撮影したものである。

図２−６の左側にある建物が学校で、工事現場とは薄いフェンスで隔てられている。このフェンスは、ポワレ博士通りの住民を中心とするコレクティブ、プレイエル・アヴニール（Pleyel à venir）や、全国規模の就学児童の保護者団体（Fédération des Conseils de Parents d'Elèves、以下ＦＣＰＥ）のセーヌ＝サン＝ドニ支部のメンバーの訴えによって設置された。しかし住民や保護者はフェンスの設置で満足したわけではない。彼ら彼女らが求めた

のは、新ＩＣの工事中止だった。

先に結果を書くと、住民運動は敗北し新プレイエルＩＣはオリンピック前に完成する見込みである。スタッド・ド・フランスに近いポルト・ド・パリＩＣが大会中に役立つことは明白で、こちらはオリンピック終了後に解体工事がはじまる。つまりオリンピック期間中は高速道路一号線と八六号線をつなぐＩＣが二つ併存することになるのだ。ちなみにそれでも大会中の交通渋滞の不安は払拭されておらず、グラン・パリの住民には大会中にバカンスに出ることやテレワークが推奨されている。

話をプレイエルＩＣ反対運動に戻そう。反対運動を牽引したのは前述の三角地帯にあるアナトール・フランス学校グループに通う児童の保護者たちで、裁判闘争を行なった。以下、年表形式で経緯を記そう。

- 二〇一九年一一月二二日：イル＝ド＝フランス地域長官（プレフェ）が、プレイエル地区の高速道路八六号線と一号線の接続工事は一般利益であると宣言する県条例（arrêté préfectoral）を発布
- 二〇二〇年一月二二日：ＦＣＰＥセーヌ＝サン＝ドニをはじめとする原告一五名が、パリ行政控訴裁判所（Cour administrative d'appel de Paris）に右記県条例の取り消しを求め提訴
- 二〇二〇年五月五日：パリ行政控訴裁判所の急速審理裁判官（juge des référés）が県条例の保

留を命令（工事中止）

- 二〇二〇年一〇月二二日：パリ行政控訴裁判所の事実審裁判官（juge du fond）が工事を許可
- 二〇二〇年一二月四日：原告が国務院（Conseil d'État）に破棄申し立てを提訴
- 二〇二一年八月三日：国務院が右記破棄申し立てを否決
- 二〇二一年一一月末：ＦＣＰＥセーヌ＝サン＝ドニが欧州人権裁判所に提訴、原告が直接の被害者ではないとの理由で棄却

最終的には敗北するのだが、二〇二〇年五月五日にパリ行政控訴裁判所の急速審理裁判官が出した工事中止命令は、この運動の正当性獲得に大きく寄与した。判決文のなかには「計画が持つ健康被害と大気汚染への影響について、適切な判断が行なわれなかった」[*34]との一文がある、とプレイエル・アヴニールはプレスリリースで伝えている。つまり新ＩＣによってアナトール・フランス学校グループの大気汚染は悪化する、との司法判断が一度は出たのだ。それによってこの反対運動は衆目を集め、さまざまな環境団体や人権団体の支援を受けることになった。なかでもユニセフ・フランスがレゾー・アクシオン・クリマ（気候行動ネットワーク）と共同で二〇二一年一〇月に発表した報告書への反響は大きく、さまざまなメディアによって取り上げられた。この報告書には次のようにある。

二〇一五年に計画された際には直ちに却下されたサン＝ドニ市プレイエル地区中心部に建設される高速道路IC計画は、オリンピック・パラリンピック大会準備の一環として、大会にとって重要ないくつかの場所を接続するために二〇一九年に再び浮上するようになりました。経済にとっては有益なのかもしれませんが、住民にとってはとんだ災難です。三歳から一二歳まで、七〇〇名の子どもたちが通うプレイエル＝アナトール・フランス学校グループは、三つのランプが接続する対面通行ラウンドアバウトのように機能する、三角地帯に閉じ込められます。最善のシナリオでも、二つの学校の近くには一日当たり一万から三万台の車両が通過する見込みです。[*35]

この報告書は、一度は潰れた建設計画がオリンピックのために復活した、と説明している。この見解が画期的であるのは、ユニセフ・フランスがパリ五輪の招致に協力していたからである。ユニセフ・フランスの招致協力は、たとえばパリ五輪招致委員会とパートナー契約まで締結した世界自然保護基金（WWF）のそれと比べれば、控えめなものではあった。しかし広告代理店、TWBAワールドワイドの社長が会長を務めていたユニセフ・フランスが招致委員会に協力し、のちに組織委（およびその他団体）と共同で教育プログラムを開発したことで、「パリオリンピックは、WWFフランス、ユヌス・センター、ユニセフ・フランスの支援を受け、国連の持続可能な開発目標に沿った独自の持続可能性とレガシー戦略を策定[*36]」とIOCは喧伝できるようになったのである。つまりパリ五輪は「ユニセフお墨つき」となったということだ。それを可能にした団体が、オリンピックによる大気汚染と子どもの人権侵害を告発する側に回ったのである。

さらに言えば、パリ五輪の招致に協力したのち、プレイエル新ICに反対するようになった団体はユニセフ・フランスだけではなかった。四七人の専従活動家を抱えるフランス有数の環境団体、フランス・ナチュール・アンヴィロンヌマン（France Nature Environnement、以下FNE）もパリ五輪の招致委員会と協議を重ねており、IOCがパリを訪問した際にも会合を持っている。オリンピックをどうせやるなら環境に配慮した大会にすることを提言し「当初掲げられた環境への取り組みが守られるよう、最大限の警戒を呼びかけ[*37]」てきたFNEが、プレイエル新ICの反対運動に協力するようになったのは、自然な流れであったのかもしれない。

こうした団体が批判したのは、パリ五輪が掲げた「国連の持続可能な開発目標に沿った独自の持続可能性とレガシー戦略」の実践が不十分であることだ。こうした批判は、オリンピックは持続不可能だ、という発想からは出てこない。

ローザンヌ大学の地理学者、マルティン・ミュラー他が二〇二一年四月に『ネイチャー』誌に発表した論文、「オリンピックの持続可能性評価（An evaluation of the sustainability of the Olympic Games）[*38]」は、定量指数と定性指数を含むモデルを使って一九九二年から二〇二〇年までの全一六大会を分析し、夏季も冬季もすべてのオリンピックは持続不可能である、という結論に達している。「ネイチャー掲載」という威信により、この論文は発表後すぐに基本文献中の基本文献となった。著者のひとり、スヴェン・ダニエル・ウルフは当時ローザンヌ大学で教鞭をとっていたため、論文掲載直後にＩＯＣから「招待」され、方法論について「活発な議論」[*39]を交わしている。ユニセフ・フランスやＦＮＥがプレイエルＩＣ反対運動に「合流」したのは、この論文が出たあとである。しかしこれらの団体がこの論文を参照して、オリンピックはそもそも持続不可能なのだ、と論じることはなかった。嘆かれるべきは「当初掲げられた環境への取り組み」の不遵守であって、大がかりなグリーンウォッシングではないのである。「あるべきオリンピック」の規範からの逸脱としてプレイエル新ＩＣを捉えるならば、ミュラー他論文を参照するわけにはいかない。この論文を参照してしまえば、持続可能なオリンピックなどそもそもない、それゆえプレイエル新ＩＣは逸脱ではなく典型である、としか論じられなくなるからだ。

プレイエル新ＩＣへの反対運動が持つこうした性格は、例外的なものではなかった。パリ五輪の特定インフラによる環境破壊に反対する運動の多くは、「当初掲げられた環境への取り組み」が不徹底だ、という批判を展開したのである。こうした個別の反対運動が、「三週間の運動会」の規模が必然的に環境破壊をもたらすのだ、とまで論理を進めることはなかった。その典型として出現したもうひとつの運動が、メディア村への反対である。そこでは、フランスのある政党がオリンピックを支持し続けてきた分厚い歴史も大きく影響したのである。

2-4. メディア村――フランス共産党とオリンピック

二〇二四年パリ五輪立候補ファイル（第三フェーズ）の六〇ページは「メディアのための施設（Installations for the media）」となっており、こう説明されている。

メインメディアセンターはオリンピックスタジアム、アクアティックセンター、選手村から一〇分以内、メディア関係者が出入国に利用する国際空港、パリ・シャルル＝ド＝ゴール空港から一五分以内にあります。メインメディアセンターから徒歩五分の距離には四〇〇〇室を備えたメディア村が便利で快適、かつ手頃な値段の宿泊施設を提供します。バレーボール、バドミントン、射撃の会場もすぐそばです。[*40]

オリンピック憲章第五章三八条で「すべての競技者、チーム役員、またその他のチームスタッフが一カ所に集うため、組織委員会はオリンピック村をIOC理事会の定める期間、提供するものとする[*41]」と定められているオリンピック村（＝選手村）と異なり、メディア村は必須要件ではない。たとえば二〇二〇／一年東京オリンピックでは、外国の記者のためにこのような宿泊施設は作られていない。不動産開発以外の何ものでもないのは選手村も同様であるが、メディア村の場合はそこに「ＩＯＣすら要求していない」という性質が加わる。事実、二〇一八年三月にパリを訪れたＩＯＣの調査団は「パリには十分な数のホテルがあるのだから不要なのではないか」と発言した、と日刊紙『ル・パリジャン』が報じている。[*42]

オリンピックのためにパリを訪れるメディア関係者の総数を、イル＝ド＝フランス地域圏は二万六〇〇〇人と推定している。[*43] だからメディア村の四〇〇〇室という収容能力は、実に中途半端なのだ。さらにその後規模が縮小され、組織委員会のウェブサイトは一三〇〇人収容としている。[*44] しかしメディア村の収容能力が低くて大変だ、という懸念が聞かれることはあまりない。むしろ心配されているのは、はたしてメディア村に宿泊したい記者がいるのか、ということなのだ。

メディア村が建設されたのは、セーヌ＝サン＝ドニ県デュニー市にある二七ヘクタールにおよぶレール・デ・ヴァン（l'aire des vents）公園である。パリ北駅から郊外急行鉄道（ＲＥＲ）とバスを乗り継いで四〇分、車だと三〇分かかる立地だ。招致段階では、グラン・パリ・エクスプレス一六番線および一七番線が乗り入れるル・ブルジェ（Le Bourget）駅がメディア村の近くに完成する予定だった。しかし早くも二〇二一年七月には、工事が間に合わないと発表される。

しかしこの遅延を「本末転倒」と呼んでしまっては正確さを欠くだろう。開催都市にとって「本」にあたるのは都市開発で「三週間の運動会」は「末」である。たかだか一三〇〇名のメディア関係者のために無理して工事を間に合わせるよりは、「実はオリンピックは二の次」と早い段階で認める方が負担ははるかに少ない。本書執筆時において、一六番線および一七番線は二〇二六年開業予定となっている。

レール・デ・ヴァン公園は、欧州連合（EU）によって自然保護区域「Natura 2000」に指定されているジョルジュ＝ヴァルボン県立公園に「隣接している」。カッコつきとしたのは、まさにこの点を争点にメディア村への反対運動が組織されたからだ。レール・デ・ヴァン公園はジョルジュ＝ヴァルボン県立公園の一部なのか、それとも隣接する別の公園なのか。レール・デ・ヴァン公園の民営化を推進する立場のSOLIDEO（オリンピック会場建設公社）は、「ジョルジュ＝ヴァルボン県立公園とははっきり分かれた部分（Partie distincte du parc Georges Valbon）」[*45]という表現を用いた。それに対しメディア村への反対者は「不可分の一部（Partie intergrante）」[*46]と呼んできた。ジョルジュ＝ヴァルボン県立公園の一部なのだから、メディア村の建設はNatura 2000区域に手を加える甚大な環境破壊だ、と訴えたのである。

ジョルジュ＝ヴァルボン県立公園はイル＝ド＝フランスで三番目の広さ（四一七ヘクタール）の公園で、ラ・クールヌーヴ、サン＝ドニ、スタン、デュニー、ガルジュ＝レ＝ゴネスの五市にまたがっている。敷地の一部がヴァル＝ドワーズ県にはみ出しているが、公園の所有者はセーヌ＝サン＝ドニ県である。レール・デ・ヴァン公園はジョルジュ＝ヴァルボン県立公園の東側に「隣接」（または「東端に位置」）している。二つの公園は、ド＝ゴール将軍大通り（avenue du Général de Gaulle）／県道一一四号線によって隔てられている。しかしこの県道一一四号線という物理的境界が、ジョルジュ＝ヴァルボン県立公園とレール・デ・ヴァン公園を別々に扱うことを正当化するわけではない。なぜなら県道一一四号線はレール・デ・ヴァン公園からさらに南西に向かって延び、ジョルジュ＝ヴァルボン県立公園の内部を通過しているからだ。この「二つの公園」を別々の存在としているのは、距離でも道路でもなく性質の違いだ、とメディア村の推進者は強調する。以下はセーヌ＝サン＝ドニ県とSOLIDEOが連名で発表した「ジョルジュ＝ヴァルボン県立公園とレール・デ・ヴァン公園のための未来プロジェクト（Un projet d'avenir pour le parc George Valbon et l'Aire des vents）」と題された文書からの抜粋である。

ジョルジュ＝ヴァルボン県立公園とははっきり分かれた部分であるレール・デ・ヴァン公園は、当初からリュマニテ祭やパリ航空ショーといった大規模イベント開催のために整備され、後者では駐機場として使用された。そのため年間平均一三〇日もの間、住民が利用することはできず、スポーツや余暇の実践に適した施設を備えていない。またアスファルトで舗装された広い道がたくさん通っているため、レール・デ・ヴァンの大部分は防水加工がされている。ゆえに特筆すべき生態系価値は存在しない。そのためジョルジュ＝ヴァルボン県立公園とは異なり、県が定めたNatura 2000の区域からは除外されている。*47

つまりレール・デ・ヴァン公園に生態系的価値などないに等しいのだから、不動産開発は環境破壊とはならない、ということだ。そして最終的な司法判断もこの見解に沿うかたちとなり、反対運動は敗北する。メディア村の工事は進み、二〇二四年三月二五日に組織委員会は落成式を行なった。

ここで少しオリンピックを離れ、より広いスパンでことの経緯を捉えてみよう。その一助となるのが一九八〇年生まれの作家、オーレリアン・ベランジェが二〇一七年（パリ五輪の開催決定の年）に発表した小説、『ル・グラン・パリ（Le Grnad Paris：未訳）』である。主人公の都市計画者は、下品で野心的で差別的で汚職の噂の絶えない大統領、「プランス（君主）」の顧問に抜擢される。そして「プランスは民に新しい首都を与えることを僕に求め[*48]」、その計画は「グラン・パリ」と呼ばれるようになった。虚構と現実、物語と都市社会学の境目が巧みに撹乱されるこの小説の終盤で、主人公はこう独白する。

グラン・パリの計画のひとつは、「パリ左岸よりも」ずっと北に、比較できない規模でこの種の都市開発を実現することを提案していた。それはラ・クールヌーヴにある公園を、パリに欠けているセントラル・パークにするというものだった。これまでこの地はほとんど開発されてこなかった。周辺地域の都市密度がきわめて低いこと、公園の相対的なパリ中心までの距離がその理由だ。しかしこの概念は、グラン・パリが可能とする場所をめぐる遊戯（トポロジーゲーム）によって時代遅れとなる。その発想は、公園を緑化された渓谷として扱い、周囲に高層住宅を建設する、というものだった。不思議なことにセーヌ＝サン＝ドニに高層住宅はほとんどない。秋を思わせる金褐色の準備デッサンは、京都議定書以後の世界に属すストレスの少ない風景のなかに、二〇世紀の錯乱の都市、マンハッタンを投影していた。このおとぎ話のようなビジョンのように、壁面緑化や見えないメトロや、［パリの元中央市場を改造したショッピングモール］レ・アールにできた生気のないカノペ［天蓋］といったものしかグラン・パリには残らないのでは、と僕は心配になった。*49

ここに出てくる「ラ・クールヌーヴにある公園」とはジョルジュ＝ヴァルボン県立公園のことで、その周辺に高層住宅を建設する計画は実在のものである。「プランス」もといニコラ・サルコジがグラン・パリと言い出してから二年後となる二〇〇九年には、フランス国立建築遺産博物館で「グラン・パリ展」が開催されている。そこで展示された計画のひとつが、フランソワ・ミッテラン大統領の時代に「郊外89（Banlieues 89）」というアソシアシオンを牽引した建築家、ロラン・カストロの提案する「ジョルジュ＝ヴァルボン県立公園セントラルパーク化計画」であった。「周辺地域の都市密度がきわめて低」く「中心までの距離」が大きい、つまりパリからの交通の便が不便であるからこそ、ジョルジュ＝ヴァルボン県立公園の生態系は保たれ、Natura 2000に指定されている。しかしこの近くにグラン・パリ・エクスプレスの新路線が二つ（一六番線と一七番線）も通過するとなると、いつまでもカエルや鳥たちの楽園にしておいていいのだろうか、と考えるのが都市計画者というものなのだろう。ロラン・カストロはミッテランが大統領だった時代から温めていた「セントラルパーク化計画」について、セーヌ＝サン＝ドニ県と話をつけた。それは二〇一四年のことで、実に三〇年越しで計画実現に迫ったのである。

けれどもカストロが「セントラルパーク化計画」を進められなかったのは、まさにジョルジュ＝ヴァルボン県立公園が自然保護区域であるためだ。グラン・パリ・エクスプレスという追い風が吹いても、この問題はそのまま残る。計画が伝わるとすぐに市民団体、労働組合、左派政党が連合して「ラ・クールヌーヴ公園の防衛と拡張を求めるコレクティブ（Collectif pour la défense et l'extension du Parc de la Courneuve)」が生まれた。そしてオンラインで六五〇〇筆、紙で一万筆の反対署名を集めることに成功する。隣接自治体であるオーベルヴィリエの市議会も全会一致で計画に反対した。こうした激しい批判を受け、時の首相、マニュエル・ヴァルスが国の関与を取り下げ、二〇一五年六月に「セントラルパーク化計画」は頓挫したのである。京都議定書も今は昔、ポスト・パリ協定の時代に、自然保護区域を開発することなどもはや不可能なのだ。けれども自然保護区域に「隣接する」が「はっきり分かれた部分」なら開発できる、ということで浮上したのがメディア村計画なのである。以下、こちらも年表形式で経緯をまとめてみよう。

・二〇一四年一〇月二九日：ロラン・カストロ他が「グラン・パリのセントラルパーク化計画」を正式提案
・二〇一五年四月：「セントラルパーク化計画」への反対署名開始
・二〇一五年六月五日：マニュエル・ヴァルス首相が「セントラルパーク化」への反対を表明、

事実上の計画中止

- 二〇一六年：二〇二四年パリ五輪立候補ファイルがメディア村を招致計画に織り込む
- 二〇一七年九月一三日：第一三一回IOC総会で二〇二四年大会のパリ開催が正式決定
- 二〇一八年三月一〇日：MNLE93がメディア村協議整備区域（ZAC）の公開協議（consultation publique）に書面で意見を提出
- 二〇一九年二月二七日から四月一二日：メディア村ZACの公開事前調査（enquête publique）
- 二〇二〇年五月二八日：MNLEが声明「メディア村を止めよう！ レール・デ・ヴァンの現状維持を求めよう」を発表
- 二〇二〇年一二月一〇日：セーヌ＝サン＝ドニ県議会が、レール・デ・ヴァン公園内の一一万五三一六平方メートルを売却する決議を採択
- 二〇二〇年一二月二八日：原告二団体（MNLE93とCPTG）および一〇名が右記決議の無効を訴え、パリ行政控訴裁判所（Cour administrative d'appel de Paris）に提訴
- 二〇二〇年二月五日：パリ行政控訴裁判所が訴えを棄却
- 二〇二〇年二月二二日：原告二団体および三六名がパリ行政控訴裁判所に再提訴
- 二〇二一年四月六日：パリ行政控訴裁判所が工事中止の執行停止仮処分を命令
- 二〇二一年七月八日：パリ行政控訴裁判所が工事再開を許可

裁判闘争で原告となった二団体のうちのひとつ、ＣＰＴＧとは本書七七ページで言及した「ゴネス三角地帯を守るコレクティブ（Collectif pour le Triangle de Gonesse）」のことである。本書執筆時においてＣＰＴＧは、グラン・パリ・エクスプレス一七番線トリアングル・ド・ゴネス駅建設に反対する運動を継続中であるが、一般的には先述ヨーロッパシティ計画中止を勝ち取った団体として認知されている。換言すれば、もう十分に役割は果たした、ということだ。環境闘争の全国運動（Mouvement National de Lutte pour l'Environnement）ことＭＮＬＥのセーヌ＝サン＝ドニ県支部、ＭＮＬＥ93（93はセーヌ＝サン＝ドニの県番号）は、ヨーロッパシティ反対運動に協力していた。そこで今度はＭＮＬＥ93が主導するメディア村反対運動にＣＰＴＧが力を貸した、というのがことの次第である。

ＭＮＬＥは「全国運動（Mouvement National）」を謳っているが、フランス全土に展開しているわけではなく、地域支部は九つしかない。一九八〇年代に設立されているので、現存するフランスの環境運動・団体のなかでは最古参のひとつと言えるだろう。公式ウェブサイトでは以下のように紹介されている。

環境闘争の全国運動は一九〇一年法に基づくアソシアシオンで、技術および何よりも人間の進歩に反対しない全国レベルでの環境保護アソシアシオンの存在を望む議員、労働組合員、科学者の意向によって、一九八〇年代初頭に創設された。（……）この基盤（さまざまな傾向の議員、労働組合員、科学者、一般市民……）を広げるには、（「人と自然」という名称を持つ）ネットワークによる運営を必要とする。それによってほかのアソシアシオン、有識者、組織と接触し、専門知識を広めることが可能となっている。[*50]

この紹介文には「さまざまな傾向の議員」とあり、実際に社会党の国会議員が創設に関わっているが、MNLEは実質的にはフランス共産党が主導する運動である。ヨーロッパシティおよびメディア村反対運動を展開していた頃のMNLE93の会長で、のちにMNLE全体の会長となるジャン＝マリ・バティは、フランス共産党ロワシー地区の会計担当であった。バティの前任であるクリスチャン・ペリカニも共産党員で、マルセイユ市議他さまざまな公職を歴任している。MNLEのウェブサイトが、緑だけでなく赤も基調色とするデザインなのはそのためである。それに何より、右の引用文中にある「技術および何よりも人間の進歩に反対しない」の字句は「われわれは共産主義者だ」との宣言に等しい。

フランス共産党は戦前からスポーツとのつながりが深かった。近代オリンピックを生み出したのはピエール・ド・クーベルタンという保守的・反動的な人物だが、先述のとおり彼はフランスでそれほど支持者に恵まれていたわけではない。クーベルタンの時代、フランスの上・中産階級はスポーツには無関心で、フランスでスポーツ振興に乗り出したのは左派の方だった。社会主義者、ジャン・ジョレスが一九〇四年に日刊紙『リュマニテ（L'Humanité）』を創刊（一九二〇年以降『リュマニテ』は共産党の機関紙）。同紙のジャーナリストが一九〇七年に「社会党スポーツ連合（L'Union sportive du parti socialiste）」を創設する。一九三四年には社会党スポーツ連合と、共産党系の「労働スポーツ連盟（Fédération sportive du travail）」が合併して「労働スポーツ・体育連盟（Fédération sportive et gymnique du travail）」が誕生した。この合併は、来るべき社会主義者と共産主義者の共闘の前触れとなった。二年後に人民戦線内閣（一九三六―三八年）が成立すると、社会主義者のレオ・ラグランジュが初代スポーツ相に就任する。

フランス共産党をモスクワから指導していたソビエト連邦は、一九五二年のヘルシンキ五輪でオリンピックに初参加する。一九二〇年代から三〇年代にかけて、ソ連は「貴族とブルジョワの大会」であるIOCが組織するオリンピックはおろか、社会民主主義的な労働者オリンピアードにも参加しなかった（その一方でIOCは帝政ロシアのオリンピック委員会を公認していた）。ちなみに一九三一年にウィーンで開催された労働者オリンピアードの観客動員数は、翌年の一九三二年ロサンゼルス五輪を上回っている。この時期ソ連のアスリートは、コミンテルンが支援するレッド・スポーツ・インターナショナル主催のスパルタキアードにしか出場していない。しかし一九三六年のベルリン五輪に対抗して人民オリンピックがバルセロナで組織されると、スターリンは支援を決定した。フランスからは前述の労働スポーツ・体育連盟がバルセロナに選手団を派遣した。しかし同大会はスペイン内戦勃発によって中止となる（そしてそのままスペインにとどまって内戦に参加し、命を落としたアスリートもいた）。フランス共産党は『リュマニテ』紙上でベルリン五輪ボイコットの論陣を張ったが、人民戦線内閣は参加を決定。この翌年、アントワープで開始されたレッド・スポーツ・インターナショナルと労働者オリンピアードの共催大会が、本格的な国際スポーツ大会へのソ連の初参加となった。

戦後にスターリンは方針を一八〇度変え、IOCへの加盟を決定する。これを「ソ連は平和的関係を自国内で、および諸外国と築こうとしている（L'Union Soviétique entend ainsi établir de pacifiques relations entre elle et les autres pays）」と熱烈に歓迎したのが『リュマニテ』紙だった。[*51] 初参加のヘルシンキ五輪で、ソ連は早くもアメリカに次ぐメダル数を獲得。以後、ソ連として最後の参加となるソウル五輪（一九八八年）まで、あらゆるオリンピックで強豪国として君臨する。米ソ間のメダル争いは冷戦の対決構造を色濃く反映していた。ソ連をはじめとする共産圏は「ステートアマ」と呼ばれる、国家が手厚い補償を与えて育成するアスリートを送り込む。ドーピングも辞さない。オリンピック運動の金科玉条たるアマチュアリズムへの違反ではないか、と西側諸国が抗議し、一九七四年にアマチュア規定は削除された。

この間「モスクワの長女」と呼ばれたフランス共産党が、ソ連を批判することはほとんどなかった。一九八〇年のモスクワ五輪で『リュマニテ』紙が糾弾したのは、ソ連のアフガニスタン侵攻ではなく西側諸国の集団ボイコットだったのである。フランスの世論もアメリカ追従に傾くなかで、フランス共産党は「ソ連開催オリンピック」の擁護を超えた、原理原則的なオリンピック礼賛を展開した。以下はミッテラン政権で運輸相に就任することになる、共産党重鎮シャルル・フィテルマンの発言である。

（八五ヶ国が参加を表明しているので）私たちはボイコット派に勝利しました。われわれ共産主義者はそのことを喜んでいます。われわれは、言うならば、無条件オリンピック支持者なのです。なぜかと言えば、きわめて単純に、オリンピックは個人が持つ人間性の開花の優れた表明手段だからです。また先ほど申し上げたとおり、友愛や平和の優れた表明手段でもあります。それゆえオリンピックは外部からの影響を被るべきではないのです。カーター［米大統領］やシュミット［西ドイツ首相］による影響力の行使は、到底許されるものではありません。[*52]

フランス共産党がこうした姿勢を変える転換点は訪れておらず、現在でもフランスでもっとも熱心にオリンピックを推進する政党であり続けている。社会党のリオネル・ジョスパン首相率いる第三次コアビタシオン内閣（一九九七から二〇〇二年）でスポーツ相を務めたマリー＝ジョルジュ・ビュフェは、二〇〇八年大会の招致を牽引したあと、二〇二四年パリ五輪国会議員作業グループのメンバーに名を連ねた。二〇二二年に議員を引退すると、国家スポーツ倫理委員会（Comité national d'éthique dans le sport）の会長に任命されている。ちなみにビュフェは二〇〇一年から二〇一〇年まで党書記長を務め、二〇〇七年大統領選挙に立候補した党有数の実力者である。仮にフランス共産党がオリンピックに反対するなら、フィテルマンやビュフェといった歴代幹部の批判も迫られるということだ。また共産党が社会党と連立を組んで与党となり、パリ五輪を推進する立場にあるパリ市政においては、二〇一四年から二三年まで住宅・難民保護担当助役を務めていたイアン・ブロッサの存在感が大きかった。日本でも著作が翻訳されている哲学者、アラン・ブロッサの息子である彼は、フランス共産党の将来を担うと言われている人物である。ブロッサは党のスポークスパーソンも務めており、メディアでパリ五輪を擁護する機会にはこと欠かない。彼は民泊仲介サイトAirbnbを批判する著作を出しており、IOCがオリンピックの最高位スポンサーに同社を迎えた際には「IOCにのみ決定権がある選択ですが、理解に苦しむ選択です[*53]」とコメントしている。しかし普通に考えればAirbnbほどオリンピックにふさわしいスポンサーなど、ほかにはなかなかないだろう。この二つが都市におよぼす影響は、同じものだと考えられているのだから。ブロッサが「理解に苦し」んでいるのだとしたら、問われるべきは何が彼の理解を妨げているのかである。

メディア村反対闘争は、このような政党が主導する環境団体が担った。そのため「オリンピックそのものに反対しているのではない」と執拗に念が押されるのは、ほとんど必然的だった。この件について特権的取材対象となったMNLE93会長のジャン＝マリ・バティは、機会があるごとに「私たち（nous あるいは on）」という主語を用いてオリンピック批判を退けた。「私たちにとって、オリンピックが問題だったことは一度もありません。問題は、不動産開発のためにオリンピックを使うそのやり方なのです[*54]」とフランス通信社（AFP）相手に語ったかと思えば、「私たちはオリンピックにもインフラ建設にも反対ではなく、仮設インフラを望んでいるのです[*55]」とまで具体的に踏み込むこともあった。
先に引いた「ジョルジュ＝ヴァルボン県立公園とレール・デ・ヴァン公園のための未来プロジェクト」と題された文章には、レール・デ・ヴァン公園がリュマニテ祭の会場となっていた、とある。リュマニテ祭とは、長きにわたり共産党の機関紙だった日刊紙『リュマニテ』が毎年九月に主催する、数十万人の動員を誇る大規模イベントのことだ。一九九九年以来会場となっていたレール・デ・ヴァン公園での開催は、IOCすらも「不要では」と疑問を挟むオリンピック関連施設のために、二〇二一年をもって終了となった。しかし貴重なドル箱イベントの会場移転について、共産党の幹部は否定的な発言を残していない。公有地の民営化、格安での土地払い下げという側面についても、党幹部はほぼ沈黙を貫いている。報道ウェブメディア『メディアパルト』のジャーナリスト、ジャド・リンドガルドによれば、セーヌ＝サン＝ドニ県は一平方メートルあたり七〇ユーロという破格の値段で建設地を払い下げしたとのことだ。*56

フランス共産党は、オリンピック関連インフラの集中する旧・赤いベルトを最大の地盤としている。なかでもオリンピックによる変容をもっとも被るサン＝ドニで、一九四四年から二〇二〇年まで共産党が市長の座を独占してきた歴史は重い。共産党市政から助成金を受けてきた地域のアソシアシオンが、オリンピックを批判することはまずない。そして次章で見るように、労働組合への共産党の影響もいまだに大きい。フランスにおけるオリンピック批判のあり様に共産党が与えた影響は、決して小さくないのである。

2-5. セーヌ＝サン＝ドニ県外の抗議運動

これまで見てきたとおり二〇二四年パリ五輪に関連する抗議運動は、主にセーヌ＝サン＝ドニ県で活性化した。しかし「オリンピック災害」は同県にとどまらない。以下駆け足で、県外の主な抗議運動を確認しておこう。

・シャン＝ド＝マルス（パリ）――使い捨て施設「グラン・パレ・エフェメール」

一九〇〇年パリ万博の会場となったグラン・パレは、一九九二年および二〇〇八年大会の招致計画でフェンシング会場となることが予定されていた。万博の翌年以来美術館となっているこのアールデコ様式の建造物は、なぜつねにフェンシングなのか？　九二年大会招致の資料にある「フランスの伝統に深く根づいているこの競技にふさわしい歴史的建造物」*57という説明が答えになっているだろうか。ちなみにフランスはフェンシングの強豪国であり、これまでに二名の金メダリスト（ジャン＝フランソワ・ラムール、ローラ・フレッセル）がスポーツ大臣に就任している。

二四年大会でもグラン・パレはフェンシング会場となることが決まり、そのため二〇二一年三月から二五年春まで休館することになった。しかしグラン・パレを運営するフランス国立美術館連合（Réunion des musées nationaux et du Grand Palais）ことRMNは、このような重要施設を四年も閉めておくわけにはいかない。そこでエッフェル塔の南東に広がるシャン＝ド＝マルス公園の東端にグラン・パレ・エフェメールという仮設施設を作り、グラン・パレ休館中に展覧会の開催が続けられることになった。「エフェメール（éphémère）」とは「つかの間」の意味で、その名のとおりパラリンピック大会終了後の二四年秋には解体されることになっている。大会中はアレーナ＝シャン＝ド＝マルスという名称で、柔道およびレスリング会場として使用される。

パリ五輪は会場の九五パーセントが既存・仮設の施設であり、それゆえ持続可能だ、と全面的にアピールしている。グラン・パレ・エフェメール／アレーナ・シャン・ド・マルスは、典型的な仮設会場だ。通常「エコ」や「グリーン」といった言葉をマーケティングに用いるのは、ペットボトルではなく水筒、使い捨てプラスティックバッグではなくエコバッグ、紙コップではなくエコカップ、割り箸ではなく「マイ箸」である。しかしパリ五輪の組織委員会はその価値を反転させた。使い捨てだから環境にやさしい、という論理がオリンピック以外で持ち出されることはほとんどないのだが、それが大真面目に主張されているのだ。この論理がある程度説得力を備えてしまうのは、オリンピックの歴史を彩る「白い巨象」たちのためである。しかし二〇一八年に平昌でオリンピックの開閉会式、パラリンピックの開閉会式と四回使われただけで解体されたスタジアムに、「エコ」や「グリーン」といった形容詞が使われることはさすがにほとんどない。グラン・パレ・エフェメール（床面積一万平方メートル）は、平昌オリンピックスタジアム（延床面積五万八七九〇平方メートル）に比べればはるかに小規模である。しかし平昌オリンピックスタジアムの建設費一億九〇〇万米ドルに対する、グラン・パレ・エフェメールの四〇〇〇万ユーロをはるかに安いと言うことはできない。何より、両者が使い捨てされる構造はまったく同じである。「白い巨象」と使い捨てアリーナを比較すれば、後者の方がまだマシということになるのだろう。しかしどちらもエコじゃない、と拒否するには、オリンピックを開催しないか、競技数を大幅に削減し必要な会場を減らすしかない。その選択があらかじめ排除されているから、使い捨てだから環境にやさしい、という奇怪なレトリックがまかり通るのである。

グラン・パレ・エフェメールには、近隣住民/シャン＝ド＝マルス公園利用者による反対運動があった。近隣住民らが問題にしたのは「白い巨象から使い捨てコップ」への変遷ではなく、グラン・パレ・エフェメールが言うほど「エフェメール（つかの間）」ではない、ということだった。二〇一八年一一月には「シャン＝ド＝マルス公園友の会（Amis du Champ-de-Mars）」というアソシアシオンが、行政裁判所に建設中止を求めてパリ市を訴えている。*58 ここにFNE（本章前述）も加勢し、都市部で緑地が真夏の気温抑制に果たす役割を論じ、仮設施設のために公園全体の一割近い緑地をコンクリートに沈めるなんて時代遅れもはなはだしい、と気候変動を意識した主張を行なった。*59 しかしシャン＝ド＝マルス公園友の会の言い分をよく読むと、シャン＝ド＝マルスの代わりにポルト・ド・ヴェルサイユやカルーゼル・デュ・ルーヴルを使えばいい、と提案しており、典型的な「NIMBY（Not In My Back Yard）」運動の様を呈している。また緑地コンクリート化よりも美観の保護への関心の方がはるかに高く、快適な散歩をする権利の擁護に熱心である。シャン・ド・

マルス周辺は超高級住宅地で、この公園を日常的に利用する住人の社会階層は多くの場合きわめて高い。またシャン＝ド＝マルスを擁するパリ七区には廃兵院（アンヴァリッド）や軍学校（エコール・ミリテール）があり、区長はつねに右派である。パリ市長は二〇〇一年からずっと社会党なので、左派が推進する計画に右派が反対する構図となっているのだ。そのためセーヌ＝サン＝ドニにおけるオリンピック関連抗議運動と、シャン＝ド＝マルスの住民運動は一度も接触することがないままである。

・ポルト・ド・ラ・シャペル（パリ）――「アディダス・アリーナ」

二〇一七年九月一三日。二〇二四年および二八年の夏季オリンピック開催都市を決定する第一三一次IOC総会に出席するため、フランスから「二五〇名から三一〇名」[*60]の代表団がペルーのリマを訪れていた。総額一五〇万ユーロと伝えられているこのうえない出張費で、代表団が五つ星の高級ホテル（Swissôtel）に投宿し、ペルー最高峰と謳われるレストラン（Astrid y Gaston）で料理を堪能する頃、パリでは土砂降りの雨のなか五〇名ほどの有志がベルシー公園に集結していた。この日は、オリンピック招致への反対を路上で表明する最後のチャンスだった。彼ら彼女らは、なぜベルシー公園に集まったのか？　立候補ファイルでは、バスケットボールおよびレスリング会場がベルシー公園に新設されるアリーナⅡ（Arena II）に予定されていたからである。この計画が実現すれば、公園の緑地のかなりの部分がコンクリート化されてしまう。この日、アリーナⅡに反対する近隣住民も「Solidarité／反五輪の会／NOlympics LA」と書かれた横断幕とともに、ベルシー公園で雨に濡れたのだった。

この集会が決定打となったわけでもないだろうが、数ヶ月後にアリーナⅡの建設地はベルシー公園からパリ一八区のポルト・ド・ラ・シャペルへと変更された。それを伝える報道の多くは、ベルシー公園近隣住民の反対をその理由のひとつに挙げている。では変更先のポルト・ド・ラ・シャペルの近隣住民はアリーナⅡの建設に反対しなかったのか？　この場所は二〇一〇年代には数百名規模の難民キャンプとなっていた。またフランスでクラックの売買がもっとも盛んな地域で、長らく「クラックの丘（Colline du crack）」とも呼ばれていた。はたしてこの地にアリーナⅡが建設され、オリンピック会場となり、社会浄化が進行することに反対する住民運動は立ち上がらなかった。二〇二二年の秋から冬にかけて警察が何度も介入し、難民キャンプは強制排除される。その後、ポルト・ド・ラ・シャペルに大規模なキャンプが形成されたことはない。他方、二〇二四年に入ってパリおよび近郊の野宿者や難民を地方に移す動きが活性化した分脈で、オルレアン市長は「パリのクラックの丘の受け入れは、オルレアン市の使命ではない」[*61]と発言している。

パリ市議会は二〇二三年七月に、アリーナⅡの正式名称をアディダス・アリーナに決定した。ジャド・リンドガルドが二〇二四年一月に出版した『パリ二〇二四――オリンピックの暴力に直面する都市（*Paris 2024 : une ville face à la violence olympique*：未訳）』によれば、二〇二〇年の段階では「アリス・ミリア」の名称が有力候補だったということだ。[*62]オリンピックへの女性選手の参加に反対だったピエール・ド・クーベルタンに挑戦したことで知られる。フランス女子スポーツ連盟の創設者の名である。これ以上はなかなか望めないだろう完璧な「フェミニズム・ウォッシング」案だったのだが、ネーミングライツがもたらす収入を前にアリス・ミリアはあっけなく却下された。リンドガルドによれば、アディダスはパリ市に毎年二六〇万ユーロのネーミングライツ料を約束したとのことである。次善策として、アリーナへと向かう遊歩道（esplanade）がアリス・ミリアの名前を冠することになったのだが、その結果「アディダスの文字は高いところに大きく書かれ、アリス・ミリアは広場に小さな文字で書かれる」[*63]ことになってしまった、とパリ市議エミール・ムニエはコメントしている。

・タヴェルニー（ヴァル＝ドワーズ県）――新オリンピック練習用プール

タヴェルニーはパリ北西、ヴァル＝ドワーズ県にある人口三万人に満たない静かな町で、パリ北駅からはトランシリアン（郊外列車）H線で三〇分かかる。グラン・パリ・エクスプレスの狂騒は、この町までは届かない。「栄光の三〇年間」に典型的な建築様式であるコンクリートのHLM（低家賃住宅）も、ここまで来るとほとんど見られない。この町の住民の多くは、ひっそりと広がる戸建てに住んでいる。

閑静で平和、おそらくはいくぶんか（あるいはかなり）退屈でもあるだろうタヴェルニーには、新品とは言えなくても十分に機能する公営プールがある。学校のすぐそばという立地の大プール（二五メートル）と小プール（一二・五メートル）は、この町の需要を過不足なく満たしていた。ここを「ホームプール」とする水球チームＴＳＮ95（Taverny Sports nautiques 95）は、二〇一〇／一一年シーズンに全国リーグ第一部で二位につけ、地元の誇りとなった。

この町の市長は長らく左派だったのだが、サルコジ政権の首相、フランソワ・フィヨンが二〇一七年大統領選挙に立候補した際の広報担当、フロランス・ポルテリが二〇一四年に市長に就任する。二〇二四年パリ五輪の開催が決定すると、このプールと隣町サン＝ルー＝ラ＝フォレのプールをつぶして、市境にひとつの巨大なオリンピックプールを作ろう、とポルテリは提案した。とはいえ、タヴェルニーはオリンピック競技会場とはならないので、新築されるプールは本大会前の練習用プールとして使用される。以下はタヴェルニーを含むヴァル＝パリジ都市圏共同体（communauté d'aggromélation）の広報誌による説明である。

ヴァル＝パリジ都市圏共同体は、地域のスポーツ振興に役立つ新アクアティック・センターが、オリンピックの準備センターとなり大会の練習が行なわれることについて、パリ五輪組織委員会からの賛同を得ました。この広域共同体設備は五〇メートルプールを備えるために、各国選手団の水泳選手の準備・練習に使われることになります。ウォーターポロ、オリンピック水泳競技、パラリンピック水泳競技、アーティスティックスイミングの四つの種目の明日のチャンピオンを受け入れることが決まりました。*64

この新プールは一時は二部に降格した町の誇りのウォーターポロチーム強化にもなる、とプール賛成派は繰り返し主張した。しかし、現役稼働中のプールをわざわざつぶして三八〇〇万ユーロもかけて新築される、町の規模に不釣り合いなプールに疑問が出ないはずがない。維持費はどうなるのか。採算を合わせるために入場料はいくらに設定されるのか。それとも採算を合わせる気なんて端からないのか。さらにこのプールを作るため、三ヘクタールにおよぶ林の木が切り倒されることになる。新オリンピックプールは町はずれに作られるので、交通手段は自動車しかない。そのために広大な駐車場が必要となるから、多くの木が切り倒されるのである。こう論じた緑の党のタヴェルニー市議がプール建設に反対し、既存のプールの改修を提案した。その市議らが参加する市民団体「タヴェルニーで時代を変えよう（Changeons d'ère à Taverny）」がプールを含む地域都市開発計画（plan local urbanisme）そして工事許可に対して裁判所に訴えたが、敗訴に終わっている。

・エランクール（イヴリーヌ県）――瓦礫の丘に作られるBMXコース

エランクールはパリから三〇キロメートル南西にある、こちらも人口三万人に満たない町である。この町にはイル＝ド＝フランス地域圏で最高峰となる丘がある。それは土地の隆起ではなく、瓦礫やゴミの堆積によって形成された丘だ。この場は一九五〇年代まで採石場として使われたあと、産業廃棄場となった。その後一九八〇年代に入ってから緑化がはじまり、標高二三一メートルの丘となったのである。

この丘をBMXレーシングの会場とする案は、招致ファイルに織り込まれていた。しかし緑の党の市議を含む地域住民のコレクティブ「ラ・ルヴァンシュ友の会（Amis de la Revanche）」が丘の整備に反対したのは、オリンピック開催決定後のことだった。彼らの論点は主に次の二点であった。まず、丘を作っている産業廃棄物について詳細が不明であること。基本的に有害物質は不在だとされているが、実際のところどうなのかをたしかめる手段は乏しい。なので整備工事でほり返したりせず、そっとしておいて欲しい、という主張である。第二点は費用対効果である。一二〇〇万ユーロもかけて「既存の自然区域を破壊し、大金を費やして別の自然区域を作る」意義とは？　また整備工事が地域住民のニーズに即していない点も指摘された。地元の人はBMXスポーツなどやらないのに、誰のために大金をかけてコースを作るのか？　ラ・ルヴァンシュ友の会はパリ五輪組織委員会やSOLIDEOと協議し、一時期はアルプスのシャモニーを会場とする案が真剣に検討された。シャモニー市長も、こちらのコースがいかに風光明媚でテレビ映えするかを組織委員会に熱心に訴えた。

環境への配慮によって組織委員会が会場を変更した例は、実際にほかに存在している。たとえば先述のラ・クールヌーヴの「メディアクラスター」には、当初は射撃の競技会場も含まれる予定だった。メディア村の真向かいに位置する、ジョルジュ＝ヴァルボン県立公園の一部となっている軍の旧燃料保存地（terrain d'essence）が除染され、射撃会場となることが招致ファイルでは計画されていたのである。しかし、ジョルジュ＝ヴァルボン県立公園は自然保護区域で、とりわけ鳥の生態系が豊かなことで知られる公園である。射撃が鳥に与えるストレスはもちろん、殺傷の可能性も否定できない。そのためメディア村への反対運動を担った公園利用者たちが射撃競技場にも反対し、こちらの努力は実を結んだのである。かくして射撃競技は、パリから二八〇キロメートル離れたシャトールーの国立スポーツ射撃センター（Centre National de Tir Sportif）で行なわれることになった。しかしBMX会場は、競技会場が変更されることにはならなかったのである。

BMX会場をエランクールにとどめる有力な議論のひとつが「選手は選手村に滞在したい」というものだった。シャモニーが会場となれば、BMX選手はアルプス地方に宿泊することになる。もちろん世界中のBMX選手を対象に「エランクールとシャモニーのどちらがいいか」と問う意向調査が行なわれたわけではない。とはいえ、何がなんでもオリンピックを招致したいエランクールの政治家たちが、選手側の見解をでっちあげたわけでもなかった。国際自転車競技連合会長で、のちにフランス国立オリンピック・スポーツ委員会の会長に就任するダヴィド・ラパルティアンは、エランクール会場案を支持した。パリの近くにBMXコースが「レガシー」として残るのは、フランスの自転車競技界にとって悪くない話だ。そしてたまたまこの時期、国際自転車競技連合会長がフランス人だったため、その支援を得る格好になったのである。

組織委員会がエランクールに最終決定するうえで、誰のどの意見がどこまで影響したのかを外部の人間が知ることはできない。しかしエランクールの丘に、住民が必ずしも望んだわけではないB

MXコースができる背景には、国際競技連盟の意向も多少は反映された可能性がある。オリンピックを開催するということは、地域の将来にまったく責任をもたないステークホルダーが開催国の公共政策に介入するのを許すということでもあるのだ。

・ヴェール＝トルシー湖（セーヌ＝エ＝マルヌ県）——世界最大のカヌー競技場

二〇二四年パリ五輪のための新会場で最初に完成したのは、カヌー、カヤック、ボート競技が実施される、セーヌ＝エ＝マルヌ県のウォータースポーツ・スタジアム（stade nautique）だった。パリ東駅から出発する郊外列車P線に乗ると、三〇分ほどでヴェール＝トルシー駅に到着する。そこからウォータースポーツ・スタジアムまでの公共交通手段は、バスしかない。地下鉄・トラム・列車が通らない唯一のオリンピック会場であるため、当局は観客の輸送手段に頭を悩ませている、と報道されている。[*65] しかしヴェール＝トルシー駅から会場までは徒歩でも三〇分程度なので、この点が大きな問題となることはおそらくないだろう。

カヌーおよびカヤック競技場は、その性質上開催都市の市街地に作られることはほとんどない。ギュスターヴ・エッフェル大学の社会学者、アントワーヌ・マルサックは、選手村から遠く離れたオリンピック会場をどう都市開発に組み込むかという問いが浮上する、と論じている。[*66] そしてこの試みは失敗に終わることも珍しくない。カヌーおよびカヤックはいわゆるマイナー競技であり、四年に一度のオリンピック以外に脚光を浴びる機会はほとんどない。二〇〇四年アテネ大会のカヌー・カヤック会場は、電気系統と配管システムの維持ができなくなって解体されている。二〇〇八年北京オリンピックのカヌー会場も廃墟となったありさまが国際的に報道されたが、その後ウォーターレジャー施設に改修された、とIOC公式ウェブサイトが伝えている。[*67] 東京五輪のために葛西臨海公園隣接地に建設されたカヌー・スラロームセンターの維持費も年間三億円を超えると言われており、将来的には解体も視野に入ってくるかもしれない。

カヌーの起源は北米先住民が交通手段として使用していた小型舟艇である。ヨーロッパ人によって「発見」されたのち、イギリスで競技として発展した。二一世紀現在も、河川での野外活動としてカヌーまたはカヤックを体験する人々の数は、競技経験者をはるかに上回るはずだ。自然環境での伝統的な営みをむりやり競技にしているがゆえに発生してしまう歪みは、スラローム（変化に富む急流を下りタイムを競う競技）においてもっとも典型的なものとなる。競技者を同じ条件に置いて公平性を保つには、天候などさまざまな要因に左右される自然環境で競うことはできない。そのため人工的に激流を発生させるカヌー・カヤック会場が必要となるのだが、まさにこの理由のために一九七六年から二〇年もの間、スラロームはオリンピック競技から除外されていたのだ。コスト高を理由にスラローム会場整備を拒否した最初の都市が、カナディアンカヌーの名称にその名が含まれる、カナダで開催された大会（モントリオール、一九七六年）であったことは注目に値するだろう。

こうした歴史を横目に改修されたヴェール＝トルシーのウォータースポーツ・スタジアムは、世界最大規模のカヌー施設になったと言われている。パリ五輪組織委員会会長のトニー・エスタンゲが三大会（シドニー、アテネ、ロンドン）で金メダルに輝いたスラロームの選手であるという事実は、改修費一億ユーロとなる「レガシー創出」に関係しているのかどうか。

このウォータースポーツ・スタジアムをオリンピック会場とするうえで、マルヌ川岸の自然を手つかずのままにしておくことはできなかった。「一コースあたり四―六分間の競技を一〇日間におよび撮影するため、イル＝ド＝フランス地域圏は湖の北側に広がるアシ原を破壊して、地上に設置される撮影用レールの視界を遮らないようにする」[*68]ことの是非を追及した地元の議員は、計画の見直しを訴えた。イル＝ド＝フランス地域圏議会エコロジスト議員連盟（pole écologiste）によれば、破壊されるアシ原には「イル＝ド＝フランス地域圏では希少な植物（ガシャモク、マツモ、ホザキノフサモ、コカナダモ、クロモモドキ、イトクズモ）、および保護対象野生動物（ヨーロッパヤマカガシ、ヒメヨシゴイ）が生息している」[*69]とのことである。しかし二〇二二年四月七日に緑の党の議員の呼びかけで集会が行なわれたほかは、目立った抗議運動が展開されることはなかった。パリから二〇キロメートル以上離れたこのウォータースポーツ・スタジアムは、日々電力によって激流を生み出している。

・マルセイユ（プロヴァンス＝アルプ＝コート・ダジュール地域圏）――オリンピックマリーナ

パリ五輪の会場となるのはイル＝ド＝フランス地域圏だけではない。トライアスロンとオープンウォータースイミングは水質を改善したセーヌ川で実施される予定だが、セーリング会場は招致段階から南フランスの港町、マルセイユに計画された。ちなみにセーヌ川の水質改善は本番一年前のテスト大会に間に合っておらず、リオと東京に続く三大会連続での同趣旨のグリーンウォッシング失敗となる可能性が、本書執筆時においては濃厚である。

フランス第二の都市マルセイユは、市の中心となる旧港が常時ヨットで埋め尽くされているような土地柄である。二〇〇八年と二〇一二年の招致計画では、大西洋岸のラ・ロシェルがセーリング会場に予定されていたが、二〇二四年大会案ではマルセイユ八区にあるマリーナ・ド・ルカ＝ブランをIOCの要件に合わせて改修する計画が盛り込まれた。「改修工事」といってもその内容は大規模で、建設現場は六・五ヘクタールにおよび、そのうち七〇〇〇平方メートルは選手やスタッフ、およびメディア関係者のための建物である。複数の報道[*70]によれば、総改修費は最終的に五〇〇〇万ユーロ近くに達している。

日本同様フランスでも海浜の自由使用原則は法律によって定められており、原則として海岸に私有地は存在しない。年間最大満潮時における海水から三メートル以内の範囲は、たとえ私有地であっても万人が使用できることになっている。この範囲内に私有地（たとえば家の庭）を所有する者が他者の通行を妨げれば、罰金一五〇〇ユーロが科される。しかしこの法規には県知事の発する特例など、さまざまな「逃げ道」が用意されていることに注意が必要であろう。

マルセイユのオリンピックマリーナには、海浜の自由使用原則がどこまで適用されるだろうか。大物政治家を友人に持つ富豪の別荘どころではなく、問題となるのは数ヘクタールにおよぶ海辺の使用権である。当初の計画ではマリーナを上から見下ろす「ケネディ崖道」に観客席が五〇〇〇席設けられる予定だったが、安全上の理由で中止となった。そのため観客席二〇〇〇席を海岸に設置することが決定したのである。またマリーナ・ド・ルカ＝ブランを利用していた中小ヨットクラブは、オリンピックのために事実上マリーナから追い出されている。「プラドの遊泳者たち（les Nageurs du Prado）」という海浜利用者のアソシアシオンは、マルセイユ市長およびパリ五輪組織委員会会長トニー・エスタンゲに宛てた二〇二二年七月三〇日付公開書簡で「オリンピックのためにカイトサーフィンを特訓する少数のスポーツ選手たちのために、二年もの間プティ・ルカ浜は完全に私有化・閉鎖されている[*71]」ことを非難している。

セーリングだけでなく、準決勝を含むサッカーのいくつかの試合会場となるマルセイユは、イル＝ド＝フランス地域圏外でもっともオリンピックと関わりの深い都市となった。ギリシアから船で運ばれる聖火はマルセイユに到着し、リレーは二四年五月八日にこの都市から出発した。オリンピック・マリーナのための公共財の私有化がすでに問題となっていたところに発表されたこの決定は、マルセイユの反オリンピック感情に火をつける格好となった。二〇二三年一〇月にはイル＝ド＝フランス地域圏外ではじめてオリンピックに反対する組織化が試みられ、翌一一月には「カウンターオリンピアード」を謳う批判的な集会が開かれている。[*72]マルセイユはまた、後述する二〇三〇年冬季五輪開催地域における最大の都市でもある。オリンピックの公共性を鋭く問う批判が、地中海に面したこの港町から出てくる可能性の芽は膨らみつつあるかもしれない。

・タヒチ（フランス領ポリネシア）――サーフィン会場の審査員用タワー

パリ五輪の会場となるのは、フランス本土だけではない。イギリスにならぶもっとも典型的な植民地帝国だったフランスは、現在もカリブ海、南太平洋、インド洋他に五つの海外県・地域（グアドループ、マルティニーク、仏領ギアナ、レユニオン、マヨット）、五つの海外領土（仏領ポリネシア、サンピエール島・ミクロン島、ウォリス・フツナ、サン・マルタン島、サン・バルテルミー島）、ひとつの特別共同体（ニューカレドニア）を擁している。フランスはいまだ脱植民地化を果たしていない、としばしばいわれる所以が、パリから数千あるいは一万キロメートル以上離れ、経済的隷属状態に置かれたこれらフランス領の存在である。そのひとつである仏領ポリネシア最大の島、タヒチがパリ五輪のサーフィン会場に選ばれたのは、二〇一九年一二月のことだった。

サーフィンは招致ファイルには含まれていなかった。東京大会同様、パリ五輪でもサーフィンは正式種目ではなく追加種目で、IOCによって最終的に認められたのは二〇一九年六月のことである。つまりパリでの五輪開催が正式決定してから二年弱の間、複数の競技連盟間で追加種目の座が争われていたということだ。追加種目がサーフィン、ブレイキング、スケートボード、スポーツクライミングに決まると、サーフィンの会場決定がもっとも難航した。真っ先に名乗りを上げたのは、サーフスポットとして有名で世界選手県開催の実績もある、大西洋岸のビアリッツだった。セーヌ＝サン＝ドニ県に人口サーフ場を作る、という珍案も一時は真剣に検討されたようだが、最終的に選ばれたのは波の質と「テレビ映え」でほかを圧倒するタヒチとなった。タヒチとパリは一万五〇〇〇キロメートルも離れているので、関係者の長距離飛行にかかる費用とそれにともなう二酸化炭素排出量、現地のロジスティクス負担の観点からこの決定に批判が起こった。しかしタヒチのオリンピック問題が国際的にも知られるようになるのは、二〇二三年も終わりに差し掛かってからのことである。

タヒチはサーフィン国際大会開催の豊富な実績を誇るが、それにともなう環境破壊が大きな問題となったことはこれまでなかった。しかしオリンピックのためには、ラグーンのど真ん中に、アルミニウム製の高さ一四メートルの審査員用タワーが建設されることになったのである。その審査員用タワーはエアコン、インターネット、水洗トイレ完備なので、ケーブルや配管も敷設される。工事のためにサンゴ礁が破壊される模様を撮影したビデオが広く拡散されると、政治問題となった。著名なアメリカ人サーファー、ケリー・スレーターもタワー建設への反対を表明し、国際的に大きく報道された。二三年一一月にはフランス領ポリネシア自治大統領、モエタイ・ブロテルソンが会場移転の可能性を仄めかす。しかし代案が存在しないため、移転案は即座に却下された。一二月には国際サーフィン連盟が、望遠カメラによる陸上からの審査を提案する。しかしその提案はあまりに遅すぎ、結局工事は予定どおりに進められることが決まった。タワーへの反対運動を牽引したアソシアシオン、ヴァイ・アラ・オ・チョープー（Vai Ara o Teahupoo）は、環境報道ウェブメディア『ルポルテール』による二四年三月の記事で、闘争を諦めたと語っている。*73

2-6.「レガシー」か「No-Build」か？——矛盾する二つの論理

オリンピック憲章にはじめて「レガシー」という言葉が登場するのは二〇〇三年のことである。しかしアテネ（二〇〇四年）や北京（二〇〇八年）でこの新奇なレトリックが大々的に用いられることはなく、本格的な「オリンピックレガシー創出」は二〇一二年のロンドン大会まで待たれることになった。その一年後にＩＯＣは、ロンドン五輪によるイーストエンド再開発を一般原則として世界中の大都市に売り込むため「オリンピックレガシー（Olympic Legacy）」と題された六五ページにおよぶパンフレットを発表する。それはこうはじまっている。

オリンピック大会には、コミュニティとそのイメージやインフラを大きく変える、長く残る恩恵を授ける力があります。世界最大のスポーツイベントのひとつであるオリンピックは、開催都市の変化にとってとてつもない触媒となることができ、最後のメダルが授与されたあとに、よい思い出以上のものを生み出す潜在的能力があるのです。[*74]

これは裏を返せば、「長く残る」都市改造のための「とてつもない触媒（tremendous catalyst）」が必要とされない限り、オリンピックを招致するインセンティブなどない、と認めたようなものである。英紙『ガーディアン』の言う「オリンピックの将来にとっての最大の脅威」こと開催希望都市の減少が避けられない傾向となると、「よい思い出以上のものを生み出す潜在的能力（potential to create far more than just good memories）」こそが問題なのではないか、という考え方の転換が要請される。

この「とてつもない触媒」の作用を祝賀資本主義（celebration capitalism）と名づけたのが、九二年のバルセロナ五輪に米国代表サッカー選手として帯同した政治学者・ジュールズ・ボイコフである。祝賀資本主義についてここで簡単におさらいしておくと、メディアが喧伝する過剰に商業化されたスペクタクルの名において、通常の政治のルールが一時的に棚上げされる現象のことだ。パリ五輪についていえば、「二〇一八年三月二六日オリンピック・パラリンピック大会開催に関する法律（LOI n°2018-202 du 26 mars 2018 relative à l'organisation des jeux Olympiques et Paralympiques de 2024）」[*75]こと「オリンピック法」に、祝賀資本主義のもたらす例外状態が結晶化している。以下に挙げるのはフランスの法律事務所が運営する不動産関連のニュースサイトがまとめた、「オリンピック法」のなかの「都市計画および環境規制への適用除外[*76]」である。

1．環境への影響がある決定への住民参加（環境法典L．123－19条）を、電子参加とすること

2．オリンピックの準備、組織、運営に直接関連する一時的な建設についての都市計画規定の

適用除外（都市計画法典L．421‐5b条）
3．都市整備または大会関連の建設に、住宅建設を容易にするために制定された手続き（都市計画法典L．300‐6‐1条）を拡大すること
4．公益宣言の受益者に適用される即時占有取得を可能とする、土地収用関連措置適用除外の超緊急手続き（土地収用法典L．522‐1条からL．522‐4条）
5．地域共同体の審議機関が同じ審議を通じて対象区域の開発と設備を承認することによる、協議整備区域（ZAC）実現手順の簡易化（都市計画法典L．311‐1条）
6．大会に使われる公有地の占有許可の競争入札手続きの適用除外（法人財産一般法典L．2122‐1条）
7．大会組織委員会が一時的に使用できるようにするために、低家賃住宅（HLM）機関が建物を取得・建設する可能性（建設・住居法典L．411‐2条）
8．学生寮の賃借人を組織委員会とすること
9．会場へのアクセスを簡便化する交通手段の組織体制
10．都市空間における広告表示についての環境法典の適用除外
11．大会の治安維持ならびに透明性とインテグリティ確保のための特別措置[*77]

このなかでも低家賃住宅の基金が選手村の建設に使用されることを可能にした「オリンピック

法」第一二条は、法律可決時に特に批判を浴びた。また、組織委員会による公営学生寮の事実上の臨時収用を規定した同法第一九条も、二三年に入ると政治問題化した。二四年四月には、寮からの追い出しに反対する数百名の学生がスポーツ省の前で抗議デモを行なっている。

ジュールズ・ボイコフはどの開催国にも観察されるこうした例外状態を考えるうえで、カナダのジャーナリスト・政治活動家のナオミ・クラインが世に問うた「ショック・ドクトリン」および「災害資本主義」からヒントを得ている。クラインはハリケーンや地震、戦争といった「ショック」や「災害」が、通常の政治のルールを一時的に棚上げする力を持つことを発見した。その規則性は祝賀的メディアイベントでも確認される、とボイコフは分析したのである。

祝賀資本主義と呼ぶかどうかはともかく、スイスの一非営利団体の主催するスポーツイベントがこのような異常な触媒作用を示すことは、広く知られるところとなった。現在進行しているのは、その帰結としての開催希望都市の減少である。そこで「レガシー」に代わり「No-build」という新しいコンセプトが謳われるようになった。この言い回しを発明し、大々的に謳っているのは二〇二八年ロサンゼルス五輪の組織委員会である。パリ五輪も「会場の九五パーセントは既存・仮設の施設が使われ」ると徹底的に喧伝している。それこそ、パリ五輪にそれほど利害関係がありそうにもない日本の著名人も、新聞各紙でそれを宣伝して回っている。[*78] また招致時の東京都知事として開催都市契約に署名した猪瀬直樹の「二〇二〇東京五輪は神宮の国立競技場を改築するがほとんど四〇年前の五輪施設をそのまま使う」という有名なツイートも、典型的な「No-build」のアピールのひとつである。

言うまでもなく、「レガシー」と「No-build」は相反する価値である。「よい思い出以上のもの」を残す大会がいいのか、それとも残さない大会がいいのか。この二つのレトリックの場当たり的な使用が明らかにするのは、大会主催者であるＩＯＣにとってはどちらでもかまわない、ということでしかない。ＩＯＣの関心はオリンピックの正当性を保つことにしかなく、その目的に資するのであれば「レガシー」でも「No-build」でもどちらでもよいのである。

ＩＯＣは開催都市の都市政策に一切の責任を負っていない。この厳然たる事実は、どれだけ強調してもしすぎることはないだろう。ＩＯＣが責任を負うのは、オリンピックというメディアイベントの交換価値の維持だけである。それは放映権料、スポンサー料の金額に反映される。このことを理解していれば、ローザンヌにあるＩＯＣの本部が各国の組織委員会の建物よりずっと小ぶりであることも驚きではない。実際、ＩＯＣはローザンヌに五〇〇人程度の従業員しかいないことを公表している。[*79] 放映権料やスポンサー料、開催都市契約を取り扱う業務に、大会組織委員会のように数千もの人員は必要ではないのだ。

「レガシー」あるいはその不在の責任を負うのは、開催都市または地域や国でしかない。組織委員会は大会が終われば解散する。ここから生まれるのが、よく言われる「オリンピックの責任者の不在」という問題である。開催都市契約には「オリンピック競技大会は、ＩＯＣの独占的な財産であって、ＩＯＣはこれに関するすべての権利とデータ（特に、組織、運営、利用、放送、記録、表現、複製、アクセス、流布に関する、あらゆる形態、手法またはメカニズムのすべての権利であるが、これらは限定されるわけではない）を、既存のものか将来開発されるものかを問わず、全世界を通して永続的にこれを所有する」*80とあるので、普通に考えれば大会の全領域にわたってＩＯＣが権利とともに責任も負うべきであろう。しかしオリンピック開催都市契約は普通の契約、つまり双務契約ではない。まさにこの開催都市契約が片務契約であるという点こそが、オリンピックがどの国で開催されようと変わらない、普遍的かつ構造的な問題なのである。そこに気づかずにいる、あるいはあえて無視したうえで、東京とパリではまったく異なるオリンピックが開催されるかのように論じ、一方を貶め他方を称えることが可能となる。

パリの場合は、グラン・パリという名称を持つ都市改造の欲望がもともと存在していたところに、加速装置としてオリンピックが招致された。そこにはたしかに、都市改造の中身はともかく、一貫した論理が確認できる。話が錯綜するのは、それにもかかわらず「No-build」のロジック「も」持ち出されるからだ。他方、完全な「No-build」を目指すなら、とてつもないロジスティクス能力が必要となる。オリンピック規模のイベントを開催できる準備が常時備わっている都市など、世界中どこにもない。唯一ロサンゼルスのみがある程度まで接近できる、といったところだろうか。サッカーW杯は「レガシー」を残さず、ロジスティクス負担を増やす分散開催に舵を切ったかにみえたが、三四年大会はサウジアラビアでの開催を決定した。これも「主催者にとってはどちらでもかまわない」から、このような方針のブレが生じているのである。

それもこれも、つまるところはイベントの巨大さゆえである。一都市に、一万人超のアスリート、二万人超のメディア関係者、数百万人の観客を二週間という短期間に集中的に迎えるイベントは、オリンピックのほかにには存在しない。規模を縮小しない限り、問題はどこかに残り続ける。乱開発か、ロジスティクス負荷か。競技数や参加選手数の大幅な削減または大会期間の延長や分散は、メディアイベントとしての強度の低下にすぐさまつながる。たとえばサッカーやバスケットボール、テニスといった競技は、必ずしもオリンピックを必要としていない。人気（＝視聴率）の高いこれらの競技を必要とするのはオリンピックの方なのだが、その運営コストを引き受けるのはＩＯＣではなく開催国だ。現在のところＩＯＣはメディアイベントとしての強度、つまりテレビ視聴率を優先している。開催コストを引き受ける都市が減少しているのは、まさにそのためなのである。イベントの規模すなわち強度と開催国の負担は基本的に正比例の関係にあるので、開催希望都市が減少しているのである。

ところで現在、私たちは開催都市契約の内容を分析できているが、この文書が公開されるようになったのは比較的最近のことだ。開催都市契約が公開されるようになった経緯ははっきりしている。二〇一二年ロンドン五輪に反対した住民たちが、ロンドン市長に情報開示を求めたのである。開催都市契約の公開を求めたグループ、ゲームズ・モニターは「開催都市契約が定める契約義務の全貌は、二〇〇五年七月から二〇〇九年七月まで一般市民ならびに選挙で選ばれた代表者の目に触れることがなかった」[*81]と述べている。開催都市契約に署名したロンドン市長は、情報自由法（Freedom of information act）第四一条「機密情報」の適用を求めて公開を拒否した。しかしゲームズ・モニターのメンバーであるポール・チャーマンが情報コミッショナー（information commissionner）に訴えたところ、開示請求が認められたのである。そういうわけで現在、私たちが当たり前のように開催都市契約を読むことができるのは、先人たちの残してくれた「レガシー」のおかげなのである。

ロンドン五輪に反対したグループ、ゲームズ・モニターの中心となって活動したのは、クレイズ・レーン・エステートから追い出されたジュリアン・シェインであった。彼のようなオリンピックの直接の被害者は、自身の生活を防衛するための当局とのやりとりで精魂尽き果てるのが普通で、オリンピックそのものの批判まではなかなかできないものである。たとえば東京五輪の反対運動を牽引したのは、霞ヶ丘アパートの住民ではなかった。サン＝ドニの住民運動も、オリンピックそのものに反対する運動とは共闘しそうでしなかった。しかしジュリアン・シェインはそうはならなかったのである。もっとも典型的なロンドン五輪の被害者である彼が、もっとも原理原則的にオリンピックそれ自体を批判する運動の中心的存在となったのだ。これは他都市ではあまり類例をみない、稀有な事例である。英語話者であることは、彼の経験を他国のオリンピック反対運動に継承するうえで有利に働いた。ロンドン以降のほとんどすべての開催都市のオリンピック反対運動は、何らかのかたちでジュリアン・シェインと接触している。

開催都市契約の公開は、ゲームズ・モニターの数々の達成のなかでもきわめて公共性の高いものである。その恩恵を受けたのは、狭義のオリンピック反対運動にとどまらない。オリンピックに批判的な研究やジャーナリズムがロンドン大会以降に大きく進展したのだとすれば、それへの貢献は決して小さくないはずだ。このような「レガシー」が少しずつ、しかし確実に蓄積されてきたことで、「オリンピックの将来にとっての最大の脅威」が現に到来している、という側面もきっとあるだろう。

注

*1 Déclaration de M. Nicolas Sarkozy, Président de la République, sur ses projets en matière de politique d'aménagement durable, à Roissy le 26 juin 2007. https://www.vie-publique.fr/discours/167076-declaration-de-m-nicolas-sarkozy-president-de-la-republique-sur-ses-p（二〇二四年四月六日閲覧）

*2 Eric Albert, « Londres n'est pas la 6e ville française. Mais la 30e ? », dans *Le Monde*, le 24 mars 2014.

*3 Eric Hazan, *Paris sous tension*, La Fabrique, 2011, p.109.

*4 Olivier Razemon, *"Les Parisiens", une obsession française*, Rue de l'échiquier, 2021, p.77

*5 Déclaration de M. Nicolas Sarkozy, Président de la République, sur la politique maritime de la France, Le Havre le 16 juillet 2009. https://www.vie-publique.fr/discours/176027-declaration-de-m-nicolas-sarkozy-president-de-la-republique-sur-la-po（二〇二四年四月六日閲覧）

*6 Déclaration de M. Nicolas Sarkozy, Président de la République, sur ses projets en matière de politique d'aménagement durable, à Roissy le 26 juin 2007. https://www.vie-publique.fr/discours/167076-declaration-de-m-nicolas-sarkozy-president-de-la-republique-sur-ses-p（二〇二四年四月六日閲覧）

*7 Razemon, *Ibid*, p. 96

*8 Collectif contre la ligne 18, « Nos Revendications », https://nonalaligne18.fr/nos-revendications/（二〇二四年四月六日閲覧）

＊9　Comité interministériel, *Réussir ensemble le Grand Paris*, 14 avril 2015. https://www.gouvernement.fr/upload/media/default/0001/01/2015_04_14.04.2015_dossier_de_presse_-_grand_paris.pdf（二〇二四年四月六日閲覧）

＊10　Comité interministériel, *ibid*.

＊11　Francis Rambert (dir.), *Métro ! : le Grand Paris en mouvement*, Cité de l'architecture et du patrimoine, 2023, p.207.

＊12　Mairie de Saint-Denis secteur des études locales, *Présentation sociodémographique du territoire Pleyel-Confluence*, mars 2017. https://ville-saint-denis.fr/sites/default/files/content/documents/fiche_pleyelconfluence.pdf（二〇二四年四月六日閲覧）

＊13　Andy Bull, 'Revealed: the biggest threat to the future of the Olympic Games', *The Guardian*, 27 July 2016.

＊14　Zjan Shirinian, '"Pompous" IOC demands "led to withdrawal of Oslo 2022 Olympic bid"', *Inside the games*, 3 October 2014. https://www.insidethegames.biz/articles/1023008/pompous-ioc-demands-led-to-withdrawal-of-oslo-2022-olympic-bid（二〇二四年四月六日閲覧）

ここに挙げられているＩＯＣの要求は面白いので、いくつか紹介しておこう。

- ・ＩＯＣ会長が空港に到着したら、厳かに歓待すること。
- ・ＩＯＣ委員のため、一般客と隔てられた特別出入り口を空港に設けること。
- ・ホテルのバーは「非常に遅くまで」営業時間を延長すること。
- ・ホテルのミニバーはコカ・コーラ社の製品をストックしておくこと。
- ・ＩＯＣ委員全員に、ノルウェーの携帯電話通信会社に加入する最新のサムソンの携帯電話が与えられること。
- ・会議室は常時、摂氏二〇度ちょうどに設定されること。
- ・ＩＯＣ委員の移動の際には、すべての道路で一般の利用ができない特別車道が用意されること。

コカコーラとサムソンは、ＩＯＣと直接長期スポンサー契約を結ぶ「オリンピックパートナー」である。

＊15　Nathalie Revenu, « Village olympique à Saint-Ouen: les entreprises ne veulent pas être hors jeu », *Le Parisien*, le 11 avril 2018.

＊16　BFM Immo, le 14 juin 2019. https://www.bfmtv.com/immobilier/construction/village-olympique-ces-habitants-ecoles-et-entreprises-en-voie-d-expulsion-en-seine-saint-denis_AN-201906140322.html（二〇二三年一一月一九日閲覧）

＊17　ISAE-SUPMÉCA, 'ISAE-SUPMÉCA profite du chantier des Jeux Olympiques et Paralympiques pour moderniser son campus', le 9 décembre 2021. https://www.isae-supmeca.fr/actualites/information/isae-supmeca-profite-duchantier-des-jeux-olympiques-et-paralympiques-pour-moderniser-son-campus/（二〇二四年四月六日閲覧）

＊18 France 3, « TEMOIGNAGES. JO 2024 : les étudiants, premiers résidents du village olympique », le 11 avril 2023. https://france3-regions.francetvinfo.fr/paris-ile-de-france/paris/temoignages-jo-2024-les-etudiants-premiers-residents-du-village-olympique-2751370.html（二〇二四年四月六日閲覧）

＊19 Nicole Vulser, « A Saint-Denis, le départ de la Cité du cinéma, un dossier abrasif entre la Caisse des dépôts et consignations et EuropaCorp », *Le Monde*, le 25 mars 2023.

＊20 *France 24*, « JO-2024: des travailleurs migrants victimes collatérales des travaux du village olympique », le 25 juillet 2022.（二〇二四年四月六日閲覧）

＊21 稲葉奈々子「霞ヶ丘アパートが犠牲にした多くの生の記録」青山真也編著『東京オリンピック二〇一七　都営霞ヶ丘アパート』左右社、二〇二一年、p. 53

＊22 Gareth A Davies, 'Mayor tricked Govt. into 2012 Olympics bid', *The Telegraph*, 25 April 2008.

＊23 Charlotte Naughton, 'Displaced by London's Olympics', *The Guardian*, 2 June 2008.

＊24 吉見俊哉「問いとしての「コロナと五輪」」吉見俊哉編著『検証　コロナと五輪』河出新書、二〇二一年、p.25

＊25 「五輪、悪酔いさめぬ日本 社会学者・吉見俊哉さん」毎日新聞夕刊、二〇二三年四月二二日

＊26 Oliver Wainwright, "A massive betrayal': how London's Olympic legacy was sold out', *The Guardian*, 30 June 2023.

＊27 Barney Ronay, 'London 2012, 10 years on: wrestling with a sporting legacy built on false assumptions', *The Guardian*, 22 July 2023.

＊28 Ronay, ibid.

＊29 武田砂鉄「「雑音」の消えた町で」青山真也編著『東京オリンピック二〇一七　都営霞ヶ丘アパート』左右社、二〇二一年、p.139

＊30 武田、前掲、p.139

＊31 The International Olympic Committee, *Report of the IOC Evalutaion Commission 2024*, p.76.https://stillmed.olympics.com/media/Document%20Library/OlympicOrg/Documents/Host-City-Elections/XXXIII-Olympiad-2024/Report-IOC-Evaluation-Commission-2024-low-resolution.pdf（二〇二四年四月六日閲覧）

＊32　Plaine Commune, *Contrat de développement territorial 2014/2030, Terrirotire de la culture et de la création*, le 22 janvier 2014, p. 112. https://plainecommune.fr/fileadmin/user_upload/Portail_Plaine_Commune/LA_DOC/PROJET_DE_TERRITOIRE/Projet_metropolitain/CDT_2014.pdf（二〇二四年四月六日閲覧）

＊33　Paris Candidate City Olympic Games 2024, *Candidature file Phase 1*, 2016, p. 55.

＊34　Pleyel à venir, « Projet d'échangeur dans le quartier Pleyel de Saint-Denis (93) : la justice suspend les travaux », Communiqué de presse, Saint-Denis, le 12 mai 2020. https://pleyelavenir.fr/2020/05/12/projet-dechangeur-dans-le-quartier-pleyel-de-saint-denis-93-la-justice-suspend-les-travaux/（二〇二四年四月六日閲覧）

＊35　UNICEF France et Réseau Action Climat, *De l'injustice sociale dans l'air, 2021*, p.38. https://www.unicef.fr/wp-content/uploads/2022/08/injusticesocialedanslair_rapport_final_webpages.pdf（二〇二四年四月六日閲覧）

＊36　ＩＯＣ公式サイトの日本語ページに掲載されていた紹介文。https://olympics.com/ja/olympic-games/paris-2024（二〇二三年一二月四日閲覧）

＊37　France Nature Environnement, « Pour dex Jeux Olympiques au service de la transition écologique », Communiqué de presse, le 14 septembre 2017. https://fne.asso.fr/communique-presse/pour-des-jeux-olympiques-au-service-de-la-transition-ecologique（二〇二四年四月六日閲覧）

＊38　Martin Müller, Sven Daniel Wolfe, Christopher Gaffney, David Gogishvili, Miriam Hug and Annick Leick, 'An evaluation of the sustainability of the Olympic Games', *Nature*, volume 4, pp. 340–348, 2021. https://www.nature.com/articles/s41893-021-00696-5（二〇二四年四月六日閲覧）

＊39　著者とスヴェン・ダニエル・ウルフのオンラインでの会話、二〇二三年一一月二八日。

＊40　Paris Candidate City Olympic Games 2024, *Candidature file Phase 3*, 2016, p.60

＊41　国際オリンピック委員会『オリンピック憲章（二〇二三年版）』「第五章　規則三八」日本オリンピック委員会訳、二〇二三年、p.72

＊42　*Le Parisien*, « Jeux olympiques 2024 : le comité d'organisation planche avec l'Etat », Le 14 mars 2018.

＊43　La préfecture et les services de l'État en région Île-de-France, *Les Jeux en chiffres*, le 3 novembre 2023. https://www.prefectures-regions.gouv.fr/ile-de-france/Region-et-institutions/L-action-de-l-Etat/Jeux-olympiques-et-paralympiques-de-

Paris-2024-JOP-2024/Les-Jeux-en-chiffres （二〇二四年四月七日閲覧）

＊44 Le comité d'organisation des Jeux Olympiques et Paralympiques de Paris 2024, « Le village des médiast », site officiel. https://www.paris2024.org/fr/village-medias/ （二〇二四年四月七日閲覧）

＊45 Département de la Seine-Saint-Denis, « Un projet d'avenir pour le parc George Valbon et l'Aire des vents », le 4 février 2021, p.3. https://seinesaintdenis.fr/IMG/pdf/dp_-_jop._aire_des_vents_et_terrain_des_essences_04022021.pdf （二〇二四年四月七日閲覧）

＊46 Mouvement national de la Lutte pour l'Environnement, « Avis du MNLE 93 et Nord Est Parisien : Enquête Publique "Village des médias"», le 10 juillet 2020. https://www.mnle.fr/wp-content/uploads/2020/07/AVIS-MNLE-93-Vd%C3%A9f.pdf （二〇二四年四月七日閲覧）

＊47 Département de la Seine-Saint-Denis, ibid.

＊48 Aurélien Bellanger, *Le Grand Paris*, 2017, folio Gallimard, p. 252.

＊49 Bellanger, *Ibid*. pp. 378-379

＊50 Mouvement national de la Lutte pour l'Environnement, « Qui sommes-nous ? », site officiel. https://www.mnle.fr/qui-sommes-nous/ （二〇二四年四月七日閲覧）

＊51 *L'Humanité*, « Un comité olympique soviétique est formé », 25 avril 1951.

＊52 « Oui aux Jeux Olympiques », série Tribune Libre, Ciné-Archives Fonds audiovisuel du PCF, mouvement ouvrier et démocratique, le 7 juin 1980. https://www.cinearchives.org/Catalogue-d-exploitation-OUI-AUX-JEUX-OLYMPIQUES-494-817-0-1.html?ref=e08f18f42f080392c0139c198d524bc2 （二〇二四年四月七日閲覧） 引用した発言は四分三〇秒より。

＊53 *Franceinfo*, le 18 novembre 2019. https://www.francetvinfo.fr/les-jeux-olympiques/paris-2024/airbnb-sponsor-des-jo-c-est-un-mauvais-signal-pour-les-villes-qui-se-battent-contre-le-developpement-anarchique-d-airbnb-estime-ian-brossat_3708769.html （二〇二四年四月七日閲覧）

＊54 *Franceinfo*, le 7 avril 2021. https://www.francetvinfo.fr/les-jeux-olympiques/tokyo-2020/jo-2024-la-justice-suspend-en-refere-les-travaux-du-village-des-medias-en-seine-saint-denis_4450185.html （二〇二四年四月八日閲覧）

＊55 Maël Jouan, « Le Village des médias des JO 2024 au cœur d'une bataille judiciaire », *Le Journal du dimanche*, le 31 mai 2021. https://www.lejdd.fr/societe/le-village-des-medias-des-jo-2024-au-coeur-dune-bataille-judiciaire-4223

＊56　Jade Lindgaard, « JO 2024 : l'écologie lucrative de la future “cité-jardin” » *Médiapart*, le 13 mai 2021. https://www.mediapart.fr/journal/france/130521/jo-2024-l-ecologie-lucrative-de-la-future-cite-jardin（二〇二四年四月八日閲覧）

＊57　Association pour la candidature aux jeux de la XXVe Olympiade - Paris 1992, *Réponses aux questionnaires des fédérations internationales*, 1986.

＊58　Elodie Soulié, « Paris : les Amis du Champ-de-Mars attaquent la Ville au tribunal », *Le Parisien*, le 21 septembre 2017.

＊59　France Nature Environnement Paris, « Projet d'aménagement du Site Tour Eiffel : Avis défavorable de FNE Paris », le 17 novembre 2021. https://fne-paris.fr/2021/11/18/projet-damenagement-du-site-tour-eiffel-avis-defavorable-de-fne-paris/（二〇二四年四月八日閲覧）

＊60　Antton Rouget, « Paris 2024 : les millions s'envolent déjà », Médiapart, le 26 septembre 2017. https://www.mediapart.fr/journal/france/260917/paris-2024-les-millions-s-envolent-deja?onglet=full（二〇二四年四月八日閲覧）

＊61　Christine Berkovicius, « “Orléans n'a pas vocation à accueillir la colline du crack de Paris”: la mise au point du maire face à l'afflux de migrants» , *Le Parisien*, le 25 mars 2024.

＊62　Jade Lindgaard, *Paris 2024 : une ville face à la violence olympique*, Divergence, 2024, p. 87

＊63　Lindgaard, *Ibid*, p. 88

＊64　Communauté d'agglomération Val Parisis, *Val Parisis Agglo Mag*, *Hors Série : Centre Aquatique Olympique*, décembre 2020 N°9, p.10. https://valparisis.fr/sites/valparisis/files/document/valparisis_mag_9.pdf（二〇二四年四月八日閲覧）

＊65　Marie Briand-Locu et Jila Varoquier, « JO 2024 : le casse-tête du transport des spectateurs jusqu'au stade nautique de Vaires-sur-Marne », *Le Parisien*, le 7 février 2023.

＊66　Antoine Marsac, « Accueil des épreuves olympiques de slalom en canoë-kayak et développement territorial (1972-2012) », *La Revue Européenne de Management du Sport* 36:59-72, 2017, p. 65.

＊67　Le comité international olympique, « Le Parc olympique d'aviron et de canoë de Shunyi », le 20 octobre 2019. https://olympics.com/cio/news/le-parc-olympique-d-aviron-et-de-canoe-de-shunyi（二〇二四年四月八日閲覧）

＊68　Pôle écologiste au conseil régional d'Île-de-France, *Non a la destruction des roselieres de Vaires-sur-Marne au nom des JOP*, le 6 avril 2022. https://poleecolo-idf.fr/actualites/non-a-la-destruction-des-roselieres-de-vaires-sur-marne-au-nom-des-jop/（二〇二

四年四月八日閲覧）

＊69　Pôle écologiste au conseil régional d'Île-de-France, ibid.

＊70　Paul Molga, « JO 2024 : pourquoi la facture de la marina olympique de Marseille a explosé », *Les Échos*, le 2 avril 2024.

＊71　Les Nageurs du Prado, *Lettre ouverte à Benoît Payan, Michèle Rubirola, Samia Ghali, Tony Estanguet : Ne privez pas les Marseillais de leurs plages !*, le 30 juillet 2022. https://m.facebook.com/story.php?story_fbid=pfbid02z87dWkEe5pt5fLfr2BjM4wpetYNm4uo5zJB5G6mxxBEFvNcnBUHxsMaqwWDqqJeJl&id=332431790201131（二〇二四年四月八日閲覧）

＊72　Marseille Infos Autonomes, *Weekend contre les JO du 17 au 19 novembre sur la plaine*, le 12 novembre 2023. https://mars-infos.org/weekend-contre-les-jo-du-7247#:~:text=Face%20aux%20saccages%20budg%C3%A9taires%2C%20%C3%A9cologiques,%C3%A9t%C3%A9%202024%20dans%20notre%20ville%20!（二〇二四年四月八日閲覧）

＊73　*Reporterre*, « Surf aux JO 2024: à Tahiti, le chantier a déjà dégradé les coraux », le 4 mars 2024. https://reporterre.net/Surf-aux-JO-2024-a-Tahiti-le-chantier-a-deja-degrade-les-coraux（二〇二四年四月九日閲覧）

＊74　The International Olympic Committee, *Olympic Legacy*, 2013, p. 6.

＊75　Légifrance, *LOI n° 2018-202 du 26 mars 2018 relative à l'organisation des jeux Olympiques et Paralympiques de 2024 (1)*. https://www.legifrance.gouv.fr/loda/id/JORFTEXT000036742943（二〇二四年四月九日閲覧）

＊76　La lettre de l'immobilier, « Projet de loi relative aux Jeux Olympiques et Paralympiques de 2024 ». https://www.lettredelimmobilier.com/P-2110-454-A1-amenagement-urbain-et-loi-olympique-enjeux-pour-paris.html/#:~:text=un%20r%C3%A9gime%20d%C3%A9rogatoire%20aux%20prescriptions,la%20construction%20de%20logements%20(L.（二〇二四年四月九日閲覧）

＊77　La lettre de l'immobilier, ibid.

＊78　朝日新聞「五輪まで一年、雨宮塔子さんが伝えるパリの街「学ぶべきこと多い」」二〇二三年八月二日。

＊79　Le comité international olympique, « Maison olympique ». https://olympics.com/cio/maison-olympique（二〇二四年四月九日閲覧）

＊80　国際オリンピック委員会、東京都、日本オリンピック「第三二回オリンピック競技大会開催都市契約」序文、東京都訳。https://www.2020games.metro.tokyo.lg.jp/hostcitycontract-JP.pdf（二〇二四年四月九日閲覧）

＊81　Gamesmonitor, '2012 Olympics Host City Contract Technical Manuals', 26 March 2010. http://www.gamesmonitor.org.uk/archive/node/935.html（二〇二四年四月九日閲覧）

第三章　政治的エコロジーとオリンピック

3-1. 社会闘争のオリンピック容認

フランス最大の労働組合、労働総同盟（Confédération général du travail、以下CGT）は、四つのほかの労働組合（CFDT、FO、CFTC、CFE-CGC）および三つの経営者組合（CPME、U2P、MEDEF）とともにパリ五輪組織委員会と「社会憲章（charte sociale）[*1]」を締結している。のみならず、パリ五輪組織委員会の社会憲章監査委員会（Comité de suivi de la charte sociale）の共同代表を務めているのは、一九九九年から二〇一三年までCGTの代表を務めたベルナール・ティボーである。

一般論として、労働組合がオリンピックに反対することはほとんどない。世界中の衆目を集める環境は、労組の交渉能力を高めこそすれ不利に働くことはない。むしろオリンピックが中止にでもなれば、ジュールズ・ボイコフが言うところの「比類のない政治的機会構造（unique political opportunity structure）[*2]」は霧散してしまう。それに加えて、オリンピックはとりわけ建設部門の労使双方の利益にかなう点も指摘できるだろう。つまりこの部門の需要が増し、賃金上昇圧力が高まるということだ。

他方オリンピックをはじめとするメガイベントの関連工事には、何があっても、それこそパンデミックや戦争が起ころうと工期をずらせないという特性がある。このために労働環境は必ず、例外なく劣悪となる。この点の一般法則化は、理論的には不可能ではない。しかし労働組合がそれを理由にメガイベント招致に反対した例は知られていない。そして開催国で労働災害が頻発してからようやく争点となるとき、国外の事例と結びつけて一般法則化されることもほとんどない。換言すると、批判の矛先は建設会社や開催国政府へと向かうのがつねで、元締めとなるIOCなどは無傷のままとなるのだ。こうしてスイスの非営利組織は責任を厳しく追及されることなく、焼畑農業さながら次の開催地へと向かい、新天地でまた人的資源を食い散らかすのである。

しかしこうした普遍的な構造だけでは、CGTがここまでパリ五輪に協力的な理由の説明とはならない。件の社会憲章は、フランス共産党の影響下でCGTもオリンピックの理念に賛同してきた、長い歴史の蓄積の上に成立しているのである。

ボルドー大学のスポーツ史家、ファビアン・サバティエによれば、一九六〇年代までは「スポーツは大衆のアヘンである」との見解が労働組合員の間で優勢だった。それ以前にフランスの実業団スポーツを担っていたのは、「フランス共産党スポーツ部隊」とでも言える労働スポーツ・体育連盟（Fédération sportive et gymnique du travail、第二章参照）である。この頃まではCGT内部で、スポーツに力を入れすぎて肝心の労働運動が疎かになっては困る、という考えが根強かった。労働者が労働から解放される時間は無限ではない。その貴重な時間を労働運動に使うのか、スポーツに興じるのか、という競合関係が存在する。*3

ところが一九六〇年代末から七〇年代初頭にかけてこうした状況が変化する。この時期にCG

Tと労働スポーツ・体育連盟は、実業団スポーツにおけるお互いの役割を取り決める協定を結んだ。ファビアン・サバティエによると「CGTは実業団スポーツの概念を作り、スポーツの民主化を担う企業内委員会の支配権を握り続ける。労働スポーツ・体育連盟はスポーツを行なわない人々のみを対象としたイニシアチブを実践[*4]」したとのことだ。それ以降、CGTが路線を大きく変更するきっかけは訪れていない。

労働スポーツ・体育連盟およびその前身の社会党スポーツ連合（L'Union sportive du parti socialiste）および労働スポーツ連盟（Fédération sportive du travail）は、第二次世界大戦前は反IOCだった。創始者ピエール・ド・クーベルタンの人種主義および階級・性差別イデオロギーを色濃く反映していた近代オリンピックを、当時の左派は受け入れなかった。そのため第二章で確認したとおり、一九二〇年代および三〇年代には労働者オリンピアードやスパルタキアードといった左派主催の国際スポーツ大会が開催されていた。しかし世界の共産主義の指導的立場にあった某独裁者が第二次世界大戦後にIOCへの加盟を決定すると、労働スポーツ・体育連盟を中心とするフランスの共産主義スポーツ界もその方針に従う。ソ連のIOC加盟によりフランス共産党がオリンピックを支持するようになり、フランス共産党がCGTに影響を与える構造は、基本的に現在までそのまま続いている。こうした長い文脈において、ベルナール・ティボーはパリ五輪組織委員会の一員となっているのだ。

ティボーは二〇一七年四月、つまりパリ五輪の招致が正式に決定する五ヶ月前に日刊紙『リベラシオン』のインタビューを受けている。この年の三月末に、CGTを含む前述の五労組はパリ五輪招致委員会と「雇用のための憲章」をすでに締結しており、「なぜ労組がパリ五輪に協力するのか」という疑問を『リベラシオン』紙の記者はぶつけたのだ。以下は同インタビューの抜粋である。

リベラシオン紙（以下「リ」）：労働組合が招致委員会と協定を結んだのはなぜですか？　フランス大会およびIOCのスポンサー企業は、ときに社会的側面における悪辣なマネージメントで知られる巨大企業ですが……

ベルナール・チボー（以下BT）：まさにそうなんです。財界に好き勝手を許すべきではないでしょう？　財界がすべてを決めるべきでしょうか？　労働組合は、重要な大衆的メディアイベントで自らの役割を果たすことを望んでいます。労働組合にとって重要となるのは、メッセージと社会的価値を発し、しっかりした適用を保証することなのです。模範的な大会を組織しようとする招致委員会のアンガージュマンを、私たちは理解しました。あとは、社会的模範たらんとするこの意志に、大会前、期間中、大会後に寄り添うだけです。大会のためのインフラのほとんどはすでに存在しています。それでも会場や交通・通信網の修復・建設工事の分野において数万の雇用が関係してきます。（……）

リ：ではなぜ協定を結ぶ必要があるのでしょう？　パリ五輪の労働者を保護するには、労働法典を守ればいいのでは？

BT：さらなる注意の証です。そしてパリ五輪関連入札に参加しようとする公共団体や企業へ私たちが送る合図です。

リ：それはつまり、オリンピック前および期間中にストライキを実行することを労組は放棄する、ということですか？　これだけメディアの注目を浴びるイベントなのだから、むしろ要求のショーケースとして機能するように思えますけど……

BT：歴史を振り返れば、二〇二四年八月の大会期間中に、大規模なストライキが起きる可能性はほとんどありません。フランスで八月に起きた最後の社会運動は一九四四年に遡ります。それは国の解放を求める鉄道員たちの蜂起でした。それ以来、フランス人たちは多くの機会に、さまざま理由でデモを打ってきましたが、オリンピックに反対するデモが起きたことは一度もないのです。そういうわけで、パリが二〇〇八年大会に立候補した際、二〇〇五年にIOCがフランスの施設を視察中に社会運動が起きましたが、私たちはオリンピックを支持する旗とともに行進しました。私たちは標的を間違ってはいない、と示すためです［年号ママ：二〇〇五年に招致していたのは二〇一二年大会」。

リ：二〇一六年大会前にブラジルを揺るがしたような、社会紛争を回避しようとしているように見えますが？

BT：たしかに、過去には社会紛争が起きたこともあります。でもそれは、開催国が先を読んで十分に準備してこなかったためです。フランスにおいて、労働組合の目的はオリンピックに反対することではなく、好条件でことが運ぶよう前もって十分に準備することなのです。

リ：オリンピックムーブメントは、本当に社会問題に関心があるのでしょうか？　自由主義と親和性が高く、民主主義の文化を欠いた国の代表者が指導しているように見えますが？

BT：二〇三〇年までにすべての立候補都市が社会基準を満たさなければならないとする目標を、IOCは設定しました。パリはその点を先取りしています。九月にフランスが選ばれることになれば、史上はじめて、社会的模範を掲げた大会となるのです。それは世界が危機的な状況に置かれている文脈において、フランスの社会モデルを周知させる機会となります。労働法典を持つ国はわずか九〇カ国で、世界の労働者の七五パーセントは社会保障制度を持たず、五

○パーセントに年金が支給されないのです……[*5]

ここでティボーが展開する『財界に好き勝手を許すべきでない』からこうした協定を結ぶのだとの論理は、神戸大学の小笠原博毅が名づけた「どうせやるなら派」の典型である。「現状のオリンピックを正面から礼賛」するわけではないが「どのようにすれば「資本貴族」たちの手から奪うことができるのかを提案することで、言わばオリンピックの換骨奪胎を目指す[*6]」ため、ティボーは招致委員会、ついで組織委員会と手を組む。そして小笠原が指摘したように、オルタナティブを示唆しながら「オリンピックをやらない」という選択肢を排除する者こそが、現代オリンピックの延命にもっとも貢献するのである。

社会憲章内に「ストライキ（grève）」の語は一度も出てこない。しかしCGTの合意を取りつける最大の目的がその回避であることは言うまでもない。このインタビューでティボーは、憲章の言外の意味を補って「オリンピックに対するストライキはさせない」と言質を与えているのだ。この数年後にはパリ五輪の関連工事で、他の開催国と同じように労働災害が多発する。ティボーが論じたブラジルに対するフランスの社会モデルの優越など、世界的伝染病で工事が中断されようと、資源大国による侵略戦争のためにエネルギー危機が起きようと、その結果資材価格が高騰しようと絶対に工期をずらせないという大規模スポーツ大会が課す特殊な制約の前では、無力である。二〇二三年七月には、トライアスロンおよびオープンウォータースイミング会場となるセーヌ川の浄化施設の工事現場で、作業員のアマラ・ディウマシが死亡した。そしてディウマシの死をきっかけに、オリンピック関連工事の労災一三〇件のうち一七件が重大事故であったことが大きく報道されるようになったのである。

それでもティボーはぶれない。二〇二三年一二月にはフランス国内の複数のメディアが「オリンピック関連工事の労働災害はほかの現場より四倍も少な」く、「フランスでオリンピック開催を口実にストライキが行なわれる理由は存在しない」[*7]とのティボーの発言を伝えた。他方フランス国鉄はストライキ回避のため、オリンピック期間中一日五〇ユーロの特別手当という具体的な懐柔策を用意する。

社会闘争にとってオリンピックのようなメディアイベントは、何よりもまずレバレッジとしてあらわれる。それを示す好例が、二〇二三年の年金制度改革反対運動で登場した「Pas de retrait, pas de JO（年金改革案を引っ込めろ、さもなければオリンピックはないぞ）」のスローガンだ。「年金改革への反対者はパリ二〇二四を圧力手段にしようとしている（les opposants à la réforme des retraites veulent faire de Paris 2024 un moyen de pression）」と国営ニュース専門放送局・フランスアンフォによる報道[*8]のとおり、オリンピック自体を抗議対象としたのではない。不人気な政策に反対する「比類のない政治的機会構造」を、オリンピックが提供したのだ。それに対し、年金改革には反対しても「オリンピックなどどうでもいい」と言える立場にはない、先述社会憲章に署名した穏健な労組の代表者は、「このような脅迫など問題外だ」「オリンピックは祝祭でなければならない」[*9]とメディアで表明している。

あっという間に広がったこのハッシュタグ（#PasdeRetraitPasdeJO）を最初に使ったのは、ソリデール（Solidaires）という組合の学生部門であった。ソリデールは政府との交渉権を持たず、社会憲章にも署名していない労組のなかでは最大の組織である。しかしこのハッシュタグの起源は、多くのハッシュタグ同様、ほとんど知られていない。そしてまた多くのハッシュタグ同様、あっという間に広まったかと思えばあっという間にすたれた。それでも #PasdeRetraitPasdeJO は、ソーシャルメディアが生み出す共鳴・共振のポテンシャルを十分に見せつけた。年金制度改革反対運動が終息に向かいつつあった二〇二三年六月、六〇名ほどのCGT組合員がパリ五輪組織委員会のビルに侵入する。彼ら彼女らが組織委員会のビルの内部で発煙筒をたき、「Pas de retrait, pas de JO」と叫ぶ模様を撮影したビデオはソーシャルメディアで拡散され、マスメディアにも取り上げられた。ちなみにこの日以前に組織委員会ビル侵入という直接行動が行なわれた例はなく、組織力で勝るCGTがオリンピックそのものに反対する勢力に先んじた格好となっている。

二〇二三年秋には非正規滞在外国人労働者と支援者の運動が「Pas de retrait, pas de JO」をもじって「Pas de papier, pas de JO」というスローガンをうみだした。こちらは「滞在許可証（papier）を与えろ、さもなければオリンピックはないぞ」という意味になる。二〇二三年一〇月一七日にはこのスローガンを掲げる非正規外国人労働者が、バドミントンと新体操の会場となるアディダス・アリーナ（第二章参照）の建設現場を占拠した。フランスには非正規滞在外国人の労働力に頼ってインフラ整備をしてきた長い歴史がある。一〇月二日にパリ労働取引所（bourse du travail）で行なわれた占拠行動を準備する会議では、「スタッド・ド・フランスは多くのサンパピエ（非正規滞在外国人）によって建設された」と参加者の一人が発言している。こうした搾取の歴史がオリンピックやグラン・パリ計画で大きく変わることなど、もちろんない。非正規滞在労働者がいっせいにストライキに出るなら、その影響は甚大となる。はたしてアディダス・アリーナ占拠の効果はてきめんで、その日のうちに二〇〇名の労働者に滞在許可証交付が約束された。これはパリ五輪をレバレッジとして組織されたもっとも効果的な社会運動であり、その成功は「No one is illegal（不法な人間なんていない）」と信じるあらゆる者によって言祝がれるべきものである。しかしそうした称賛が、「Pas de papier, pas de JO」のスローガンがオリンピックそのものを批判しているわけではない、との分析を妨げることはない。

現在に続く反オリンピック運動の始点は、二〇一〇年バンクーバー冬季五輪に求められることが多い。一方、イギリスのスポーツ史家・デヴィッド・ゴールドブラットが「人々はつねにオリンピックを嫌ってきた」[*10]と述べているように、オリンピックへの抗議は第二次世界大戦前から存在している。二〇〇〇年シドニー五輪では「シドニーオリンピックの茶番を巧みに妨害する人々（People Ingeniously Subverting the Sydney Olympic Farce）」というグループが組織されている。二〇〇八年北京五輪前の聖火リレーは、各地で抗議にあった。しかし、バンクーバー以前のこうした動きは一過性のもので、あとにつなげようという意識はなかった。オリンピックは夏季と冬季を合わせて二年ごとに開催国を変える。開催国が変われば言語も変わる。誰もが知るオリンピックのこの特性は、批判や抗議の蓄積・継承にとってきわめて大きな障害となっている。

二〇一〇年冬季大会と二〇一二年夏季大会は、たまたま続けて英語圏で開催された。この言語環境とインターネットの発展を追い風に、バンクーバーとロンドンの反オリンピック活動家の間で交流が生まれ、そこに二〇一六年大会に立候補していたシカゴの招致反対者も加わる。こうしてこの時期、オリンピックに反対する者の間ではじめて国際連帯が生まれたのである。この文脈で、バンクーバーの「オリンピック貧困トーチリレー (Poverty Olympics Torch Relay)」で使用された「オリンピック貧困トーチ」こと、「POVERTY」および「OLYMPICS」と書かれた布地がつけられたプランジャー(トイレの詰まりをとるラバーカップ)がロンドンに渡った。この「オリンピック貧困トーチ」はその後いつからともなく「反オリンピックトーチ」と呼ばれるようになり、ロシアと中国をのぞくすべてのオリンピック開催国を旅したのち、二〇二二年五月に日本からフランスへと渡った。そのことは二〇一〇年から二四年まで人的交流が続き、オリンピックをめぐる批判的な会話の、国境を超えた着実な継続を意味している。本書で深く立ち入ることはできないが、オリンピック批判の国際連帯強化にもっとも貢献したのが東京の活動家たちであったことは、ジュールズ・ボイコフが『オリンピック 反対する側の論理』に記しているとおりである。

話をバンクーバーに戻すと、この大会の「反対運動」には、二〇世紀末から二一世紀初頭にかけて盛り上がった反グローバリズム運動の最後の動員という側面もあった。以下は、この大会ではじめて反オリンピック運動を調査したボイコフによる評である。

バンクーバーのアクティヴィズムは、トム・メルテスがグローバル正義運動について「特定の形に収斂しない絶えず繰り返される同盟と連合の連続」と評した組織化の考え方に近く、従来の社会的連帯の進展に依拠した動員のモデルとは異なるものだった。実際、反オリンピック抵抗運動は「イベント連合」と呼ぶのがより正確かもしれない。（……）活動家たちは二つのアプローチの違いに自覚的で、自分たちの行動を「オリンピックの時」に合わせた「いくつもの運動の漸次集合」だと口を合わせ、ひとつの「社会運動」だとは言わなかった。社会運動という用語は、不均質性を許容せず連続性を強調しすぎる傾向にあるからだ。昨今の運動は、より柔軟かつ即時的に、横のつながりを生かしたやり方で組織化を進めるようになっているが、バンクーバーにおける反オリンピック抵抗運動はこうしたダイナミクスが働いた典型例である。*11

バンクーバーで「漸次集合」した「いくつもの運動」とは、たとえば先住民の権利を求める運動（No Olympics on Stolen Native Land）だったり、フェミニストの運動だったり、反貧困委員会だったりする。これらがゆるやかにつながり、バンクーバー大会二年前にあたる二〇〇八年春、オリンピック抵抗ネットワーク（Olympic Resistance Network）が生まれた。この時期は、反グローバリズム運動の文脈で組織的動員が見られた最後のG8サミットとなった、洞爺湖サミットの数ヶ月前にあたる。つまりあるイベント（首脳会議、オリンピック……）に合わせてさまざまなイシューが収束するかたちで動員が行なわれた、ほぼ最後の時期なのである。バンクーバーの反オリンピックデモで見られたパペットや「戦術の多様性」（つまりブラックブロックの包摂）は、一九九九年のシアトルや二〇〇一年のジェノバを彷彿させるものであった。しかし「いくつもの運動」が「漸次集合」して、「今すぐ住宅を建設しろ（Build Housing Now）」や「貧困撲滅（End Poverty）」といった思い思いのプラカードが掲げられたこの「イベント連合」は、はたしてボイコフが論考のタイトルとしているように「反オリンピック（anti-Olympics）」と呼ぶのにふさわしいものなのだろうか？

　オリンピック抵抗ネットワークのメディア委員会から生まれた「バンクーバー・メディア・コープ」が残したアーカイブ[*12]を見ると、オリンピックそれ自体も批判の対象となっていたことが分かる。WTOやG8それ自体を反グローバリゼーション運動が問題化したように、バンクーバー冬季オリンピックも「いくつもの運動」が「漸次集合」する「オリンピックの時（モーメント）」を提供するだけの、単なる「イベント」ではなかった。しかし「バンクーバー・メディア・コープ」を相当丁寧に読みこんでも、「オリンピックの時」を好機と捉えた「いくつもの運動」が、IOCをターゲットとする原理原則的な議論を重ねたのかどうかまでは分からない。さらに言えば、オリンピックそれ自体への批判をめぐって「いくつもの運動」の間に緊張関係はあったのか、あったとしたらそれはどういったものであったのか、といった教訓をバンクーバー・メディア・コープは残していない。分かるのは「不均質性」が「許容」された、ということだけで、その詳しい内実まではバンクーバー以後の開催国に伝わっていないのである。

パリでは、「反オリンピック」なのかどうかという問いが「いくつもの運動」の間で踏み絵として機能した。これまで見てきたとおり、組織委員会と社会憲章を締結している労働組合が、反オリンピックを含む「イベント連合」に加わることはありえない。共産党と労働組合が不在であるため「イベント連合」に加わらない「いくつもの運動」も、とりわけ共産党の票田でありかつパリ五輪関連施設が集中する「赤いベルト」において、無視できない数となる。そのため「いくつもの運動」が集合する話し合いで、オリンピックそのものではなくあくまで具体的な被害に批判を絞る、との提案が繰り返されてきた。しかし本気で議論を深めるならば、オリンピック批判派にはいくらでも材料がある。開催都市契約、祝賀資本主義こと「オリンピック法」のもたらす例外状態、IOCという組織の正当性……。対してオリンピック自体の批判を避けたい人々が論拠とするものは、究極的にはたったひとつしかない。オリンピックの人気である。

このような状況から、「反オリンピック」を排除してオリンピックをレバレッジとする「いくつもの運動」の「イベント連合」を作ろう、という発想がパリでは出てきた。こうしてフランスに本部を置く国際NGO「世界の医療団（Médecins du Monde）」のイニシアチブで、七五もの市民団体、宗教団体、国際NGOのフランス支部が名を連ねる「メダルの裏側（le revers de la médaille）」というキャンペーンが発足した。組織委員会やイル＝ド＝フランスの議員のみならず、国際競技連盟やスポンサーまでも宛先となっている二〇二三年一〇月三〇日付の公開書簡には、こう書かれている。

大会は全世界に向けられた大衆的かつ多文化的な祝祭として、前例のない経験にフランス全土を巻き込む冒険として構想されています。パリ大会はまた、環境、雇用、経済、教育そしてスポーツに配慮する、前代未聞の大会となります。（……）世界中のメガイベントの経験を踏まえれば、路上の「社会浄化」のリスクは明らかです。社会浄化は一九八〇年代以降、多くのオリンピックの開催都市で一般的となっています。現時点においては、パリ五輪もそうなる見通しをあらゆることが示しているのです。（……）そのため、私たちは「メダルの裏側」というキャンペーンを発足しました。パリ大会は史上もっともインクルーシブで模範的な大会となることを望んでいるのに、数万の人々を排除することでオリンピックの祝祭が色褪せてしまうリスクについて、あらゆる関係者に警告を発することがその目的です。この訴えにみなさまが敏感であること、そしてみなさまが私たちと同じ懸念を抱くであろうことを、私たちは確信しております。祝祭を完璧なものとするため、私たちの動員にみなさまも参加し、脆弱な人々への配慮を洗練させ、実行、遵守するよう、みなさまも当局に要求してください。[*13]

パリ五輪はこれまでのオリンピックとは違う「前代未聞の大会」、との組織委員会の言い分がそっくりそのまま繰り返されたかと思えば、「パリ五輪もそうなる見通しをあらゆることが示している（tout porte à croire que Paris 2024 s’inscrive dans cette dynamique）」とあり、結局パリは東京やリオと同じなのか違うのか、どうにもよく分からない。しかし終わりに近づくと、この文書の求めるところがはっきりしてくる。組織委員会はおろか、これまで数多くの犯罪者を輩出している国際競技連盟に宛て「この訴えにみなさまが敏感であること、そしてみなさまが私たちと同じ懸念を抱くであろうことを、私たちは確信しております（Nous sommes persuadés que vous serez sensibles à notre appel, et que votre inquiétude sera égale à la nôtre）」とまで書いたうえで、自分たちへの協力を訴えるのだ。そしてこの公開書簡のあと「メダルの裏側」は実際に、大会前後に難民やホームレスを保護するために一〇〇万ユーロを拠出するよう、組織委員会や関連省庁と交渉するのである。[*14]

「メダルの裏側」キャンペーンはオリンピックまであと九ヶ月という時期になって発足したのだが、オリンピックへの反対を明確に打ち出す別の「イベント連合」がその数ヶ月前にすでに生まれていた。つまりオリンピックへの反対を避ける「イベント連合」は、「反オリンピック連合」との差別化を明確に打ち出すことを選んだのである。換言すると、この時点ではオリンピックそのものへの賛否について「不均質性」を保った「いくつもの運動の漸次集合」ではなく、分断が選択されたのだ。「メダルの裏側」に七五もの団体が賛同したという事実は、そのような需要が確実に存在していることの証明となっている。

パリ五輪をレバレッジとする「イベント連合」と「反オリンピック」の間のダイナミズムは本書執筆時において現在進行形であり、その分析は不可能である。これからどれだけの勢力がオリンピックをレバレッジとして利用するか、それとも「反オリンピック」に合流するか、はたまたどち

図3-1　東京オリンピック開会式のパブリック・ビューイング妨害アクション。バナーには「la terre brûle, fini de jouer（地球は燃えている、ゲームはおしまいだ）」の文字。（パリ16区トロカデロ公園、2021年7月23日）

らにも加わらず何もしないか。大会四ヶ月前となる四月一〇日、CGTの公共部門が賞与、有休消化の自由、テレワークなどを求めて大会期間中のストライキを告知したが、実行に移るかどうか。天気予報よりも困難なそうした予測に紙幅を費やしても得られるものは少ないので、分析の機会はオリンピック終了後に設けることにしたい。

けれども閉会式を待たずに書けることもある。ロンドン、リオ、東京ではジェントリフィケーションや強制退去といった問題系から反オリンピック運動が組織された。しかしパリで反オリンピックの中心となったのは気候運動だった。つまりロンドンから東京までは多くの議論が反復されているのだが、東京とパリの間にはかなり大きな言説の変化が認められるのである。一例を挙げると、東京の反五輪デモでは「OLYMPICS KILL THE POOR（オリンピックは貧乏人を殺す）」と書かれたバナーが先頭に立つことが多かった。対してある時期までパリでもっとも頻繁に登場したバナーにあるのは「la terre brûle, fini de jouer（地球は燃えている、ゲームはおしまいだ）」の文字なのである。

おそらくこの変化は、東京とパリの間以上に大きい、二〇二〇年と二〇二四年の間にある隔たりから生まれている。

3-2. オーベルヴィリエの「守るべき菜園（Jardins à défendre）」

ジュールズ・ボイコフは二〇二四年一月にフランス語で発表されたインタビューで「オリンピックの周りには四つのタイプの活動家が集結すると言えるでしょう。第一のグループは、オリンピックそれ自体に反対する反オリンピック活動家です。たとえばパリでは、サッカージュ二〇二四がそうです。ロサンゼルスではノーリンピックスLAです。日本では反五輪の会でした[*15]」と述べている。このうちロサンゼルスの「ノーリンピックスLA」と日本の「反五輪の会」については、二〇二一年に日本語訳が出版されたボイコフの『オリンピック　反対する側の論理[*16]』に詳しい。ところでこの訳本には『東京・パリ・ロスをつなぐ世界の反対運動』という副題がつけられているが、原書では「Inside the Fight Against Capitalist Mega-Sports in Los Angeles, Tokyo and Beyond」となっている。つまり原書にない「パリ」が日本語版では加えられている。同書にパリの運動はほとんど出てこないので、この追加は本の中身といささか齟齬をきたしていると言わざるをえないだろう。そして同書にパリの運動がほとんど出てこないのは、執筆時点ではオリンピック反対運動と呼べるようなものがパリに存在していなかったからなのである。この本に少しだけ登場するフレデリック・ヴィアルというパリの活動家は、招致に反対して署名や集会などの活動を二〇一六年から展開してきた「二〇二四年オリンピックのパリでの開催反対（Non aux JO 2024 à Paris、以下「Non aux JO」）」というグループのスポークスパーソンだった。しかし二〇一七年九月に招致が正式に決定して以降、「Non aux JO」は実質的な活動はほとんどできなくなっていた。そのためもあってヴィアルは二〇一九年の欧州議会選挙と二〇二〇年の統一地方選挙に出馬し、そちらにエネルギーを注いだ（がどちらも落選する）。そのためスポークスパーソンを欠いた「Non aux JO」はますますグループとして活動できなくなる、という悪循環が続いた。そして先に引いたボイコフのインタビューで言及される「サッカージュ二〇二四（Saccage 2024）」というコレクティブが誕生すると、ヴィアルを含む「Non aux JO」はいわば「吸収合併」される格好となる。その後はサッカージュ二〇二四が、フランスでただひとつオリンピック反対活動を継続する集団であり続けている。

サッカージュ二〇二四には二〇二〇年一一月一七日という公式な誕生日があり、この日付はパリの反オリンピック闘争が環境闘争から生まれたことを示すものとなっている。そのことを理解するために、ここでしばしオリンピックとパリを離れ、フランスにおける二〇一〇年代の環境闘争を振り返ることにしよう。

＊
＊
＊

二〇二〇年一一月一七日に起きたのは、環境にとって有害となりうるフランス各地の整備計画に反対する「世界の再汚染に抗う行動（Agir contre la réintoxication du monde）」と名づけられた同時行動であった。このような試みが自然発生的に生まれることはもちろんない。この日の全国同時行動は、ブルターニュ半島の南東に位置するノートル＝ダム＝デ＝ランドという小村から呼びかけられ、長い時間をかけて準備されている。

　二〇一〇年代半ばをフランスで過ごして、ノートル＝ダム＝デ＝ランドの地名を耳にしたことがない者はいないはずだ。「エコロジーのラディカル化、ラディカリズムのエコロジー化」と言われる現象は、この時期この小村において決定的になった。それがどれくらいラディカルであったかは、数字である程度把握できるかもしれない。フランス各地からノートル＝ダム＝デ＝ランドに集まった人々と警察の対立が二〇一八年四月に激化すると、ヘリコプター一機と三〇〇〇名の治安部隊が連日動員され、一〇日間で催涙弾八〇〇〇発、閃光手榴弾三〇〇〇発が使用された、とのことである。[*17]

　かつてノートル＝ダム＝デ＝ランドに空港建設計画が持ち上がったのは、成田空港の計画とほぼ同時期のことだった。そして成田空港同様、地元農家の激しい反対にあった。その後紆余曲折を経て成田空港は開港したが、グラン・ウエスト空港の計画は数十年におよび凍結状態となる。

ところで、欧州でもっとも利用者の多い空港は、ロンドン（ヒースロー）、パリ（シャルル＝ド＝ゴール）、アムステルダム（スキポール）と狭い範囲で三角形を形成している。大西洋に面したブルターニュ地方に国際空港を作れば、こちらに北米と欧州を結ぶ路線をいくつか就航させされる。それによって三角形上空の混雑を緩和できる。気候変動が進み、ケロシンの温室効果が周知されるようになった二一世紀に入ってグラン・ウエスト空港計画案が再浮上した理由のひとつは、このようなものだったのである。

一九六〇年代から存在しているグラン・ウエスト空港建設計画は反対運動のためになかなか進まなかったが、ニコラ・サルコジが大統領に就任すると大きく動きはじめる。二〇〇八年に公益宣言（déclaration d'utilité publique）が出されると、同年末に業者の公募（appel d'offre）がやり直され、二〇一〇年一一月になると公開意見聴取（enquête publique）が行なわれた。

「抵抗する住民たち（habitant-es qui résistent）」の名義でノートル＝ダム＝デ＝ランドの「長期整備区域（Zone à aménagement différé）」の占拠を訴える呼びかけが発表されたのは、公益宣言が出された二〇〇八年のことである。翌二〇〇九年には、コペンハーゲンで開催された第一五回気候変動枠組条約締約国会議こと「COP 15」で、気候運動史に残る重要な動員が見られた。その数ヶ月前に行なわれたフランス初の「気候アクションキャンプ（Camp for Climate Action）」の「キャンプ場」となったのが、ノートル＝ダム＝デ＝ランドだったのである。そして前年に発表された「抵抗する住民たち」の呼びかけに応えて、同地の空き家などに住み続けることをキャンプ参加者の一部が決めた。こうしてフランスで「ZAD＝守るべき土地（Zone à défendre）」が誕生したのである。

もともとZADとは、「長期整備区域」と日本語に訳される「Zone d'aménagement différé」という行政用語の略語である。ノートル＝ダム＝デ＝ランドの空港計画反対者たちはこの略語を流用して、「守るべき土地」という意味になる「Zone à défendre」という新語を生み出した。二〇二四年現在、ラルース仏語辞典（電子版）で「ZAD」と引くと出てくるのは、長期整備区域ではなく「守るべき土地」の解説の方であり、用語のレベルでもすでに逆転している。簡潔にして要を得た解説になっているので、ここにそのまま訳出しよう。

不要で、巨額の費用がかかり、環境および地元の住民にとって有害となる可能性があると考えられる整備計画に反対するため、活動家たちによって占拠される空間。農村部にあることが多い（この語法は、長期整備区域［Zone d'aménagement différé］の略語ZADの流用である）。*18

ここで言われているように、ZADの定義のひとつは「活動家たちによって占拠される空間」であるということだ。ある土地は、占拠されてはじめてZADとなる。たとえば第二章で触れた「ゴネス三角地帯を守るコレクティブ（Collectif pour le Triangle de Gonesse）」による「ヨーロッパシティ」への反対運動は、陳情・署名・裁判などを地道に進めてきた。ヨーロッパシティ計画が白紙になってグランパリ・エクスプレス一七番線のトリアングル・ド・ゴネス駅の廃止が運動の目的となると、そこに戦闘性の高い勢力が合流した。そして二〇二一年二月の厳寒期に、畑の真ん中に小屋を建て共同で寝泊まりする占拠闘争がはじまった。ゴネスの闘争はそのときをもってして「公式に」ＺＡＤとなったのである。

つまり占拠闘争が行なわれないのにＺＡＤを名乗ることは「できない」。これにはノートル＝ダム＝デ＝ランドの空港建設計画反対運動が、土地の占拠を明言したときにはじめてＺＡＤを称するようになった、という経緯がかかわっている。

スクウォットの延長にあるＺＡＤの戦術は、ほぼ全生活を闘争にコミットさせる戦闘性の高い構成員がいなければ実行できない。言い換えれば、ラディカルな構成員を必要とする闘争のみがＺＡＤの戦術を採用する、ということだ。実は都市部に近いＺＡＤでは、たまに来て寝泊まりするといったゆるいコミットメントも可能である。けれどもノートル＝ダム＝デ＝ランドの「ザディスト（zadistes）」たちの生活はそんなに悠長なものではない。ここのＺＡＤの自律性の強度を支えたのは、そこで営まれる生産生活だ。パン、牛乳、ビール、卵、野菜、薬草から住居、倉庫、図書室にラジオ、ウェブサイト、書物まで。資本や国家からの自律、あるいはその達成は難しくてもそう指向することが、ＺＡＤをＺＡＤたらしめているのだ。人類学者デヴィッド・グレーバーは、チアパスのサパティスタ民族解放軍やロジャヴァ（シリア領クルディスタン）の民主的連邦主義とノートル＝ダム＝デ＝ランドのＺＡＤを比較して「ずっと小規模な経験ではあるが、ヨーロッパのど真ん中でも自律的空間を生みだせることを教えてくれた」[*19]と記している。

ZADのもうひとつの定義は、環境破壊に対する闘争であるということだ。この側面を欠いた自律主義的占拠がZADを名乗ることはなく、その場合は普通スクウォットと呼ばれる。各地のZADやスクウォットは往々にしてつながっていて人の行き来も活発だが、ZADの多くは戦術の多様性を採用するので、そこからスクウォットと呼ばれる空間との社会学的差異が発生する。ZADには政治家、組合、非政府組織、研究者、それにもちろん一般市民まで、多種多様な属性の人々がさまざまなかたちで出入りする。こうした社会学的特性から生まれたのが、ノートル＝ダム＝デ＝ランドで使用され、以後フランスの政治闘争一般で使われるようになった「コンポジシオン（composition）」という概念である。一言であらわすなら、目的（＝空港建設の阻止）を共有する、社会学的、イデオロギー的そして戦術的に一枚岩ではない多様な人々の集合、とでもなるだろうか。一方で、「コンポジシオン」の批判者によれば、「内部対立や矛盾を表出させないための魅力的な言葉づかい」[*20]ということになる。

このような辛辣な評が出てくることからも分かるように、ノートル＝ダム＝デ＝ランドには「いろいろあった」。しかし「いろいろあった」にもかかわらず、ノートル＝ダム＝デ＝ランドのZADがフランスの環境闘争を一変させる影響力を持つようになったのは、何といってもここの闘争が勝利を収めたからである。二〇一八年に空港建設計画が断念されるとZADの正当性は一気に高まり、「エコロジーのラディカル化、ラディカリズムのエコロジー化」が進む。ノートル＝ダム＝デ＝

ランドは「place to be」となり「各界のスター」が馳せ参じ、関連書籍も続々と刊行される。

「あらゆる場所にZADを（ZAD partout!）」のスローガンは二〇一〇年代後半に最高潮に達する。ところでこの間、ノートル＝ダム＝デ＝ランドから三〇〇キロ以上離れた首都でも「不要で、巨額の費用を要し、環境（……）にとって有害となる（……）整備計画」が進行していた。オリンピックの招致である。

あらためて確認しておこう。オリンピックとは一万人以上のアスリート、ボランティアや警備を含めるとその数十倍となる大会スタッフ、数万人のメディア関係者、そして数百万の観客を一都市に集めて、二週間で三〇〇以上の種目を消化するメディアイベントだ。このような特殊な機会に要求される施設は、平時に都市が必要とするインフラとは根本的に異なる。この明白な事実を美化するために二一世紀に入ってからさかんに用いられるようになったのが、「レガシー」というレトリックだ。

二〇二〇／一年東京オリンピックのために建設された新国立競技場のような、オリンピック規模のイベントでもなければどうしても持て余してしまうレガシーは「白い巨象」と呼ばれる。その存在が一気に表面化したのは、二〇〇四年のアテネ大会だった。アテネ以前の大会に「白い巨象」たちの存在が確認されなかったわけではない。しかし二〇一六年に公開されたギリシア人映画監督、ソフィア・エグザルコウのデビュー作『Park』（日本未公開）がフィルムに収めたアテネの都市にちらばる廃墟は、空前絶後の規模である。壊れたプールや荒れた競技場に集う、財政危機以降のギリシアを生きる若者たちの姿を通して、オリンピックとは何だったのかが問われるのだ。オリンピックを推進する勢力は、小国ギリシアの特殊性をあげつらう。しかし程度の差こそあれ、「白い巨象」の出現しないオリンピックなどない。その構造的な原因は、一万人以上のアスリート（以下略）を集めるイベントの規模である。そして大会の規模を縮小するインセンティブは、いまのところIOCに確認されていない。

パリ大会はこうした批判を招致段階から織り込んで、これまでの大会とはまったく異なる、と主張してきた。アテネやリオや東京と一緒にしてくれるな、といった無礼千万な表現が表立って使用されることこそないが、要はそういうことである。

たしかに、スタッド・ド・フランスをメイン会場にするなど、パリ五輪では既存設備の利用が目立っている。組織委が馬鹿の一つ覚えのように繰り返す「大会会場の九五パーセントは既存・仮設の施設」との謳い文句は、まったく根拠を欠いているわけではない。けれどもこのレトリックは、パリ五輪の「レガシー」のほとんどが「大会会場」ではない、という事実を（もちろん意図的に）見えにくくしているのだ。

パリでは組織委員会とは別に、オリンピック会場建設公社（以下SOLIDEO）という公社が設立された。これは二〇一二年ロンドン大会のオリンピック提供庁（Olympic Delivery Authority）に範をとった「レガシー創造」に特化した団体であり、総予算四四億ユーロの九割以上が公共支出となっている。SOLIDEOの公式ウェブサイトを見ると、六二件ものオリンピック関連工事があり、うち二九件でSOLIDEOが建築主となっている。[*21]

同サイトが二〇二三年まで掲載していた「建設地図（carte des ouvrages）」には、「大会会場」「練習施設」「インフラ」「整備工事」が載っていた。[*22] そのうち、「大会会場」は九箇所しかなく、四つの区分のなかで最小となっていた。ほかの内訳は「練習施設」が一九、「インフラ」が二〇、「整備工事」が一三だ。第二章で取り上げたプレイエル地区高速道路インターチェンジ（IC）は「インフラ」、選手村とメディア村は「整備工事」に分類されていた。パリ五輪組織委が「大会会場の九五パーセントは既存・仮設の施設」と繰り返すとき、「大会会場」に分類されない計五二件の工事はそこに含まれていないのだ。

「練習施設」に分類される工事のなかでも三〇〇〇万ユーロと予算が大きいのが、サン＝ドニ市に隣接するオーベルヴィリエ市の「フォール・ドーベルヴィリエのアクアティックセンター（Centre Aquatique du Fort d'Aubervilliers）」である。オリンピック会場となるサン＝ドニ市のオリンピックアクアティックセンターほどではないが、地域住民のための一般的な水泳施設よりはるかに大がかりなもので、将来的に採算の取れない「白い巨象」となる可能性は高い。そしてその建設のために労働者菜園の一部が破壊されることが明らかになり、パリ五輪関連工事のなかで最大の抗議運動が起こったのである。そこでZADの戦術が採用され、オーベルヴィリエの労働者菜園防衛闘争は「守るべき菜園（Jardins à défendre）」を略してJADと称するようになったのだ。

見方を変えれば、二〇二〇年になってオーベルヴィリエで菜園破壊に反対する運動が起こるまで、「あらゆる場所にZADを！」の声がオリンピックに向かうことはなかった、ということでもある。ノートル＝ダム＝デ＝ランドの空港反対闘争の勝利によって、フランスのエコロジストたちは「いま・ここ」にある具体的な整備計画と戦う方向にどんどん舵を切っていった。この時期、たとえばCOP開催地に集うといったグローバルな指向は急速に求心力を失い、「地域闘争（luttes locales）」がエネルギーを引き寄せるようになったのである。この流れのなかで、オリンピックと地域闘争はなかなか結びつかなかった。まったく接点がなかった、と言っては嘘になるので、先述のゴネスの運動とパリ五輪反対グループの間にあった連帯について記しておきたい。たとえばゴネスの運動を主導したベルナール・ルーは、「Non aux JO」のフレデリック・ヴィアルが監修した『二〇二四年パリ五輪：奇跡か蜃気楼か？（*Paris JO 2024 : miracle ou mirage ?* : 未訳）』という書籍に寄稿している。また「ゴネス三角地帯を守るコレクティブ」が主催するイベントには例年「Non aux JO」が招待されていた。こうした連帯はオリンピックの招致段階から存在していたのだが、ある時期まではきわめて限定的だったのである。

転機はコロナウイルスが猛威を振るう最中に訪れた。二〇二〇年夏にロックダウンが徐々に解除され「コロナ以前の世界」の回帰が見えてきた頃、「不要で、巨額の費用を要し、環境（……）にとって有害となる（……）整備計画」に対する地域闘争の同時多発行動を起こそうという呼びかけがノートル＝ダム＝デ＝ランドから発せられた。第二次世界大戦中にナチスへの抵抗を訴えた呼びかけにちなんで六月一七日という日付が選ばれ、この日が「世界の再汚染に抗う行動（agir contre la réintoxication du monde）」を名乗る同時行動の「第一波」となる。そしてフランス各地で五〇以上のデモ、集会、工事現場の妨害などが行なわれた。

その後数ヶ月おきの「一七日」に全国同時行動が組織され、二〇二一年九月一七日の「第四波」までこの試みは続いた。その「第二波」に当たる二〇二〇年一一月一七日に、サン＝ドニ市とサン＝トゥアン市のオリンピック関連施設を訪れる「有毒ツアー（Toxic Tour）」が敢行される。「一七日行動」のウェブサイトでは「二〇二四年オリンピックに反対してセーヌ＝サン＝ドニで行なわれた「有毒ツアー」に約一〇〇名が集まり、インフラによって荒廃した会場予定地をたどった。呼びかけ文にはセーヌ＝サン＝ドニおよび近辺の二三の賛同団体が署名している」[*23]と紹介されている。このツアーのオーガナイザーらが、以後「サッカージュ二〇二四」と名乗るようになった。

「Saccage」というフランス語を他言語に翻訳するのはことのほか難しいのだが、「略奪する、無茶苦茶に破壊する、台無しにする」といった意味合いである。サッカージュ二〇二四は複数のコレクティヴの連合するコレクティヴとして結成され、当初のコンポジシオンは以下であった。プレイエルＩＣやメディア村といったオリンピック関連工事に個別に反対する地域闘争グループ、二〇一九年になってフランスで急速に勢力を拡大した、エクスティンクション・レベリオン[*24]やユース・

フォー・クライメート[25]といった国際的に展開する気候運動の地域支部、そしてパリへの五輪招致に反対していた「Non aux JO」。

サッカージュ二〇二四の誕生後すぐに、このコンポジシオンは「反オリンピック」なのかどうかという問いをめぐって激しく対立することになった。結果だけを記しておくと、「不均質性」を保ったうえでの「いくつもの運動の漸次集合」は長く続かず、オリンピック自体の批判を拒否した構成員は徐々にサッカージュ二〇二四から離脱していった。残ったサッカージュ二〇二四のメンバーはこの経緯について、ある雑誌で以下のような「公式見解」を表明している。

当初は、その名称が示すとおりオリンピックというイベントに原則的に反対する「Non aux JO」の方針に、皆が賛同することはありませんでした。けれども、私たちはコレクティブ連合から、オリンピック全般に反対する運動へと進化していきました。それは二〇二一年九月のことだったと思います。思考と行動を重ねて、私たちは新たなアイデンティティを獲得したのです。二〇二二年五月二一日、二二日にパリ第八大学で開催された国際集会で、この転換は決定的なものとなりました。[26]

言い換えれば、二二年五月の反五輪国際集会に集った他国からのゲストの助けがなければ、オリンピック反対派がコレクティブ内でコンセンサスを得ることはなかった、ということである。この国際集会には活動家だけでなく、ジュールズ・ボイコフ、関西大学の井谷聡子、当時ローザンヌ大学に在籍していたスヴェン・ダニエル・ウルフといった研究者も参加した。彼ら彼女らとの対話がサッカージュ二〇二四の「路線変更」に大きな影響を与えていることは、言うまでもない。

オーベルヴィリエの労働者菜園の防衛闘争が占拠戦術を採用してJADとなったのは、この反五輪国際集会の一年前のことだ。つまりサッカージュ二〇二四がまだ「不均質性」を保ち、内部に矛盾を抱えていた時期にあたる。防衛闘争を主導した菜園利用者、ドロレス・ミジャトビッチがサッカージュ二〇二四に合流したのは、結成まもない二〇二〇年末のことだった。二〇二一年に入ると、サッカージュ二〇二四のエネルギーのほとんどが菜園の占拠に注ぎ込まれるようになった。そしてオーベルヴィリエの労働者菜園は、オリンピック開発絡みで誕生した唯一のZADとなったのである。

なぜ「オリンピックZAD」はオーベルヴィリエの菜園だけに生まれたのか？　タイミングと場所、という非政治的な要因も大きい。たとえばプレイエル地区の高速道路IC建設現場で、小屋を作って寝泊まりすることはできない。「あらゆる場所にZADを！」とは言うが、あらゆる場所がZADに適しているわけではない。対してオーベルヴィリエの労働者菜園は、地下鉄七番線フォール・ドーベルヴィリエ駅から徒歩一分の距離にある七ヘクタールにおよぶ菜園で、交通の便はすこぶるよい。菜園であるから当然水道が通っている。寝泊まりに耐えられないこともない物置小屋もある。ガスボンベを持ち込んでキッチンを、シンクと雨水を溜める樽をホースでつないで流し台を、寝袋とテントを持ち込んで寝床を、大鋸屑《おがくず》を持ち込んで「バイオトイレ」を作れば、JADの完成である。

タイミングについては、JADの計画が具体化したのが春だったことはきわめて重要である。厳寒期に決行された前述のゴネスのZADでは、寒さが大きな問題となっていたのである。

しかし立地とタイミングが揃えばZADの一丁あがり、というわけにはもちろんいかない。ZADのような自律主義的戦術は、それを育むコンポジシオンによってはじめて可能となるのだ。

オーベルヴィリエの菜園の破壊は、JADに集ったコンポジシオン全体によってオリンピックと結びつけて考えられていたわけではない。さらに言えば、JADはプールの建設に反対することすらも最後までなかったのである。それは、菜園を破壊した場所に作られる施設が、プールではなく付属施設のソラリウム（日光浴室）だったためである。そのため菜園防衛闘争は、菜園を潰す場所に予定されていた施設をなくすよう、建設計画の撤回ではなく修正を求めたのである。その要求の妥当性・有効性は、JADの強制退去後に法廷で示された。

JADの終わりには二〇二一年九月二日という明確な日付がある。この日の早朝に警察が来て、寝泊まりしていた数名の「ジャディスト」たちを逮捕した。その数時間後に菜園にブルドーザーが突入し、イチジクの木を根こそぎにしたのである。

JAD、つまり菜園の占拠はこのときに終わった。けれども防衛闘争も一緒に終わったわけではなかった。二〇二一年秋以降工事は着々と進行し、菜園はどんどん破壊されていったが、ドロレス・ミジャトビッチをはじめとする「元ジャディスト」たちは諦めなかった。旧菜園にコンクリートが流し込まれる寸前の、取り返しがつかなくなるギリギリのタイミングで、パリ行政控訴院が二〇二二年二月一〇日に工事計画の見直しと菜園の復旧を命じたのである。この判決が出たのは、ブルドーザーが土壌をめちゃくちゃに掘り返したあとのことだった。

この勝利はもちろん重要である。けれども批判をソラリウムに絞れば、プール建設を足掛かりに進められるこの地域のジェントリフィケーションを批判する回路は失われる。そしてオリンピックに関連する各地の「不要で、巨額の費用を要し、環境（……）にとって有害となる（……）整備計画」への反対運動との連帯も不可能となる。

菜園防衛闘争のカッコつきの暫定的「勝利」は、行政との妥協点を見つけてそこを突いていく、現実的な方法がもつ一定の有効性を示した。それには射程の限定という代償がともなう。けれどもそのような路線を採用しても、JADでオリンピック批判が封じられることはなかった。

これは戦術のラディカリズム（＝ZAD）がコンポジシオンのラディカリズムを要請し、それによってラディカルな主張（＝オリンピック反対）も受け入れられる、という当たり前の話である。JADがはじまる前に、「菜園さえそのままにしてくれるなら、オリンピックに文句なんてない」と菜園利用者の一人は筆者に語っている。仮に彼女の主張がコンポジシオンによって「指令語（mot d'ordre）」として受け入れられていたなら、おそらくJADは不可能だっただろう。そしてそれはそっくりそのまま、メディア村建設予定地にZADができなかった理由ともなっている。ノートル

＝ダム＝デ＝ランドのＺＡＤがそうであったように、ＪＡＤも「意見の異なる人々が相互に依存しているコレクティブ」であった。[26] 対してメディア村反対運動では、オーガナイザーの意に反する横断幕を持ち込めば激しく非難された。ＺＡＤのような自律主義的戦術を生むコンポジシオンもあれば、絶対に生むことのないコンポジシオンもあるのだ。

３-３．環境闘争のオリンピック否認

「オリンピックＺＡＤ」がオーベルヴィリエの菜園だけに生まれた理由は、それを可能としたコンポジシオンに求められる。決定的となったのは、菜園防衛闘争を主導したドロレス・ミジャトビッチが、「Non aux JO」のメンバーや自律主義者らを含むラディカルなコンポジシオンを受け入れたことだ。対してメディア村への反対運動を主導したＭＮＬＥは、フランス共産党の影響下でオリンピックを擁護するため、「意見の異なる人々が相互に依存しているコレクティブ」を受け入れることができなかった。

ＺＡＤ以降、当局から「エコテロリスト」呼ばわりされるようになったラディカルなエコロジストたちにとっても、パリ郊外の労働者菜園は「守りがいのある」土地であった。単にセーヌ＝サン＝ドニ県に残されている数少ない貴重な緑地というだけではない。一世紀以上におよびパリ郊外の労働者たちによって耕されてきた歴史は、ずっしりと重い。イチジクやリンゴの木が実をつけ、ハ

リネズミがちょこまかと動き回る菜園の方が、芝生の広がるレール・デ・ヴァン公園よりもはるかに「守りたい」という気にさせることについては、掘り下げて論じるまでもないだろう。

オーベルヴィリエの菜園は「労働者菜園(jardins ouvriers)」である。近年フランスの都市部では「共有菜園(jardins partagés)」と呼ばれる、自治体の所有地を市民団体に貸し出して維持される菜園が「流行」している。その大まかな仕組みは労働者菜園も同じである。オーベルヴィリエの場合、菜園利用者は自治体(=オーベルヴィリエ市)と提携する市民団体に加盟し、年間数十ユーロをその市民団体に支払って菜園の利用権を得ている。では「労働者菜園」と呼ばれる菜園は、パリ市内にも数多く存在する「共有菜園」と何が違うのか? まずは歴史、次に目的、最後に利用者である。

労働者菜園は一九世紀末に、ルミール神父という聖職者によって創設された。その目的は、土と緑に接する機会と食料を生産して食費を浮かす手段を、産業革命期の労働者たちに与えることだった。数十名の労働者がある程度の量の野菜を育てるのだから、こうした労働者菜園は工業地帯のそばに、それなりの面積を有していることがほとんどである。七ヘクタールにおよぶオーベルヴィリエの労働者菜園は、典型的なそれと言えるだろう。花なども植えられていないわけではないが、現代でもキャベツやポロネギといった実用的な作物が主流である。対して一九九〇年代から広まった共有菜園は、地価の高い都市部にあることが多い。そのため概して面積は狭く、食料生産というよりは「土いじり」が目的とされている。結果、利用者の多くはブルジョワ・ボヘミアンを略して「ボボ」と揶揄される中産階級の白人となる。その典型は、パリ一六区にある現代美術館、パレ・

ド・トーキョーに隣接する、ロベール・ミランというアーティストの「作品」でもある「住民の菜園（jardin aux habitnats）」に求められるだろうか。

それに対し、労働者菜園にはその起源からして資本主義からの相対的自律という側面がある。貨幣経済に回収されない食料生産は、それだけですでに反資本主義的な実践である。そのような場が破壊されるとなれば、ZAD以降のラディカルなエコロジストたちがその防衛闘争に加わらない理由を探す方が難しいだろう。つまりオーベルヴィリエのJADには、労働者菜園であったがゆえにJADとなりえた、という側面も大いにあるのだ。

そしてJADというラディカルな戦術がとられたことで、メディア村やプレイエルICでは不可能だった「反オリンピック」というラディカルな主張も包摂された。サッカージュ二〇二四はJADの闘争に積極的に加わることで、「ジャディスト（jadistes）」のリクルートに成功している。JADでサッカージュ二〇二四に出会い、オリンピックの問題を知った人たちがコレクティブに合流し、以後主戦力となっていったのだ。

ここまで、「エコロジーのラディカル化、ラディカリズムのエコロジー化」という大きな傾向を背景に、フランスでオリンピックへの反対が環境闘争で弾みがついた力学を、コンポジシオンに着目して社会学的に確認してきた。それに加えて、環境にやさしいオリンピックというものが原理的に存在しえない、という理論的な側面も指摘できる。労働組合や人道主義団体は、オリンピックによる労災や強制退去を問題にする。しかしこうした組織が、オリンピックは不可避的に労働環境の悪化や人権侵害をともなう、とまで論を進めることはない。その代わりに、実際に存在したことはないが理論上は不可能ではない、社会的理想を実現させるオリンピックが到達すべき目標として設定され、そこに近づこうとする努力が奨励される。フランスの労組が組織委員会と締結した「社会憲章」、ならびに七二の人権団体などが署名した「メダルの裏側」の声明は、そのような趣旨となっている。

それに対して、オリンピックによる環境破壊や炭素排出は、大会のあり方を根底から変えない限り緩和することはできない。第二章で参照したマルティン・ミュラー他の『ネイチャー』掲載論文は、一九九二年から二〇二〇年までの全一六大会がすべて、ことごとく、ひとつの例外もなく持続不可能であることを明らかにした。さらにオリンピックは石油や農薬のように、それがもたらす明らかな利便性ゆえに廃絶が困難、といったものですらない。東京オリンピックはエッセンシャルでないと認められたから、一年間の延期が可能となったことを思い出そう。このような使用価値の低いメディアイベントのために一五八万トンもの二酸化炭素が排出されることをパリの組織委員会は認め、そのうえでその数値が「ロンドン大会の五五パーセント」で「史上最高にグリーン」だと自画自賛しているのである。

一五八万トンという二酸化炭素排出量は、モザンビークやフィジーやラオスといった国の一年分を上回る。それが「史上最高にグリーン」だというのなら、オリンピックなど廃止するしかないのでは、と考える人が出てくるのは当然ですらある。スウェーデンの地理学者で気候活動家のアンドレアス・マルムは、SUVのタイヤをパンクさせる直接行動を支持し、その六番目にして最後の理由として「見事なまでに緩和努力のやる気を削いでくれる（supremely demoralizing for mitigation efforts）」ことを挙げている。二酸化炭素濃度がどんどん上がっている世界で、SUVを購入できるような富裕層に目の前で無駄な炭素排出をされると、意気消沈も甚だしい、ということだ。「これほど馬鹿馬鹿しいまでに不必要な炭素排出すらなくせないのだとしたら、ゼロに向かうことなどどうやったらできるだろうか？」[*27]とマルムは続ける。

オリンピックについても同じことが言えるのではないだろうか？　これほどまでに不必要な炭素排出イベントすら止められないのに、この先どうやってより困難な削減策を実現できるというのか？　それともオリンピックの廃止は化石燃料の使用停止よりも難しいとでも言うつもりなのか？

オリンピックが真夏に開催されるのは、IOCに数十億ドルの放映権料を支払うアメリカのテレビ局、NBCがプロスポーツのオフシーズンを希望しているからである。そのために東京大会のマラソン競技は暑さを避けて札幌で開催されたのだが、パリ大会ではそのような懸念は広がらず、酷暑対策が真剣に講じられることはついになかった。朝顔がスタジアム周辺を飾ることも、ボランティアに「かぶる日傘」が配布されることもない。しかし近年はパリでも、熱波に襲われると摂氏四〇度を超えるようになっている。そしてパリの四年後は、他都市を圧倒する天災の数によって地場産業である映画界を支える想像力が育まれた、ロサンゼルスでの開催となる。二〇二八年ロサンゼルス五輪の開会式が例年に比べて二週間ほど早い七月一四日となっているのは、酷暑やカリフォリニアの山火事が懸念されてのことかもしれない。ともかく、私たちが生きている現在は、大気中二酸化炭素濃度が三五〇 ppm はおろか四〇〇 ppm もとっくに超え、夏が来るたびに温暖化関連ニュースが世界中のメディアの一面を飾るようになってすでに久しい、そんな世界である。そのような世界で、あるいはそのような地質時代に、北半球の各地で山火事が猛威を振るい、北極圏の氷が溶けてホッキョクグマが行き場を失い、巨大化する一方のハリケーンやサイクロンや台風が襲ってくる真夏に、一五八万トンもの二酸化炭素を排出する「史上最高にグリーン」な大会を見せつけられるのだ。それもSUVとは比較にならないほど顕示的に。

こうしたパースペクティブからは「どうせやるなら、よりよい大会に」という発想は出てきようがないだろう。ちなみにパリ五輪は「使い捨てプラスチックのない大会」になるとある時期まで盛んに喧伝されていたが、この試みは実は密かに頓挫している。二〇二〇年に可決された「廃棄物との戦いと循環経済に関する法律（LOI n° 2020-105 du 10 février 2020 relative à la lutte contre le gaspillage et à l'économie circulaire）」によって、フランスではスポーツイベントでのペットボトル飲料の無料配布は禁止されている（第七七条）。本来ならばオリンピックも同法の対象となるはずだが、国際競技連盟も大会スポンサー（コカ・コーラ社）もこの条項を不満としたため、食中毒防止やドーピング対策を理由に組織委員会が適用除外を求めたのだ。[*28] しかし結局脱プラスチック大会とはならない、という事実が積極的に広報されることはないのである。

オリンピックとグリーンウォッシングの歴史は長い。「スポーツに関わるすべての選手、個人おおよび組織が、スポーツにおいて、あるいはスポーツを通じた持続可能性に向けて取り組む方法[29]を定めた「アジェンダ21」が採択されたのは、一九九九年にソウルで開かれた第一一〇次IOC総会においてである。しかし当時のグリーンウォッシングはまだまだ牧歌的で、表紙に踊るのは「Published with the support of Shell International（シェルインターナショナルの支援を受けています）」の文字だ。うっかり見落とされないよう、シェル石油のロゴも忘れられていない。その翌年のシドニーオリンピックは「史上最高にグリーンな大会」をアピールする初の大会となった。それ以降はほぼすべての大会が「史上最高にグリーンな大会」を謳っている。ロンドン大会ではBPが「持続可能性パートナー」に就任した。メキシコ湾原油流出事故[30]はロンドン大会のわずか二年前なので、当然物議を醸した。それにもまだ懲りず、二〇一七年にIOCが「オフィシャルカーボンパートナー」に選んだのはダウ・ケミカル社だった。ボパール化学工場事故[31]から三〇年以上経過していたせいもあってか、こちらはそれほど大きな話題とはなっていない。しかし二〇二一年にダウ・ケミカルがひっそりとオリンピック・パートナーの座から降りているのは、グリーンウォッシングに求められる水準もこの間に上がったためであろうか。

リオ、東京、パリと三大会連続で試みられた大がかりなグリーンウォッシングに、オリンピックを契機とする河川や海水の水質改善が挙げられる。リオではコパカバーナとグアナバラ湾、東京ではお台場海浜公園、パリではセーヌ川と、三大会連続で遊泳が禁止されている汚染の激しい水域がトライアスロンやオープンウォータースイミングまたはセーリングの会場となっている。「大会のおかげで泳げる海（あるいは川）を取り戻した」という実績を作るために、わざわざ遊泳禁止水域で開催されるのである。そしてこれまでのところ、オリンピックによる水質浄化はことごとく失敗に終わっている。トライアスロンのテスト大会は本番一年前となる二〇二三年の夏に予定されていたが、セーヌ川の水質を理由に中止となった。労働者が事故死するほど、安全を犠牲にして浄化施設の工事を急いだにもかかわらず、である。

こうしたさまざまなグリーンウォッシングには、環境に配慮した大会にすることを招致委員会に提言してきたフランス・ナチュール・アンヴィロンヌマン（以下FNE、第二章参照）や世界自然保護基金（WWF）などの環境NGOも協力してきた。招致時期にイザベル・オティシエという元ヨットレーサーを会長に据えていたWWFフランスは、招致委員会とパートナー契約まで締結している。さらに二〇二二年にはスポーツ・五輪省と共同で「一五の環境責任アンガジュマンの憲章（la charte des 15 engagements éco-responsables）」を起草している（その後フランス国内のスポーツ連盟を中心に四一団体が署名）。こうした環境団体が「これまでの大会とは違う」という組織委員会の口車にどこまで正当性を与えたかは、今後検証されなくてはならないだろう。オリンピック批判の封じ込めに果たした役割は、決して小さくないかもしれない。

3-4. 温暖化と冬季オリンピック

IOCとフランスのスポーツ関係者、政治家たちは、フランスでオリンピック批判が広がることはない、と認識している。そうでなければ、パリ五輪の閉会式を待たずに二〇三〇年冬季五輪の開催地をフランスに「内定」するはずがないのだ。IOC自身、地球温暖化が進む以上冬季オリンピックの将来が暗いことくらい分かっていて、英語では「The heat is on（これからどんどん暑くなっていく）」、フランス語では「Préparer les hivers de demain（将来の冬に備える）」と題されたテクストを二〇二三年一二月二二日に発表している。その結論は、IOCは気候変動に適応し今後も冬季大会を継続していく、という容易に想像できるものなのだが、そのための困難が率直に記されている点において画期的な内容となっているのだ。「人工雪を作るには水とエネルギーが必要で、そのため資源の濫用につながり、気候変動を悪化させる可能性がある」と、ウィンタースポーツはSUVのごとく温暖化を悪化させる一方で、「地球温暖化のために多くのウィンターリゾート地が、人工雪を作ることができるほど寒冷でなくなっている」[*32]と、ホッキョクグマのごとく脆弱であることが告白されるのである。

地球温暖化対策は「緩和（mitigation）」と「適応（adaptation）」の二つに大きく分けられる。前者は温室効果ガスとりわけ二酸化炭素の排出量削減を目指し、後者はすでに気候変動が進展していることを認めたうえで対策を講じる。緩和でありかつ適応でもある実践には、植林・緑化がある。樹木・植物は光合成により大気中の二酸化炭素を吸収して炭素として蓄える一方、木陰と気化熱によって気温上昇を抑制する。温暖化対策として都市部に街路樹が植えられるのは、主に後者の適応の観点からである。このように緩和と適応の両方に有効な一石二鳥は稀で、多くの対策はどちらか一方に目的が絞られる。この二つの間で板挟みとなるものも少なくない。緩和と適応のジレンマの代表には、冷房が挙げられるだろう。冷房をつければ局所的に暑さに「適応」できるが、二酸化炭素はもちろんその数万倍の温室効果を持つといわれるフロンが排出される。パリ五輪の選手村に冷房が設置されず、アスリートの懸念が報じられているのはそのためである。

それに対してウィンタースポーツすなわち人工雪と気候変動の関係は、ジレンマですらない。人工雪は気候変動を悪化させる。なおかつ適応も難しい。つまり温暖化の加速因でありつつ犠牲者でもあって、植林の正反対なのである。そしてほかでもないIOCが、そのことを前述のテクストで認めているのだ。温暖化対策の観点からは、緩和にとって逆効果でありつつ適応も難しい、なおかつたとえば農産物のようにエッセンシャルでないものは、プラスチックのストローやレジ袋のように前世期の遺物として扱うよりほかない。ヨーロッパで冬季五輪の招致が提案されると、地域の気候運動が反対するようになって久しいのは、まさにそのためなのである。

はたして二〇二三年一一月二九日に「フレンチ・アルプス」が二〇三〇年冬季大会の開催地に「内定」すると、それまで静観していた（あるいは招致について知らなかった）環境団体や気候活動家、そしてもちろん一般市民も速やかに動き出した。内定前の二三年一〇月一二日に『ル・モンド』が、「温暖化という文脈における冬季大会の正当性」[*33]について問う、「二〇三〇年冬季オリンピックへのフレンチ・アルプスの立候補を問う住民投票を求める（Nous réclamons un référendum sur la candidature des Alpes françaises aux Jeux olympiques d'hiver 2030）」と題された意見記事を掲載する。その後一二月に内定が発表されると、さまざまなメディアが住民投票を求める声を続々と伝えた。「フレンチ・アルプス」すなわちオーヴェルニュ＝ローヌ＝アルプ地域圏とプロヴァンス＝アルプ＝コート・ダジュール地域圏の各地では、数々の集会や行動も行なわれる。ノートル＝ダム＝デ＝ランドのZADを局地的な占拠闘争からフランス各地に広げるために生まれ、内務省に解散（dissolution）を命じられた「大地の蜂起（soulèvement de la terre）」という運動も、二〇二三年一二月四日に「二〇三〇年オリンピックに反対するアルプス（Les Alpes contre les JO 2030）」と題されたテクストを発表し「馬鹿げた計画には闘争がつきものだ（aucun projet aberrant ne passera sans luttes）」[*34]と警告する。さらには、パリ五輪の招致委員会に協力してきたFNEのオート・サヴォワ支部およびプロヴァンス＝アルプ＝コート・ダジュール支部も、二〇三〇年冬季五輪に反対することを正式に表明した。FNEオート・サヴォワ支部が二四年二月一九日に発表した声明は「このイベントは私たちの地域の責任あるエネルギー転換を進める方向には行かず、その反対に気候変動と現在の経済モデルへと私たちを追いやった苦境を加速させることになる」[*35]という言葉で締めくくられている。

つまりパリ五輪に賛同していた団体を巻き込むほど、反対運動が広がっているということだ。F

NEがアルプスで見せている動きは象徴的である。大地の蜂起もパリではオリンピックに対して目立った動きを見せていなかったのだが、アルプスでは機動力を発揮し、これから反対運動の主力になっていきそうな可能性すら見せている。オリンピックに反対する機運は、明らかにパリよりもアルプスにおいてはるかに高まっているのだ。

この「パリよりもアルプス」という現象は、大きく三つの解釈が可能である。まずは、いつかオリンピックがなくなるとしたら冬季五輪の方から先に消えるだろう、という広く共有されている見解が挙げられる。次に、冬季五輪が引き起こす問題には、おそらく夏季五輪以上に人々を動かす力があるのではないか、という点。最後に、アルプスへの冬季五輪の招致が決まった二三年秋には、フランスでオリンピック批判がかなりの程度蓄積されていたことも指摘できる。

夏季五輪よりも冬季五輪の方が先になくなると考えられている最大の理由は、もちろん気候変動である。二〇三〇年冬季五輪の有力候補だった札幌での招致反対運動で気候変動に言及されることはほとんどなかったが、これは近年のトレンドにおける例外中の例外である。札幌で温暖化が冬季五輪の争点とならなかったのは、北海道の降雪量は気候変動によってむしろ増えるからである。北極圏の海水温が上昇して水蒸気が増えシベリア上空で延々……といった科学的な説明はほかに譲りたいが、近年北海道で問題になっているのが雪の減少ではなく「ドカ雪」であることは周知のとおりであろう。換言すれば、冬季五輪が存続する以上、ヨーロッパと異なり天然雪に恵まれる北海道はIOCにとって有力な将来の開催候補地であり続ける、ということだ。

翻ってフランスでは、二〇三〇年大会招致に反対する理由のほとんどが気候変動である。そうした批判に対して冬季五輪を擁護するために、「五つの大陸の団結」を「同じ大きさの結び合う五つの輪」[*36]で表象する、オリンピックムーブメントの普遍性・国際性を持ち出すことはできない。冬季五輪に参加する国と地域は夏季五輪の半分ほどで、アフリカ大陸はほぼ蚊帳の外だからだ。さらに言えば、冬季五輪の種目の多くは経済力がなければ上達できないもので、要は「金持ち向けのスポーツ」である。スキーやフィギュアスケートといった競技で、階級差別を含む「いかなる種類の差別も受けることなく、スポーツをすることへのアクセス」[*37]を保証するのはきわめて困難である。つまり冬季五輪の社会的正当性は夏季五輪よりもずっと低いということだ。そのことは、夏季大会より冬季大会の視聴者が少ない理由のひとつでもあるだろう。そのため広告・メディアビジネスとしての価値も冬季大会の方が低い。この点も、いずれオリンピックが消えるとしたら冬季から先に消えるだろう、と考える有力な根拠となっている。

次に、冬季五輪に影響を受ける地域は主として山岳部である。二〇一八年の平昌オリンピックでは、カリワン山の原生林が伐採されてアルペン競技場が整備された。二〇二六年に予定されているミラノ・コルティナ・オリンピックではボブスレー会場新設にともなう環境破壊に抗議運動が起こり、ボブスレー競技のみイタリア国外（オーストリアのインスブルック、アメリカのレイク・プラシッド）で開催する提案が出てきている。しかしイタリア政府がその申し出を却下し、本書執筆時においてボブスレー会場新設に反対するＩＯＣと対立している。

山岳部の自然の尊さは、ほとんど自明である。オーベルヴィリエの労働者菜園を防衛するために人々が集った大きな理由のひとつは、その「守りがい」であった。山についても同じことが言える。あるいはアルプスの大自然がもつ「守る気にさせる力」は、都市部の数ヘクタールの菜園よりもはるかに強いだろう。

ノートル＝ダム＝デ＝ランドのZADには多くの知識人・研究者が訪れているが、なかでも「ザディスト」たちと強い信頼関係を築いたひとりにクリスティン・ロスというアメリカの比較文学者・フランス文化研究者がいる。ZADや三里塚、大地の蜂起を取り上げた『コミューンのかたち（La forme-Commune：未訳）』という二〇二三年にフランスで出版された書物のなかで、ロスは興味深い闘争論を展開している。「抵抗（résistance）」と「防衛（défense）」を対比させ、後者の方に分があると論じるのだ。

抵抗は、戦闘をすでに行なわれたものと仮定し、すでに敗北していること、相手の側に認める巨大な力に対して絶望的に抗うことしかできないことを意味する。それに対し防衛は、自分たちの側にすでに何かがあること、愛し慈しむものがあること、それはそのために戦うに値するものであることを意味するのである。[*38]

これは、オリンピックの廃絶を求める運動がいまひとつ盛り上がらない理由の、実に的確な指摘となっているのではないだろうか。ロスがこの本を著したとき、オリンピックが彼女の頭を占めることなどまったくなかったはずだが、そんなことなどどうでもいいほど有益な洞察である。そしてサン＝ドニのジェントリフィケーションへの「抵抗」よりも、アルプスの山々を「防衛」しようとする動きの方が活発であることとの完璧な説明にもなっている。私たちの愛する山はまだ破壊されていない。そしてそれは守るに値するものだ。「防衛の身振りは価値を宣言することではじまる」[*39]とクリスティン・ロスは書く。しかしサン＝ドニのガス工場跡地やフランス電力の発電所跡地などに対して、このような感情を抱くことは至難の業であろう。選手村の建設が近隣住民にとって何を意味するのかを理解したとき、人々は動き出したが、そのときにはその身振りはオリンピックに対する「抵抗」とならざるをえなかった。ロスによれば、抵抗には「国家にアジェンダを決めさせる」[*40]ことが含まれる。それゆえ絶望的な戦いとなり、個人の貴重な時間や資源を使って戦うに値する闘争であると信じることは、多くの人々にとって難しいものとなる。

他方「防衛」にも限界はある。このままいけば、二〇三〇年冬季五輪はフレンチ・アルプスに決定する。そうなればアルプスの山を守る戦いは、IOCをはじめとする「巨大な力」を持つオリンピック機械への「抵抗」にいずれは変容せざるをえない。「抵抗」が忌避されるならば、「防衛」が不可能となった時点で戦いは放棄されることになるだろう。

サッカージュ二〇二四がオリンピックへの「抵抗」をやめることなく、行動や言説を蓄積し続けたことは、アルプスの「防衛」がパリのときよりも速やかに動き出せた大きな理由のひとつとなっているのではないか？　アルプスの「防衛」を主導するＮＯ ＪＯ（オリンピックにＮＯ）というグループのウェブサイト[*41]は、サッカージュ二〇二四のテクストを数多く転載している。その事実からも、パリからアルプスに闘争が継承されていることは明らかである。ＮＯ ＪＯの初動段階にサッカージュ二〇二四は深く関わっており、共同行動も重ねている。つまりここで観察できるのは、誰かの絶望的な「抵抗」がのちに続く別の誰かの「防衛」に資している、ということなのだ。そこから、次のように指摘できるのではないか。クリスティン・ロスの分析は見事ではあるが、「抵抗」を捉える視野が狭すぎるかもしれない、と。誰かが何かに「抵抗」するとき、その目標は目の前の「巨大な力」を持つ敵をその手で倒すことであるとはかぎらない。その「抵抗」によって「レガシー」を残し、来るべき「防衛」に貢献することが目指されているかもしれないのだ。

二〇二二年の五月にサッカージュ二〇二四が組織した国際集会に参加したジュールズ・ボイコフは、パリ滞在中に米『ジャコビン』誌に報告を寄稿している。この記事は、フルーヴと名乗るサッカージュ二〇二四のオーガナイザーの次の言葉で締めくくられる。「私たちがパリでオリンピックを止めるまでには至らないでしょう。でも私たちはオリンピックが別の都市で、別の誰かを傷つけることがないよう、戦いを続けるのです[*42]」。

二〇二二年にこう発言したとき、まさか二〇三〇年の冬季オリンピックがフランスに来ようとは、フルーヴは思ってもいなかったはずだ。しかし彼女の「抵抗」は自身が思っていたよりもずっと早く、フランスで次につながることになったのである。

注

＊1　当該社会憲章のは、国際労働機関（ＩＬＯ）のウェブサイトが全文を掲載している。https://www.ilo.org/wcmsp5/groups/public/--europe/--ro-geneva/--ilo-paris/documents/genericdocument/wcms_633182.pdf（二〇二四年四月一一日閲覧）

＊2　Jules Boykoff, *Activism and the Olympics: Dissent at the Games in Vancouver and London*, Rutgers University Press, 2014, p.158.

＊3　Fabien Sabatier, *Histoire des organisations sportives communistes de France au XXe siècle*, Presses universitaires de Grenoble, 2013, pp.115-116.

＊4　Sabatier, *Ibid*, p.116

＊5　Pierre Carrey, « Bernard Thibault : "Le but des syndicats n'est pas de s'opposer aux JO mais de travailler en amont" », *Libération*, le 12 avril 2017.

＊6　小笠原博毅「反東京オリンピック宣言――あとがきにかえて」小笠原博毅・山本敦久編『反東京オリンピック宣言』航思社、二〇一六年、p.253

＊7　*Le Figaro*, « JO 2024 : quatre fois moins d'accidents du travail que sur des chantiers comparables, affirme Bernard Thibault », le 10 décembre 2023.

＊8　*Franceinfo*, « "Pas de retrait, pas de JO" : les opposants à la réforme des retraites veulent faire de Paris 2024 un moyen de pression », le 18 avril 2023. https://www.francetvinfo.fr/replay-radio/le-brief-politique/pas-de-retrait-pas-de-jo-les-opposants-a-la-reforme-des-retraites-veulent-faire-de-paris-2024-un-moyen-de-pression_5750312.html（二〇二四年四月一三日閲覧）

＊9　*Franceinfo*, « "Les JO, ça doit être une fête" : Laurent Berger opposé à toute perturbation durant Paris 2024 », le 17 avril 2023. https://www.francetvinfo.fr/les-jeux-olympiques/paris-2024/les-jo-ca-doit-etre-une-fete-laurent-berger-oppose-a-toute-perturbation-durant-paris-2024_5775941.html（二〇二四年四月一三日閲覧）

*10 David Goldblatt, ‘People Have Always Hated the Olympics’, *Time*, 4 August 2016.

*11 ジュールズ・ボイコフ「反オリンピック」小笠原博毅・山本敦久編『反東京オリンピック宣言』航思社、2016年、p.139.

*12 Anti-Olympics Archive: https://vancouver.mediacoop.ca/olympics.html

*13 Le revers de la médaille, *Lettre ouverte*, le 30 octobre 2023. https://lereversdelamedaille.fr/wp-content/uploads/2023/10/Le-revers-de-la-medaille-Lettre-ouverte-_30_10_23-1.pdf（二〇二四年四月一三日閲覧）

*14 世界の医療団事務所（パリ一一区）での専従活動家と筆者の会話、二〇二四年二月二一日。

*15 Maud Barret Bertelloni, « Jules Boykoff : “Les JO, c’est l’économie du ruissellement inversé” », *AOC*, le 13 janvier 2024. https://aoc.media/entretien/2024/01/12/jules-boykoff-les-jo-cest-leconomie-du-ruissellement-inverse/#:~:text=Je%20dirais%20qu'il%20y,collectif%20Saccage%202024%20%C3%A0%20Paris（二〇二四年四月一三日閲覧）

*16 ジュールズ・ボイコフ『オリンピック 反対する側の論理 東京・パリ・ロスをつなぐ世界の反対運動』井谷聡子・鵜飼哲・小笠原博毅監訳、作品社、二〇二一年。

*17 Morin Kerinec, « Les gendarmes ont déversé une quantité record de grenades sur la Zad de Notre-Dame-des-Landes », *Reporterre*, le 30 avril 2018. https://reporterre.net/Les-gendarmes-ont-deverse-une-quantite-record-de-grenades-sur-la-Zad-de-Notre（二〇二四年四月一三日閲覧）

*18 Larousse, Dictionnaire Français en ligne, « ZAD ». https://www.larousse.fr/dictionnaires/francais/ZAD/188223（二〇二四年四月一三日閲覧）

*19 David Graeber, « Préface » dans Jade Lindgaard (dir.), *Éloge des mauvaises herbes*, Les liens qui libèrent, 2018, p.12.

*20 Anonyme, « Le “mouvement” est mort Vive... la réforme ! Une critique de la “composition” et de ses élites », 2018. https://zad.nadir.org/IMG/pdf/splash.pdf（二〇二四年四月一三日閲覧）

*21 Le site officiel de la SOLIDEO, *accueil*. https://projets.ouvrages-olympiques.fr/（二〇二四年四月一三日閲覧

*22 Le site officiel de la SOLIDEO, *Carte des ouvrages*. https://projets.ouvrages-olympiques.fr/carte-des-ouvrages/ （二〇二四年四月一三日閲覧）

*23 Agir contre la réintoxication du monde, *Retour sur les actions du 17 novembre*. https://agir17.noblogs.org/post/2020/11/17/retour-surles-actions-du-17-novembre/（二〇二四年四月一三日閲覧）

＊24　二〇一八年にイギリスで生まれ世界中に広がった、非暴力市民的不服従を用いる環境運動。フランスでの大きな行動には、ショッピングセンター（Italie Deux）の占拠、資産運用会社（ブラックロック）のオフィスの占拠などがある。

＊25　グレタ・トゥーンベリの開始した学校ストライキに賛同してベルギーではじまり、フランスに波及して先鋭化した気候運動。セルフサービス動力つきキックスケーターの破壊行動などを行なっている。

＊26　Jade Lindgaard, « Introduction : Pour la ZAD et tous ses mondes », dans Jade Lindgaard (dir.), *Éloge des mauvaises herbes*, Les liens qui libèrent, 2018, p.24.

＊27　Andreas Malm, *How to Blow Up a Pipeline*, Verso, 2021, p.92.

＊28　Alexis Danjon, « Le COJOP demande une dérogation pour les bouteilles à usage unique », *L'Équipe*, le 1 avril 2023.

＊29　国際オリンピック委員会　スポーツと環境委員会「オリンピックムーブメンツ アジェンダ21」日本オリンピック委員会訳、一九九九年。https://www.joc.or.jp/assets/pdf/agenda21.pdf（二〇二四年四月一四日閲覧）

＊30　二〇一〇年にBP社の石油掘削施設「ディープウォーター・ホライズン」（ルイジアナ州沖）で発生した、大規模な石油流出事故。

＊31　一九八四年にインドのボパール（マディヤ・プラデーシュ州）で発生したユニオンカーバイド社の化学工場からのガス漏れ事故。二〇〇一年に同社をダウ・ケミカルが買収している。

＊32　Steve Wilson, *The heat is on*, The International Olympic Committee official website, 22 December 2023. https://olympics.com/ioc/opinion/the-heat-is-on.（二〇二四年四月一四日閲覧）

＊33　Collectif, « Nous réclamons un référendum sur la candidature des Alpes françaises aux Jeux olympiques d'hiver 2030 », *Le Monde*, le 12 octobre 2023.

＊34　Les Soulèvements de la Terre Alpins, *Les Alpes contre les JO 2030*, le 2 décembre 2023. https://lessoulevementsdelaterre.org/blog/les-alpes-contre-les-jo-2030（二〇二四年四月一四日閲覧）

＊35　France Nature Environnement Haute-Savoie, *Les JO 2030, KO dès le 1er round*, le 19 février 2024. https://www.fne-aura.org/communiques/haute-savoie/les-jo-2030-ko-des-le-1er-round/（二〇二四年四月一四日閲覧）

＊36　国際オリンピック委員会『オリンピック憲章（二〇二三年版）』「第八章　オリンピックシンボル」日本オリンピッ

ク委員会訳、二〇二三年、p.20。

*37 国際オリンピック委員会『オリンピック憲章（二〇二三年版）』「オリンピズムの根本原則」日本オリンピック委員会訳、二〇二三年、p.9。

*38 Kristin Ross, *La forme-Commune : La lutte comme manière d'habiter*, traduit par Étienne Debonesque, La Fabrique, 2023, p. 72.

*39 Ross, *Ibid*, p.74.

*40 Ross, *Ibid*, p.73.

*41 https://no-jo.fr/

*42 Jules Boykoff, 'The Olympics Are Globally Mobile. Now the Anti-Olympics Movement Is Too,' *The Jacobin*, 24 May 2022. https://jacobin.com/2022/05/anti-olympics-ioc-international-tokyo-beijing-paris（二〇二四年四月一四日閲覧）

第四章　オリンピック要塞都市パリ

4-1. 監視資本主義

近年のオリンピックは、開催国がどこであっても「平時最大の治安維持作戦」となるのを避けられなくなっている。

それ以前と以後でオリンピックの警備体制が大きく変わった転機となっているのが、一九七二年ミュンヘン五輪と、二〇〇一年のアメリカ同時多発テロ事件である。ミュンヘン五輪で発生した人質事件の一因に、選手村の警備の甘さを指摘する声は小さくなかった。それを受けて四年後のモントリオール五輪は「以後オリンピックの規範となる、きわめて大がかりな治安維持作戦が展開された初の大会」[*1]となったと分析するのは、アルバータ大学の社会学者、ドミニク・クレマンである。モントリオール五輪の警備予算は、クレマンの計算によると五二〇〇万ドルとなっており、ミュンヘン五輪の二〇〇万ドルから「劇的に増額」したのだった。

しかし時代は一九七〇年代である。対ミュンヘン比で二五〇〇パーセント増となった警備費の内訳を詳しく見てみると、モントリオール市警の超過勤務手当やカナダ他州から動員された警官の出張経費（交通、宿泊その他）がその大半を占めている。テクノロジーは前面に出ておらず、モントリオール五輪を「監視カメラ（CCTV）が広範に、かつ体系的に使用された初のオリンピック大会」[*2]とする分析はいささか大げさ、とクレマンは論じる。「カナダ連邦警察は監視カメラを一〇数台ほど購入したにすぎず、さらにそれらは警備においてそれほど重要な役割を担ったわけではなかった」[*3]とのことだ。

翻って二〇〇一年のアメリカ同時多発テロ事件以降、オリンピックは最先端の治安維持テクノロジーの見本市という性格ももつようになった。二〇〇二年冬季五輪は、同時多発テロからわずか数ヶ月後に、当時PTSD状態にあった米国で開催されることになっていた。このタイミングで、アメリカ国家安全保障局（以下NSA）が組織的パニックを起こしていたことは想像に難くない。エドワード・スノーデンの告発（二〇一三年）後の世界を生きる私たちは、NSAの監視網の規模を知っている。ソルトレークシティ冬季五輪における大量監視の告発は、監視資本主義が成熟しきった二〇一七年になってようやくトーマス・ドレイクによって行なわれた。この告発は、それがたいして話題にならなかった、という点にこそ注目すべきであろうか。この元NSAの諜報員によれば、NSAは「電子メールやSMSを含む、ソルトレークシティ発、あるいはソルトレークシティに向けられた、事実上すべての電子コミュニケーションを収集・保管」[*4]していたとのことだ。それに対するNSAの言い分は食い違っている。NSAによると、外国のテロリスト集団との関与が合理的に疑われる国際通信に限った監視であった、とのことだ。しかしドレイクの告発ではなくNSAを信じるにしても、スノーデン以前にそんなことが明らかにされていたなら結構な問題になっていたのではないだろうか。

ソルトレークシティから二年後の二〇〇四年アテネ五輪は、オリンピック開催都市が要塞と化した初の事例と分析されることが多い。アテネがオリンピック開催都市に選ばれたのは一九九七年、つまりテロ対策がまだオブセッションとなっていなかった「九・一一以前の世界」のことである。九・一一を挟んで世界は様変わりした。けれどもギリシアのような小国に、様変わりした「世界標準」に短期間で追いつくことはできない。そういうわけで最大の選手団を派遣するアメリカが大規模な介入に乗り出したのである。

エドワード・スノーデンが大量にリークしたNSAの機密文書の一つに「アテネ五輪に向けた信号情報部（SID）のトレーニング（SID Trains for Athens Olympics）」[*5]と題されたものがある。二〇〇三年八月一五日付の同文書には、NSAが八四年ロサンゼルス五輪以降オリンピックへの関与を高め、ソルトレークシティではFBIと共同で「オリンピックインテリジェンスセンター（Olympic Intelligence Center）」を運営し「大会前と開催中に脅威警報と状況認識を提供するため、外国諜報活動と法執行を融合」した、と記されている。そして米国外で開催される二〇〇四年アテネ五輪に向けても、NSAは「国際大会で前例のない、大きな役割を担うことを見越して二〇〇四年の大会に向けて準備中」であり、大会一ヶ月前までに一〇名の分析官が現地に派遣される予定だ、と述べられている。

アテネ五輪を「スーパーパノプティコン」とする、その監視システムの基幹となったのは、NSAから大型契約を受注[*6]する米国の民間軍事企業、SAIC（その後Leidosに改名）社が開発したC4I（Command control communication computer intelligence）システム[*7]だった。「疑わしい隣国」[*8]に囲まれ、「初のポスト九・一一オリンピック」の開催国として信頼されていなかったギリシアは、高額な軍事技術をアメリカに売りつけられる格好となったのである。結果として、アテネ五輪でミュンヘンやアトランタ[*9]（一九九六年）のような惨事が起きることはなかった。しかしその功績をSAIC社のC4Iシステムに帰することはできない、と論じるのはクレタ大学の社会学者、ミナス・サマタスである。サマタスによると、ギリシア政府が二億五五〇〇万ドルも支払ったSAIC社のC4Iシステムには技術的・官僚的問題が相次ぎ、ほとんどなんの役にも立たなかったとのことだ。まずシステム納品が大幅に遅れた。仕様書に問題が見つかっても、SAIC社とギリシャ政府の間で円滑なコミュニケーションはできなかった。そして何よりもC4Iのソフトウェアシステムに相次いだ技術的問題（ソフトウェアとハードウェアのインターフェース不備、八〇人以上が同時にログインするると発生するクラッシュ……）こそが「SAIC失敗の根本的な原因」であった。結果、ギリシア防衛省を中心とする「従来の警備手段」つまり人海戦術がアテネ五輪の警備の中心となったのである。[*10]

最終的にアテネ五輪の警備費用は一五億ドルに達した。これはシドニー五輪の一億七九六〇万ドルから八三一パーセント増となっている。そして外国の軍事関連企業が暴利を貪った「スーパーパノプティコン」は、アテネ五輪が残した最大の「レガシー」となって後続の大会を規定したのだった。

北京五輪を挟みアテネから八年後に開催されたロンドン五輪は、「Olympic Security」という巨大分野の存在を世に知らしめ、この言葉を一般名詞として人口に膾炙させた。警備を受注した世界最大の民間警備保障会社、G4S社が必要な人員を集められなかったため、軍隊が追加動員をかけることになり、同社に賠償金支払いが命じられた顛末は日本語でも詳しく報道されている。オリンピック前から大量の監視カメラが設置され、世界でもっとも監視網の発達した都市のひとつと言われるロンドンは、五輪開催決定直後の同時多発テロ（二〇〇五年七月七日、地下鉄三ヵ所、バス一台が爆破された）を経てその傾向をさらに進めることになった（パナソニックだけで大会に向けて監視カメラを二五〇〇台納入している）。高額の費用をかけて設置された監視カメラが、オリンピック閉幕とともに役割を終え撤去されることはもちろんない。

それから四年後のリオ大会は、過剰な治安維持による人権侵害の横行した大会となり、世界中から批判を浴びた。その実態はアムネスティ・インターナショナルが四言語（英仏西葡）で発表した報告書「大会に暴力はふさわしくない！（Violence has no place in these Games!）」に詳しい。[*11]

二〇二一年に開催された東京オリンピックも、本来ならばこの流れを継承するはずだった。事実、五輪開催を名目に二〇一七年に可決されたいわゆる「共謀罪」法のように、日本社会を不可逆的に変えた「レガシー」もある。二〇一八年になると、大会のゴールドパートナーであるNECの開発した顔認証技術の使用が発表されたが、当時日本でこの技術について議論が活性化することはなかった。サンフランシスコ市が警察その他機関による顔認証技術の使用を禁止するのはその翌年、ショシャナ・ズボフ著『監視資本主義の時代』の日本語訳が出版されて話題になるのは二〇二一年のことである。「東京五輪が初の顔認証導入五輪となる」という重みを受け取める準備は、二〇一八年当時の日本社会にはなかった、と言ってよいだろう。
そしてコロナ禍によって東京五輪の延期が決定すると、顔認証技術を使った体温測定や、防犯カメラによる移動経路の記録・感染者追跡の展望についての報道[*12]が出てくる。最終的に東京五輪は無観客開催となり、こうした一大監視スペクタクルが実行に移されることはなかった。しかし「初の顔認証導入五輪」の足跡はしっかり残されている。以下はシステムを納入したNECによる総括である。

選手やスタッフ、ボランティアなどの全大会関係者を対象に競技会場、選手村、大会関連施設であるIBC（国際放送センター）／MPC（メインプレスセンター）等の入場時における本人確認を行う顔認証システムを納入しました。具体的には、ICチップを搭載したアクレディテーションカードと事前に撮影・登録した顔画像をシステム上で紐づけし、大会会場、施設における関係者エリアの入場ゲートに設置した顔認証装置を用いて、顔とアクレディテーションカードによる厳格な本人確認を行いました。また、顔認証装置は、アクレディテーションカードを読み取り機に着券すると即座に顔認証を行うため、スムーズな認証が可能です。[*13]

フランスの人権団体などがもっとも危惧したのは、NECがこのように自慢する技術がパリ五輪でも、特に観客相手に使用されることだった。フランスの政治・哲学系ウェブメディア『ランディマタン』が二〇二一年一月二六日に掲載した「二〇二四年だけでなく今後もずっと、オリンピック・ビッグブラザーに反対（Ni en 2024, ni jamais : NON au Big Brother Olympique）」[*14]という記事でとりわけ強く表明されているのは、オリンピックの生み出す「例外状態」において、リアルタイム顔認証技術がフランスでなしくずし的に許可されてしまうことへの懸念である。

結論から先に書くと、パリ五輪では顔認証の導入は見送られている。この点についての関係者によるもっとも早い公言は、二〇二一年一〇月一二日にパリ政治学院（Sciences Po）で開かれたラウンドテーブルの場での、オリンピック・パラリンピック競技大会省庁間代表、ミシェル・カドの発言だった。その一ヶ月後には大手メディアが、パリ五輪に顔認証は導入されない、と報道する。[*15]この決定の背景にあるのは、技術をめぐる議論の活性化だ。NECの自慢話を聞くだけなら、便利でいいじゃない、と思ってしまいそうだが、顔認証技術が孕む問題は近年世界的に広く論じられるようになっている。

サンフランシスコ市が警察による顔認証技術を禁止した理由のひとつには、技術の不正確さ、特に有色人種が対象になると認証精度が落ちる「人種的バイアス」というものがあった。顔認証技術について丁寧な報道を行なっている『ニューヨークタイムズ』は、二〇一八年二月九日に「顔認証は正確である、もしあなたが白人男性であるならば（Facial Recognition Is Accurate, if You're a White Guy）」[*16]という記事を出している。もちろん、白人男性を対象とする顔認証技術の正確さを賞賛することがこの記事の目的ではない。この技術がいかに人種差別的でいかに当てにならないか、という批判がその主旨である。しかしこの記事からわずか四年後の二〇二一年五月二六日に、同じく『ニューヨークタイムズ』が出した記事は「誰もが使える顔検索エンジンが、危険なほど正確になっている（A Face Search Engine Anyone Can Use Is Alarmingly Accurate）」*17というタイトルになっている。この間の人工知能の飛躍的な発達により顔認証技術も急速に改善され、それとともに技術をめぐる議論も社会モデルを問う根源的なものへと変化したのだ。個人の顔という公共空間に曝けだされる生体情報で音楽検索アプリケーション「Shazam」のような真似が可能になる社会を、われわれは望んでいるのだろうか、と。

フランスを含むヨーロッパでは、こうした議論はアメリカ以上に活発である。フランスのデータ保護監督機関である「情報処理および自由に関する全国委員会（Commission nationale de l'informatique et des libertés、以下ＣＮＩＬ）」は、顔認証技術を専門とする米 Clearview AI 社*18に、ＥＵ一般データ保護規則違反のかどで二〇〇〇万ユーロの罰金を命じている（二〇二二年一〇月）。こうした文脈において、パリ五輪組織委員会は顔認証技術の採用を見送ったのだ。他方で二〇二二年にエマニュエル・マクロンが大統領に再選されるとまもなくして、治安維持に関する条項が大半を占める「新オリンピック関連法案（projet de loi relatif aux jeux Olympiques et Paralympiques de 2024）」が持ち上がる。同法案のなかでもっとも論議を呼んだのが、ＡＩアルゴリズム搭載（あるいは「スマート」）監視カメラの利用を許可する条項であった。翌二三年に可決・施行された「二三年オリンピック法（LOI n° 2023-380 du 19 mai 2023 relative aux Jeux Olympiques et Paralympiques de 2024 et portant diverses autres dispositions)」第一〇条は「二〇二五年六月三〇日まで実験的に」とひとまず期間を限定した上で、「テロや大事故のリスクがとりわけ高いスポーツ大会、娯楽・文化的催し物の安全性確保を目的とする限りにおいて」、「イベント会場やその周辺、および交通機関や道路に設置された監視カメラによって収集された画像を、人工知能システムを含む処理の対象とすることができるようになる」[*19]と定めているのだ。

ＡＩアルゴリズム搭載監視カメラは「異常検知」とも呼ばれる。従来型のＡＩアルゴリズム非搭載（あるいは「おバカ（dumb）な」）監視カメラは、視野に入った情報をひたすら垂れ流すだけで、カメラに映った犯罪者の追跡といった事後的な使用を前提としている。それに対し、ＡＩアルゴリズム搭載監視カメラは予防的な対応を可能とする。スマート監視カメラは、ディープラーニングによって学習した「異常な行動」を認識した時点で警告を発し、人間の介入を要求するのだ。「異常な行動」には、たとえば同一人物が長時間同じ場所に居続けるとか、突然人間が座り込んだりとか、路上で複数の人間が集合したりとか、そういった振る舞いも含まれる。

フィリップ・Ｋ・ディックの短編、および同作をスティーブン・スピルバーグが映画化した『マイノリティ・リポート』の世界では、「プリコグ」と呼ばれる予知能力者を使った犯罪予防が行なわれている。三人の「プリコグ」のうち二人（マジョリティ）が犯罪を予知すると、事件を未然に防ぐために警察が介入する。私たちが生きる現実の二〇二四年の世界はＳＦではないので「プリコグ」は存在しない。しかし監視カメラにＡＩアルゴリズムを搭載するという発想は、『マイノリティ・リポート』の犯罪予防局のそれに限りなく接近している。要は犯罪が行なわれる前に、疑わしきを排除することを可能としよう、というものだ。言うまでもなく、この発想は近代司法制度の根幹に対立する。

多くの法律家が危惧しているのは、この技術を内面化した人間が自らの振る舞いを技術に合わせて律することである。フランスの哲学者、ジル・ドゥルーズが言うところの「モグラの巣穴よりもはるかに複雑にできている」「とぐろを巻くヘビの輪」[*20]に、個人が過剰適応してしまう世界だ。たとえば空港のような場所における身振りの抑制は、当たり前のものとなってすでに久しい。しかしその拡張を、「安全性」と引き換えに、私たちはどこまで受け入れるべきか？　たとえばロックコンサートのような場で、人工知能が想定する「異常な行動」を控えるような世界に生きることを、私たちは望んでいるのだろうか？

二〇二三年一月三一日にフランスの元老院が「二〇二三年オリンピック法」を賛成多数（賛成二四五票、反対二八票、棄権六四票）で可決した数日後、「二〇二四年オリンピック：フェスティバルに落とされる監視の影」と題された記事を『ル・モンド』が出している。

スマート監視カメラは規範を逸脱する身振りを取り締まる。けれどもベルフォール市で開催される音楽祭「ユーロケエンヌ」の主催者、ジャン＝ポール・ロランはこう問うのだ。「アルゴリズムはウォール・オブ・デス［ロックコンサートで見られるモッシュ］をどう解釈するのだろう?」ポゴダンスや芸術的パフォーマンスなど、異常とされる身振りの検知はフェスティバルの精神自体に反するものとして経験されるのかもしれない。「フェスティバルとは、異常行動こそが規範となっている空間なんだ」とその道のプロは主張するのであった。[*21]

ウォール・オブ・デスはその名が示すとおり危険なもので、ウィキペディアによれば「過去に死者が出たこともある」[*22]らしい。危険の回避を至上価値とするならば、アルゴリズム搭載監視カメラの合法化は歓迎すべきオリンピックの「レガシー」となるだろう。ロシアのウクライナ侵攻を受け、サンクトペテルブルクで予定されていたＵＥＦＡチャンピオンズ・リーグ決勝戦の会場が急遽スタッド・ド・フランスに変更され、フランス警察が世界中に見せてしまった失態（後述）をオリンピックで繰り返すわけにはいかない、というプレッシャーもある。元老院の政治家たちだけでなく、フランスの民意も概ね「新オリンピック関連法案」に好意的であるのは、安全性を重視する価値観が強力であることを示している。問題のひとつは、東京オリンピックが初の顔認証オリンピックとなった際にそうであったように、技術をめぐる功罪についての議論が熟していないうちに不意打ち的に決定されてしまったことだ。同法可決後、フランスでオリンピックと治安維持強化について公共の場で論じる際には、ＡＩアルゴリズム搭載監視カメラがどういう技術であるかについての説明からはじめなくてはならないのである。

フランスでもっとも熱心に同法反対キャンペーンを展開したのは、ラ・クアドラチュール・

デュ・ネット（La Quadrature du Net、以下ＬＱＤＮ）というデジタル権利に取り組む市民団体だった。ＬＱＤＮは、違法ダウンロードを厳しく取り締まる通称「Hadopi法」[23]（二〇〇九年可決）をきっかけに発足した。初期におけるＬＱＤＮの活動の中心は、知的所有権の過剰保護の批判と「インターネットと自由」[24]の擁護だったのである。ＬＱＤＮ発足から二〇一四年までスポークスパーソンを務めていたジェレミー・ジマーマンは、ＬＱＤＮの前にはAprilというフリーソフトウェア推進団体に所属しており、二〇一二年には電子フロンティア財団から表彰されている。つまりオープンソース運動と深く関わっていたのだ。

しかし、時の流れとともに「インターネットと自由」が意味するところは急速に変わっていった。二〇一〇年代に入るとオンライン監視技術の問題が周知されるようになり、知財批判の緊急性は相対的に低下する。この流れにおける最重要アクターは、もちろんエドワード・スノーデンである。ジェレミー・ジマーマンが二〇一四年に脱会したあと、ＬＱＤＮは監視資本主義の批判に軸足を移していく。そして専門知をフル活用したロビー活動によって、ＥＵ一般データ保護規則制定に大きく貢献[25]したのだった。今日、私たちがクッキーへの同意を拒否できるのは、部分的にはＬＱＤＮのおかげなのである。

ところが監視資本主義が広がるのはウェブ上だけでない。その魔の手は都市空間にも延びている、という認識とともにＬＱＤＮはほかの市民団体と共同で「Technopolice」というキャンペーンを二〇一九年に開始した。Technopolice の綴りは、イエロー・マジック・オーケストラの曲名

（Technopolis）とはわずかに異なっている。「メトロポリス」に「テクノ」をつけたこの合成語の語尾をわずかに変えて、テクノロジーの力によって警察権力（police）が隅々まで行き渡る巨大都市、という新しい意味を彼ら彼女らは生み出したのだ。このキャンペーンはフランス各地における監視資本主義の広がりの報告を市民から集い、監視カメラなどの位置情報が記載された地図[*26]が共同作成されている。

そしてこのキャンペーンの担い手たちは、フランスのセキュリティ産業がパリ五輪を重要な商機と捉えていることに気づいた。社名から事業内容が明らかなDrone Voltや、監視カメラ製造を行なうAxis Communicationsといった企業が、フランスの業界誌『S&D Magazine（セキュリティ＆防衛マガジン）』でパリ五輪に向けた業界の展望を語っていたからだ。そして二〇二〇年一〇月に提出された「治安関連法（loi sécurité globale）」の法案提出理由書（exposé des motifs）に以下の文面があったことで、ＬＱＤＮはパリ五輪に反対するグループに接触したのである。

本法案は、民間警備部門の位置づけも行なうものである（第二項）。急成長を遂げている同部門には多くの批判があるが、二〇二三年のラグビーW杯や二〇二四年のオリンピックなど大規模イベントの開催を控える我が国の治安維持の担い手にとって、不可欠な要素となっている。[*27]

こうしてＬＱＤＮとサッカージュ二〇二四が協力し、前述の意見記事「二〇二四年だけでなく今

図 4-1　治安関連法反対デモで「全体監視に反対、オリンピックにも反対」と書かれたバナーを掲げるサッカージュ 2024 のメンバー（撮影筆者、2021 年 1 月 30 日、パリ 10 区共和国広場）

後もずっと、オリンピック・ビッグブラザーに反対」が『ランディマタン』に掲載されたのだった。

治安関連法案への抗議行動は大きなうねりとなった。けれども前述の『ランディマタン』掲載記事が多くの市民を感化したために行動が広がったわけではない。この法案で最大の争点となったのは、職務中の警官を写真・ビデオ撮影することを禁止する条項だった。この条項による報道の自由の制限を危惧したジャーナリストたちがあらゆるメディアで反対の論陣を張ったために問題が可視化され、国民的な議論が巻き起こったのである。そして労働組合や人権団体、アーティスト協会や環境団体なども「治安関連法を止めよう（Stop Loi Sécurité Globale）」[*28]という連合に参加した。最大の動員となった二〇二一年一月一六日のデモには、フランス全土で二〇万人（主催者発表）が参加している。

その結果「警官撮影禁止条項」は撤廃され、反対運動が勝利したかのようなムードが支配的となった。しかしLQDNのメンバーたちは可決された法律にはまったく不満で、反対運動が警官撮影の問題に絞られてしまった、と受け止めた。ここでこの程度の食い止めしかできなかったツケはいずれ必ず回ってくる、という予感とともに――

それから二年後、「新オリンピック関連法案」への反対は治安関連法のときと同じくらい大きなうねりとはならなかった。この法律によってフランスは、はじめてAIアルゴリズム搭載監視カメラを合法化するEU加盟国となった。欧州議会の議員たちがフランス大統領らに宛てた公開書簡[*29]を発表したのは、フランスが先例を作ることで欧州各国にこの技術を許可する流れが広がることを危惧したからである。しかしそれもむなしく、オリンピックを機に監視資本主義はフランスで大きく前進したのだった。

パリ五輪のテクノポリスは、次大会開催都市、ロサンゼルスにどのような「レガシー」を残すだろうか。アテネ五輪に大量の政府関係者を送り込んだ実績のあるアメリカが、自国開催の次大会を控えながら、CIAやFBIやNSAやロサンゼルス市警の職員をパリに派遣しない理由はまず見つからない。そしてシリコンバレーを抱えるカリフォルニア州は、監視資本主義の発祥地である。

しかしこうも考えられるかもしれない。監視資本主義の爛熟する土地であるからこそ、活発な議論が起こるポテンシャルが高いのでは、と。アメリカでどこよりも早く警察による顔認証を禁止したのがサンフランシスコだったのは偶然ではないだろう。住民の監視資本主義リテラシーの高さがアメリカの他都市に先駆けることを可能とした、と考えられるはずだ。

そのサンフランシスコから南に六〇〇キロメートル下ったロサンゼルスは、ユートピアとディストピアが渾然一体となり紛い物のように安っぽく煌めくさまによって、都市社会学者・マイク・デイヴィスをして「水晶の都市（City of Quartz）」と呼ばしめた街だ。個人宅のドアに設置されたAmazonの監視カメラ（Ring Doorbell）が映した、「ブラック・ライブズ・マター」の抗議活動への参加者の映像を市警が要求するような都市だ。[*30] AIアルゴリズム搭載監視カメラなど、とっくに実用化されて久しい。しかしそうであるからこそ、「Olympic Security」の批判が活発になる可能性も高いのではないか。

今世紀の最初の二〇年間は監視資本主義のやりたい放題となってしまったが、今後もそうなるかどうかは私たち一人ひとりにかかっている、と言うのはショシャナ・ズボフである。「人間によって作られたものはそれが何であれ、私たちが力を合わせれば人間の手によって作り変えることができる」[*31]と。そしてズボフは、監視資本主義と民主主義の未来にとって二一世紀のサードディケイド（二〇二〇―二九年）が決定的に重要である、とも繰り返し語っている。

二一世紀のサードディケイドにパリとロサンゼルスで開かれるオリンピックが監視資本主義と民主主義にとっての試金石となるかどうかも、私たち一人ひとりにかかっている。

4-2. オリンピック・パノプティコンの文化イベントへの影響、沈黙の背景としての文化オリンピアード

しかしAIアルゴリズム搭載監視カメラを導入したところで、警備の負担が大きく軽減されるわけではない。オリンピックを「平時最大の治安維持作戦」と公言したひとりが、ロンドン五輪開催時の内務大臣・テレサ・メイである。そのロンドン大会では四万人以上、一四年ソチ大会では七万人以上、一六年リオ大会では約八万五〇〇〇人、一八年平昌大会では約六万人、さらには無観客開催となった二〇二一年の東京大会においてですら約五万人が大会警備に動員されており、右記すべての大会で軍隊（日本では自衛隊）が出動している。フランスではオリンピックのための軍隊出動は長らく明言されていなかったが、二〇二三年の年末近くになって一万五〇〇〇人の軍人が動員されるとパリ軍事総督（gouverneur militaire de Paris）が公表した。それでも追いつかないので、外国からの「援軍派遣」ものちに発表される。

ロシア、ブラジル、韓国と異なり、フランスに徴兵制度はない。かつイギリスや日本と異なり、民間警備産業も発達していない（セコムは一九六四年の東京オリンピックで急成長した企業である）。二〇二一年六月まで大会警備国家調整機関（la Coordination nationale pour la sécurité des Jeux Olympiques et Paralympiques）の総責任者だったピエール・リュトーは、二〇二〇年一一月二五日に国民議会議員が開いたオンライン公聴会で「大会が明日だとしたら、民間警備業界は準備ができていない」と

語っている。[*32] その後もこの状況が改善されないところに、女性に対する「不適切な振る舞い」のためにリュトーの後任ジアド・クーリーが解任されるという人事の混乱が加わった。二〇二三年七月二〇日に会計検査院（Cour des comptes）は、中小企業が多い民間の警備会社の準備不足などに警鐘を鳴らし、さまざまな勧告を含む報告書[*33]を発表している。

もともと不安要素が多いところに、選手団がセーヌ川を下るという開会式演出案が採用され、警備の負担がさらに増大したのである。パリ東部のオステルリッツ橋を出発し、西部のイエナ橋まで六キロメートルにおよび選手団が航行する計画が提案されると、当時のパリ警視総監・ディディエ・ラルマンは反対した。しかしラルマンは二二年七月に異動となり、後任のローラン・ヌニェスはこの案を是認する。

組織委員会の当初案は、セーヌ川の両岸に観客六〇万人を集め「一万名のアスリートたちが、パリを横断するかたちで東から西へと航行し、これから一六日間自分たちの活躍の舞台となる大会会場のど真ん中を逍遥する」[*34]というものだった。言われざるその目的は、パリ市庁舎、ノートルダム大聖堂、ルーヴル宮、チュイルリー庭園、コンコルド広場、オルセー美術館、プティパレ、グランパレ、廃兵院（アンヴァリッド）、そしてもちろんエッフェル塔といった、セーヌ川岸に並ぶ名所の数々を世界中のテレビで流すことである。『エミリー、パリへ行く』（ネットフリックスのテレビドラマ）ですら、ここまで盛り込むことはない。ベタなナショナリズムの発露が許される、というより求められる、オリンピックならではの発想だろう。しかしこれを実現させるには、陸・水・空での三方面からの防衛が要請されるので、警備の負担はきわめて大きくなる。
二〇二二年のUEFAチャンピオンズ・リーグ決勝戦が急遽スタッド・ド・フランスで開催されたのは、五輪開会式の骨子がこのように決まったあとのことだ。この試合はレアル・マドリードとリバプールFCの戦いだったが、後々まで語り継がれるのは後者のサポーターとフランス国家警察の間で発生した衝突、俗称「スタッド・ド・フランスの戦い（la bataille du Stade de France）」であろう。後日、内務大臣のジェラルド・ダルマナンは、三万から四万人のイギリス人サポーターがチケットを持たずに、あるいは偽造チケットを持って会場周辺に集まったのが原因である、と発表した。警官たちが催涙ガスを発射し、警棒を振り回し、一七四名の負傷者を出し、試合開始時間が遅れ、欧州中のテレビ局が混乱に陥ったのは、フランス国家警察の責任ではない、と。しかしこの理屈が説得力をもつことはなく、パリ警視総監、ディディエ・ラルマンの責任は厳しく追及された。元老院で行なわれた公聴会で、ある議員からの質問に我を失い「私の個人的状況などどうでもいいでしょう、私は上級公務員ですよ（Mais quelle importance ma situation personnelle ? Je suis un haut fonctionnaire）」とラルマンが当たり散らした模様は拡散され、物議を醸している。[*35]
この大失態から「二年後のオリンピックは大丈夫なのか」という問いが出てくることは避けられない。オリンピックの前哨戦と位置づけられた二三年ラグビーW杯は、大きな混乱もなく無事に終了した。しかしピエール・リュトーが「厳密に数字だけを見れば、夏季オリンピックは四〇の世界選手権の同時開催に匹敵する」[*36]と語っているとおり、オリンピックに必要となる警備はラグビーW

杯とは比較にならない。

二〇二四年一月、ダルマナン内相は開会式の観客数が三〇万人となると発表する。当初予定されていた六〇万人から半減となり、演出総監督を務める舞台演出家、トマ・ジョリーは週刊誌『テレラマ』のインタビューで「もっと多くの観客と開会式を共有することができなくて残念です」[*37]と発言している。しかし観客数が半減したところで、川を下る選手たちを地上、空中、水上および水中から狙えるという脆弱性は変わらない。二〇二四年二月七日発売の週刊新聞『カナール・アンシェネ』は、各国の旗手だけを川下りさせればどうか、との大統領府事務総長、アレクシス・コレーの「解決案」を報じている。「そうすれば二〇〇人程度となるので、うまくいけば船一隻で済むかもしれない」[*38]と。同紙によれば「もっとも合理的な案は、巨大スタジアムで開会式を行なうことだったはず」なのだが、スタッド・ド・フランスは七人制ラグビーの会場となるため使用できない。さらにアレクシス・コレーが開会式について検討するため、大統領官邸に関係者を集めた二四年一月三一日の時点で、開会式のチケットはすでに売却済みであった。

この報道は何を意味しているのか。大統領官邸ですら、半年を切った時点で最終的に開会式がどうなるのか把握していない、ということだ。さらにこの報道から二ヶ月後、マクロン大統領はテレビ演説で「開会式には「B計画」も「C計画」もある。警備上の必要があれば開会式はスタッド・ド・フランスで行なわれる」と発言したが、パリ市長アンヌ・イダルゴや組織委員会会長トニー・エスタンゲに「訂正」されている。

ところで開会式の最大のとばっちりを受けると言われていたのは、警備のために立ち退きを要請されていたセーヌ川岸のブキニスト（古本商）たちであった。この処遇には当のブキニストのみならず各方面から批判が相次ぎ、二四年二月一三日にマクロン大統領が立ち退きを撤回することで決着をみた。前述の『カナール・アンシェネ』紙の報道から一週間後というタイミングでの撤回劇が、開会式案の大幅な変更に由来しているのかどうか、それは分からない。

パリ首都圏の職業安定所が、老若男女職歴健康状態を問わずありとあらゆる求職者に「大規模スポーツ大会での警備」の職業訓練を「勧めて」いることからも、混乱はうかがえる。二三年の夏に舞台芸術系の求職者が筆者に伝えてくれたところによると、「この時期オリンピック警備以外の職業訓練を申し込んでも無駄だ」と職業安定所の担当者に言われたそうだ。このような事態に批判がでないはずがない。アナルコサンディカリズム系の労働組合、全国労働者連合（Confédération nationale du travail、以下CNT）は、二〇二三年一二月から糾弾キャンペーンを開始し、意に沿わない職業訓練を求職者が拒否できるよう、助言・支援を提供している。[*39] CNTのキャンペーンが功を奏したのかどうか、失業者をオリンピック警備に誘導する試みは芳しい成果とはならなかったようで、二三年一二月には高等教育・研究省が三〇〇〇人の「学徒動員」を目指してキャンペーンを開始した。[*40] 年が明けると、今度は全国老齢保険金庫（caisse nationale d'assurance vieillesse）が年金受給者の動員を図る。[*41] 二月に入るとオリンピックのボランティアに応募して落選した人々が、「このまたとない機会にイベント警備員になれば、お給料をもらいながら君もパリ二〇二四オリ・パラ大会の冒険に参加できます」とはじまるメールを、nepasrepondre@volontaires.paris2024.org という差出人から受信した（「nepasrepondre」は「donotreply」の意味）。

これだけなりふり構わず募集しているということは、警備員の適正などほとんど顧みられていない、と考えるのが自然だろう。つまり、職業訓練を押しつけられた失業者、学生、年金生活者、ボランティア落選者の寄せ集めで、「スタッド・ド・フランスの戦い」の再演防止が目指されているということなのだ。

ところでフランスの国家憲兵隊治安介入部隊（Groupe d'intervention de la gendarmerie nationale）は、ミュンヘン五輪の教訓を受けて一九七四年に創設された特殊部隊である。近年では二〇一五年にフランスで起きた「シャルリー・エブド襲撃事件」での介入が、国際的にも記憶に新しいかもしれない。五月八日にマルセイユを出発した聖火リレーの警備には、隊員数一〇〇〇名に満たないこの少数精鋭部隊が動員されると発表された。いったい何を恐れて、三ヶ月という長期にわたりエリート部隊が必要とされるのかというと、ダルマナン内相が言うところの「ウルトラ左翼環境主義者（environnementalistes d'ultra-gauche）」による妨害が懸念されているためだそうだ。そこまでしなくてはならないのなら、ベルリン大会でナチスが考案した曰くつきの儀式（聖火リレー）などいっそやめてしまえば、との議論が活性化してもよさそうなものだが、そうはなっていない。

このようにフランスの警察・軍隊は、二〇二四年の夏は「オリンピックに全振り」となる。そのためさまざまなイベントが、警備体制を構築できない理由で中止・延期・前倒しされることになった。パリの劇場は七、八月がオフシーズンなので「平時最大の治安維持作戦」の付随的損害を被ることはない。割を食うのは夏に開催されるさまざまな文化イベントである。例年七月末にロンシャン競馬場で開催されている音楽フェス、ロラパルーザ・パリは、二〇二四年は中止となり「オリンピックのために一億八〇〇〇万ユーロが失われた」との主催者の発言が報道されている。[*42] 地方の文化フェスティバルでは最大級の規模となるアヴィニョン演劇祭も例年は七月開幕なのだが、二四年はオリンピックの影響で六月に前倒しされる。そのため演劇祭の会場となる学校は通常より早く夏休みに入ることになり、教育関係者に調整が強いられた。

オリンピックとは、スイスの一非営利組織の「独占的な財産」であることが開催都市契約（序文）に明記されている、民間イベントだ。そのためにフランスの公教育がスケジュールを変更までしているのだが、この点について大きな議論が起こることはなかった。東京オリンピックでも日本の大学が試験期間をずらしているので、よくある話といってしまえばたしかにそうである。しかしよくある話ということで、すべてが不問に付されるわけではない。

日本では、二〇〇以上の大学が「東京オリンピック・パラリンピック競技大会・大学連携協定」を組織委員会と締結している。日本の大学がオリンピックを批判的に検討するシンポジウムを開いた例がほとんどなかった理由のひとつに、この連携協定の存在を挙げることができるはずだ。フランスでは組織委員会と大学が個別に提携した例はあるものの、多数の大学が横並びで協定を結ぶような事態にはならなかった。その代わり、かどうかはともかく、膨大な数のフランスの文化施設・

団体が組織委員会と連携しており、その協力体制にはＩＯＣがつけた「文化オリンピアード（l'olympiade culturelle）」という公式名称が与えられている。

文化オリンピアードとは何か。組織委員会は「文化オリンピアードは、アートとスポーツのつながり、卓越性、インクルージョン、文化的多様性、普遍性といった、アートとスポーツに共通の価値を探る、独創的なプログラムを展開します*43」と説明する。その理念やイデオロギーではなく運営に目を向ければ、組織委員会を「元請け業者（maître d'œuvre）」とする、文化省の助成金交付プログラムである。そして二〇〇〇を超えるイベントが文化オリンピアードの認定を受けたのだった。

フランスにおける文化産業の公的支援は（悪）名高い。一九五九年に作家のアンドレ・マルローが初代文化大臣に就任してからのフランスの文化政策とその潤沢な予算は、肯定的に観察されることが多い。しかしそこには、公権力からの文化の自律を困難とする側面もある。おそらく二〇二四年の文化オリンピアードは、この問題が深刻なかたちで露呈した事例として後々まで検証されることになるのではないか。スイスの一非営利組織の「独占的な財産」のプロパガンダのために税金がバラ撒かれ、ルーヴル美術館やフィルハーモニー・ド・パリといった高名な施設から、名もなきストリートパフォーマーまでが群がった。アヴィニョン演劇祭の前倒しに文化業界から批判がほとんどあがらなかったのも、おそらくこのためなのである（同演劇祭から誕生したスター、トマ・ジョリーが開会式の演出を担当していることも小さくない理由であるかもしれない）。

二〇二四年一月二七日に放送された国営ラジオ、フランス・キュルチュールによるインタビューで、文化オリンピアードのディレクターを務める振付師、ドミニク・エルヴューは、文化オリンピアードの総予算は一二五〇万ユーロでうち九〇〇万ユーロが文化省の出資であると明かしている。[*44]それはつまり、オリンピックがなければよそに回っていたはずの文化省の予算が文化オリンピアードに流れたということだ。二〇二三年一月六日に全国大道芸術連盟（La Fédération nationales des Arts de la rue）が開いた公開討論会では、「文化オリンピアードのおかげで家賃が払えた」という感謝の声だけでなく、「文化オリンピアード以外の助成金が削られて、他のことができない」という嘆きも聞かれた。しかしこのような嘆きが表立った批判に発展することはなく、公的資金に依存するフランスのアート界は文化オリンピアードの札束で頬を張られる格好となっている。

とはいえ総数二〇〇〇を超える文化オリンピアードのすべてのイベントが「国際オリンピック委員会の最高権限と指導のもと、オリンピック憲章に導かれることに同意する組織、選手、その他の個人を包含する」[*45]オリンピックムーブメントを手放しで礼賛するわけではない。とりわけ目を引くのが、近代五輪の創始者、ピエール・ド・クーベルタンの希薄な存在感だ。二〇二四年は前回のパリ五輪の一〇〇周年であるだけでなく、ソルボンヌ大学大講堂でのＩＯＣ創設の一三〇周年にあたる。しかしこの二つに言及されることがほとんどないのは、クーベルタンに触れたくないからなのだ。フランスのスポーツ紙『レキップ』（二〇二四年二月一七日）、ラジオ・カナダ（二〇二四年二月二七日）、『ル・モンド』の週末別刷り『M』（三月一〇日）など複数のメディアが伝えるように、人種主義者にしてミソジニストかつ優生主義者で、一九三六年ベルリン五輪開幕の二ヶ月前にナチス政権から一万ライヒスマルクの恩給を受け取ったクーベルタンを記念することなど、マクロン政権にも社会党のパリ市政にも到底不可能である。フランス語版ウィキペディアの「Pierre de Coubertin」は二〇一三年に「良質な記事」に選ばれているのだが、そこには数々の強烈なクーベルタン語録が掲載されている。「さまざまな人種の価値は異なるものであり、優れた本質を備えた白人種にはその他すべての人種が従属しなくてはならない」、「男子の偉大なオリンピアードの側で女子の矮小なオリンピアードを開く意義など、いったいどこにあるのか?」。オリンピックの起源がこのような思想であることがスマホ一台で誰にでも分かってしまう以上、クーベルタンにつながりそうなことは避けるに越したことはない。代わりにジェシー・オーエンス（ベルリン五輪で四冠を達成したアメリカの黒人選手）やアリス・ミリア（国際女子スポーツ連盟の創始者）が記憶の場に呼び出され、オリンピックのいかがわしい出自は忘却される。クーベルタンの子孫二人が聖火リレーのスポンサーであるコカ・コーラ社の一般公募を通じて聖火リレー走者に立候補したが、落選しているあり様である。[*46]

そういうわけでクーベルタンの子孫が運営する「ピエール・ド・クーベルタン家族協会（L'Association Familiale Pierre de Coubertin）」に手を差し伸べるのは、モナコ公国の役割となった。モナコ公、アルベール二世は冬季オリンピックに五度出場しているボブスレー（ほか）の選手で、一九八五年からIOC委員となっている。公妃シャルレーヌもシドニーオリンピックに出場している元競泳選手で、モナコ公・グリマルディ家とオリンピックの関係は深い。そういった縁でシャルレーヌ・モナコ公妃財団は、フランスのオリンピック関係者から見捨てられた格好となったクーベルタン家族協会と、二〇二四年二月にパートナー契約を結んだのである。

それでは二〇二四年の文化オリンピアードは、クーベルタンを蔑ろにしていったい何をやっているのか？　筆者の力量で二〇〇〇を超えるプログラムを詳しく検討することはできないが、パリの主なイベントを概観する限りでは機会主義的なものが多い印象を受ける。そのような公演のひとつが、オリンピックの一ヶ月前にシャンゼリゼ劇場で上演される、ヴィヴァルディのオペラセリア「オリンピアード」だ。この公演の売りは、ブレイクダンスを踊るカウンターテナーとして知られるヤクブ・ユゼフ・オルリンスキの出演である。パリ大会ではブレイキン競技が追加種目として採用されているので、文化オリンピアードにこれ以上相応しい公演もないように一見思われる。しかしヴィヴァルディはクーベルタンより二世紀前に生きた作曲家で、近代オリンピックはもとより、その思想的背景である一九世紀西ヨーロッパのギリシア愛護主義ともほぼ無関係だ。古代オリンピック競技での替え玉事件に翻弄される恋人たちのラブストーリーである「オリンピアード」という作品に、スポーツの精神性を賛美する要素はあまりない。たとえば二〇二四年四月からルーヴル美術館で開催される特別展「オリンピズム：近代の発明、古代の遺産」などと比べると、シャンゼリゼ劇場の選択はご都合主義的なもののように思われる。ヴィヴァルディを主要レパートリーとするオルリンスキにこのタイミングで出演してもらえるなら、「オリンピアード」でブレイクダンスを踊らせて助成金をもらわない手はない、といった程度にしかオリンピックとの親和性は感じられないのである。

文化オリンピアードの公式ウェブサイトでイベントを検索すると「ヒップホップと都市文化（Hip-Hop et cultures urbaines）」のカテゴリーに該当するイベントが多数出てくるのは、ブレイキン競技の採用のためだ。「ダイバーシティ」や「インクルージョン」を謳う大会をアピールするのに、ブレイクダンスほど利用価値の高い分野はなかなかないだろう。フランス最大の現代美術館、ポンピドゥーセンターで毎年開催されている映像祭「オール・ピスト（Hors Piste）」も、二四年は文化オリンピアードの一環となった。「スポーツの規則（Les règles du sport）」と銘打たれたフェスティバルが一月一八日から二月一八日まで開催され、スポーツに関連する映像作品の展示のほか、コンフェランスやパフォーミング・アーツなども行なわれた。一ヶ月間と長い開催期間中に、ブレイクダンスをやっておかない理由を見つける方が難しい。こうした文脈で二月四日にポンピドゥーセンターの地下一階で催されたダンスバトルは、聞かされなければ組織委員会から助成金を受けているとはまったく分からない、半年後に控えるオリンピックとの関連性をほとんど感じさせないものであった。

しかしポンピドゥーセンターの文化オリンピアードは、すべてがこの日のダンスバトルのように政治性を脱色されていたわけではない。映像祭の最初の週末の企画は、LGBTQ＋の権利擁護を掲げる女性サッカークラブ、「レ・デゴムーズ（Les Dégommeuses）」に任された。「ポンピドゥーセンターのレ・デゴムーズ（Les Dédommeuses au Centre）」と題された二日間は、「スポーツはクィアの対蹠地か（Le sport : aux antipodes du queer ?）」と題された討論会で幕を開ける。スポーツ史家、フェミニズム史家といった研究者に混じり、ニジェールの短距離走者・アミナトウ・セイニや、東京大会で銅メダルに輝いたフランスのパラサイクリング選手・マリー・パトゥイエといったアスリートが登壇する。アミナトウ・セイニはテストステロン値が高いために、特定種目への出場が国際陸上競技連盟の規定によって禁止されている女子選手である。この人選で批判的な内容とならないはずはなく、エリートスポーツの持つ排他的、差別的な側面に光が当てられる。しかし質疑応答になり「記録やパフォーマンスの追求自体を議論の俎上に載せることは可能か?」という質問が会場から発せられると、スポーツ史家・アナイス・ボユオンが司会者に先んじて真っ先に口を開く。彼女のシンプルを極めた発言は、それ以上の議論をきっぱりと拒絶するものだった。「私は回答しません。私は完全な、絶対的なエリートスポーツのファンで、その消滅を望んでいないものですから」。[*47]

同じような光景は翌日にも繰り返された。「ポンピドゥーセンターのレ・デゴムーズ」を締めくくった「スポーツ、自己スポーツ、自己防衛（Sport, autosport, autodéfense）」と題された最後の討論会でも、スポーツが抱える性差別・性暴力の問題を詳らかにする批判的な議論が展開された。しかし前日同様、質疑応答になると、このイベントが文化オリンピアードの一環であることを来場者は思い知るのであった。この日は「フェミニズムによるスポーツ批判と社会・経済的スポーツ批判はつながれるか?　前者と後者の批判の担い手は一緒にＩＯＣの解体を要求できるか?」という質問が出て、会場から拍手まで起こった。するとコーチによる性暴力の告発で名を知られるようになった元テニス選手・アンジェリック・コシが真っ先にマイクを握り、苦笑を浮かべてこう回答したのである。「オリンピックに対して働きかける力は選手にはなく、われわれには大したことはできません*48」。

二〇二四年のパリ五輪は「ダイバーシティ」や「インクルージョン」を謳い、男女同選手数の達成を大きな成果として喧伝している。スポーツにおける性差別の批判は、どれほど苛烈なものになろうと、それが修正主義的である限り、つまり「どうせやるならもっと多様で包摂的な大会にしよう」と志向する限り、大会を強化こそすれ窮地に追い込むことはない。二〇二四年のパリ五輪は、一九二四年と同じ思想に依拠してはいない。クーベルタンとは距離を取り、フェミニズムやクィア理論を内に取り込んでいる。レ・デゴムーズが記録やパフォーマンス追求を俎上に載せたり、社会・経済的スポーツ批判と手を携えたりしない限り、彼女たちは組織委員会にとって高い利用価値を持つのだ。それを「ピンクウォッシング」、「レインボーウォッシング」と呼ぶのは、おそらく不可能ではない。

性差別的な発言が波紋を呼んで組織委員会会長が辞任した東京五輪と比べれば、ここにはたしかに進展が認められる。しかし考えるべきは、その進展がいったい誰に資するのか、ということなのだ。あるいは二〇二四年にオリンピックに正当性を与えているのは、クーベルタン家族協会なのか、それともレ・デゴムーズなのか、という問いが立てられなくてはならないのである。

4-3. 二つのオリンピックパートナーとサイバーセキュリティ――アリババとアトス

世界経済フォーラム会期中に、中国を代表するテクノロジー企業、アリババの創業者、ジャック・マー（馬雲）とIOC会長、トーマス・バッハがそろってダボスで記者会見を行なったのは、二〇一七年一月のことだ。そこで発表されたのは、アリババとIOCが二〇二八年まで続くパートナー契約を結び、今後はアリババがオリンピックのEコマース、ストリーミングサービス、クラウドサービスを手がけていくというものだった。

オリンピックは夏季・冬季合わせて二年ごとに開催地を変えるので、大会ごとにインフラのすべてがゼロから構築し直される。どの大会であってもやることはそう変わることのないチケット販売システムも例外ではない。そのシステムをクラウド上に構築し、すべての大会で使い回すという発想自体は合理的なものだろう。問題は、そのためにIOCが選んだ企業がアリババだったということだ。

アリババという企業が問題になるのはなぜか。二〇一七年の時点ではトーマス・バッハはおろか当のジャック・マーすら知る由もなかったが、二〇二〇年にマーは三ヶ月間「失踪」したあと、アリババの経営から手を引く、というか「手を引かされる」ことになる。マーが公の場で中国共産党を批判してからの転落劇については、多くの報道があるのでそちらに譲りたい。

マーが失脚し、アリババ傘下の電子決済企業アントグループの新規株式公開が「延期」されると、アリババ国有化の噂が流れる。同社の先行きは、控えめに言ってきわめて不透明となった。そこに米中関係の悪化が重なり、フランス、イタリア、アメリカ、オーストラリアといったオリンピック開催を控える国々が、中国共産党が統制するかもしれないクラウドサービスを使うことなど考えられなくなる。というより、IOCとアリババの間だけで進んだこの話をまともに取り合うつもりなど、アメリカをはじめとする開催国には端からなかったのではないだろうか。各国の組織委員会ウェブサイトのサーバーを調べると、律儀にアリババクラウドを使っているのはパリ大会の組織委員会くらいで、ミラノ・コルティナ大会はマイクロソフトアジュールを使用している。ロサンゼルス大会のサーバーは簡単には分からないが、多くのアメリカ企業が電子デバイスを中国に持ち込まないよう勧告しているのに、オリンピックでアリババクラウドが使われるはずなどないだろう。

しかしフランスでは、IOCの意向を汲んだ組織委員会がアリババクラウドの使用を進めた。そのため「デジタル主権」を重視する関係各省庁と組織委員会の間で調整の必要が生まれたのである。とりわけ警察関係者の個人情報を中国企業のサーバーに保管することに内務省の強い抵抗があった、と各紙が報じている。会計検査院が二〇二二年に発表した中間報告も「戦略的目的のためのあるいは産業スパイによるオリンピックの情報システムからのデータベース流出、オリンピックの情報システムと国家のサービスの相互接続の利用、さらにはのちの活動のための事前配置、あるいは国際緊張の高まりにともなうインフラ機能の停止のリスク」[*49]を指摘し、早急な対処を要求したとのことだ。結果、組織委員会と国立情報システムセキュリティ庁（Autorité nationale en matière de sécurité et de défense des systèmes d'information）の間で一年におよび「アリババ問題」が協議され、最終的に「機密データのホスト」およびチケット販売業務からアリババを外すことが決定された。つまり同社のパリ五輪関連業務は大幅に縮小されたのである。繰り返すが、ロサンゼル大会を控えるアメリカではおそらくアリババクラウドの使用などはじめから問題外で、このような協議に時間が費やされることすらなかったことだろう。主権国家がスイスの一非営利組織の言いなりになる道理などないわけで、IOCの意向に従わずにいることはもちろん可能なのだ。こうしてアリババは蔑ろにされたわけだが、習近平に睨まれるという危機に比べれば、この程度のトラブルなど同社にとっておそらく些事に属するのだろう。アリババは国際スポーツ界との関係強化を続け、国際カヌー連盟および世界野球ソフトボール連盟とのパートナー契約を二〇二三年になって立て続けに締結している。つまり同社とIOCの関係は悪化していないということなのだ。

そもそもなぜIOCは、地政学的リスクの高いアリババという企業をワールドワイドオリンピックパートナーに選んだのか？　当初予定されていたIOCとアリババの提携は、Eコマース、ストリーミングサービス、クラウドサービスの三本柱だった。IOCはこうした重要業務を一気にアリババに担わせるつもりだったのである。換言すれば、アリババは数あるワールドワイドオリンピックパートナーのなかでも頭ひとつ抜けた最重要スポンサーとなる予定だったのだ。開催国が同意しなかったため、結局のところ「西側」で開催されるオリンピックでアリババが多くの業務を担うことにはならなかった。しかしこのような展開は、まったく予測できないものだったのだろうか？アリババが握る一〇億の中国人の個人情報の重要性と、中国が国内で展開するデジタル監視ならびに国外で繰り広げるサイバー攻撃を考慮すれば、リスクを想定できなかったＩＯＣの危機管理能力にも相当問題があると言わざるをえない。技術および企業倫理を脇に置いても、アメリカ企業の提供するクラウドサービスの方がはるかに政治的リスクが低いのは明らかである。仏メディア『キャピタル』はパリ五輪の「アリババ問題」を報じる記事で「アメリカ人や「ＧＡＦＡＭ」相手なら一緒にやっていけるが、中国人との合意はありえない」[*50]との「情報デジタルセキュリティ専門家クラブ（Club des Experts de la Sécurité de l'Information et du Numérique）」の会長の声を伝えている。つまり「ＧＡＦＡＭ」のクラウドサービスならフランス国立情報システムセキュリティ庁もすんなり受け入れていた、ということだ。それなのになぜＩＯＣは、ＡＷＳやマイクロソフトアジュールやGoogle Cloudではなく、アリババクラウドを選んだのか。

理由のひとつとして考えられるのは、ワールドワイドオリンピックパートナーのプログラムが、企業にとってさほど魅力的なものではなくなっているということだ。最高位のＴＯＰ（The Olympic Partner の略）プログラムに一九九七年から参加していたマクドナルドが二〇一七年に撤退し、それ以降、外食産業枠が埋まっていないことはよく知られている。またパリ大会までＴＯＰプログラムに参加しているトヨタ、ブリヂストン、パナソニックの日本企業三社は、二六年ミラノ・コルティナ大会、二八年ロサンゼルス大会の公式ウェブサイトからそろって姿を消している。三社のなかでもっとも影響力が大きいと思われるトヨタは、二〇二一年東京大会で日本国内におけるオリンピック用テレビCMを中止しているので驚くことではない。世論の支持を得られないまま無観客開催が強行された東京大会を経て、前記三社とIOCの関係が冷え込んでいるであろうことは想像に難くない。それでもオリンピックの広告効果が圧倒的であればまた違ってくるのだろうが、マクドナルドの例から察せられるように、現在おそらくTOPプログラムは買い手市場となっている。TOPプログラムに参加している企業のうち、二〇二三年時点でもっとも時価総額が高いのはVISA（世界一二位）で、以下サムスン（一九位）、P&G（二四位）、コカ・コーラ（三七位）、トヨタ（三九位）、インテル（五〇位）、アリババ（五七位）と続く。これだけの企業の協賛を集められるということは、オリンピック・ブランドはまだまだ強い、ということかもしれない。しかしこのなかに、時価総額ランキングの上位を占める先端産業の巨大企業はいない。またTOPプログラムに参加しているのはアップルではなくサムスン、テスラではなくトヨタ、NVIDIAではなくインテルである。そこから次のように推測できるのではないか。アリババがIOCの公式クラウドパートナーとなったのは、アマゾンやマイクロソフトやグーグルといった企業がオリンピックのスポンサーとなることに関心を示さなかったからではないか、と。

しかしTOPプログラムが買い手市場であるなら、IOCにはクラウド部門の協賛金を値下げし、アマゾンやマイクロソフトやグーグルに頭を下げる選択肢もあったはずだ。または外食産業枠を空白にしているように、無理にTOPスポンサーを見つけなくてもよかっただろう。そうではなくあえてアリババを迎えた背景には、トーマス・バッハ会長の強い意向、彼の原点とでもいうべきスポーツ哲学があると考えられる。

バッハ会長がフェンシングの元オリンピック選手で、金メダリストであることはよく知られている。バッハが金メダルを獲得したのは一九七六年モントリオール大会だったが、その次のモスクワ五輪を西ドイツはボイコットした。そのためバッハは出場できず、それを不服として「スポーツの政治的中立」を訴える活動をはじめる。この活動がファン・アントニオ・サマランチの目にとまり「IOCアスリート委員会が一九八一年に創設されると初代メンバーとなり、一九八八年まで委員を続け*[51]」たのだ。以後、サマランチの引き立てでバッハはIOC内部で出世していく。二〇一三年にIOC会長に選出されたとき、真っ先に電話をかけてきた国家元首はウラジミール・プーチンであった。

つまりバッハのキャリアの原点に「スポーツの政治的中立」があるのだ。「瀬古利彦（マラソン）は、キャリアのピークを逃し、後年になってモスクワに出られなかった意味を改めて噛み締めているというが、出場できないことがわかった時には意外と冷静だった*[52]」と神戸大学の小笠原博毅は瀬古の心境を紹介している。瀬古と異なり、バッハはまったく冷静などではいられなかった。そして「モスクワに出られなかった意味」を原動力に「政治に対するスポーツ界の無力さ*[53]」の払拭を行動原理として、IOC会長にのしあがったのである。

本来なら東京五輪が開催されているはずだった二〇二〇年七月に、IOCはちょっとした炎上騒ぎを起こしている。それはＩＯＣの公式ツイッターアカウントで、「#StrongerTogether（一緒ならもっと強くなれる）」というハッシュタグとともにベルリンオリンピックの映像を流してしまう、というものだった。これには各方面から批判が相次ぎ、なかでもアウシュヴィッツ・ビルケナウ博物館による「抗議ツイート」は各国のメディアによってこぞって報じられた。この騒ぎによってＩＯＣは件のツイートを削除し、謝罪を表明している。

先述のとおり、パリ五輪組織委員会にとってはピエール・ド・クーベルタンですらアンタッチャブルである。対してＩＯＣはベルリンオリンピックの映像とともに「#StrongerTogether」などとつぶやいてしまうわけで、二つの組織の間には大きな感覚の隔たりが認められる。ＩＯＣがこのような炎上騒ぎを起こしてしまうのは、「スポーツの政治的中立」に揺るぎない信念を抱いているがためだ。スポーツが政治を超越していると信じるなら、ベルリンオリンピックですらナチスと切り離して考えることができる。言うまでもなくそのような感覚は一般のものとは大きく乖離しており、オリンピック運営を専業とするわけではない人々の寄り合い所帯となる組織委員会にまで浸透することはない。

そうであるからこそＩＯＣは「スポーツの政治的中立」の根拠確立に努める。ロシアのウクライナ侵攻のあとで、ＩＯＣはオリンピック憲章の第一条を改正している。二〇二一年版では以下のようになっていた。

オリンピズムは肉体と意志と精神のすべての資質を高め、バランスよく結合させる生き方の哲学である。オリンピズムはスポーツを文化、教育と融合させ、生き方の創造を探求するものである。その生き方は努力する喜び、よき模範であることの教育的価値、社会的な責任、さらに普遍的で根本的な倫理規範の尊重を基盤とする。

それが二〇二三年版ではこうなっている。

オリンピズムは肉体と意志と精神のすべての資質を高め、バランスよく結合させる生き方の哲学である。オリンピズムはスポーツを文化、教育と融合させ、生き方の創造を探求するものである。その生き方は努力する喜び、よき模範であることの教育的価値と社会的な責任、さらに国際的に認知されている人権、およびオリンピック・ムーブメントの権限の範囲内における普遍的で根本的な倫理規範の尊重を基盤とする。

この改正の肝は「オリンピック・ムーブメントの権限の範囲内における」の挿入である。この文言を入れることで、「政治的に中立」なIOCは、たとえば侵略戦争といった重大な政治的事案に対して判断責任を放棄することができる。もっともIOCは「スポーツの政治的中立」という理念の浸透にそれほど成功していないので、限界はある。IOCがロシアオリンピック委員会の参加を認めないため、ロシア国籍の選手が個人の資格で出場することになるのはこの限界の露呈だ。しかし、ロシア国歌ではなくチャイコフスキーの音楽でロシア人金メダリストが表彰されることにいったいどれほどの懲罰的効果があるのか、という問いにIOCは答えられないはずである。

「スポーツの政治的中立」は、現実にはスポーツウォッシングの論理的根拠として機能する。スポーツウォッシングとは、二〇一〇年、二〇年代に目立つようになった、権威主義国家でのメガスポーツイベント開催を分析するうえで広く使われるようになった言葉だ。しかしその究極のかたちはベルリンオリンピックに求められるだろう。換言すれば、ベルリンオリンピックを「黒歴史」として抹殺することのない理論武装によって、IOCは権威主義的な国家である中国やロシアでオリンピックを、FIFAはロシアやカタールやサウジアラビアでW杯を開催することができるのだ。

二一世紀に入ってスポーツウォッシングを積極的に展開するようになった代表的な国家が、中国である。アリババがTOPプログラムに参加したのは、二〇〇八年と二二年の二つの北京オリンピックの間のことだ。このような選択は「スポーツの政治的中立」に寄せる信念によってはじめて可能となる。IOCが純粋な資本主義組織であれば、クラウドのような基幹部分で地政学的リスクの大きい中国企業を選択することはなかったはずだ。キャピタリストの行動原理は損得勘定であって、理念ではない。しかしトーマス・バッハは資本主義者である以上にスポーツ原理主義者である。ミラノ・コルティナ大会組織委員会がそうしたように、相対的に低リスクのマイクロソフトアジュールにIOCが鞍替えすることはなかった。バッハはおそらく、スポーツが政治を超越することを、アリババと手を組むことで見せつけたかったのだ。もし彼が自らの誤断を認めることがあるとすれば、それはアリババと中国共産党の関係悪化を見通せなかった認識の甘さに対してとなるだろう。ウイグル族特定を可能とする顔認証システムを開発した中国企業のスポーツウォッシングへの協力が問題となる論理は、バッハにはないのである。

パリ五輪の組織委員会にはそのようなIOCの意向が強く反映され、ギリギリまでアリババクラウドの使用が検討されたが、最終的に国立情報システムセキュリティ庁によって却下された。となると、代わりにどこの企業のサービスを使うのか決めなくてはならない。二六年ミラノ・コルティナ大会のサイバーセキュリティ関連人材募集要項を見れば、[*54]イタリアはマイクロソフトアジュールやAWSを選択したことが分かる。しかしフランスでは自国のITベンダー企業がTOPプログラムに参加しているので、もともとアリババが担う予定だった業務の多くがそちらに委託されることになった。

そのフランス企業はアトスという。IOCは公式サイトで、TOPプログラムに参加している唯一のフランス企業を次のように紹介している。

同社は二〇〇一年に情報テクノロジー部門のワールドワイドパートナーになりました。アトスはデジタル化における世界トップクラスの企業で、IOCの主要インテグレーターです。オリンピック競技大会の接続性、セキュリティ、デジタル化に問題が起きないよう監視することが同社の役割となっています。[*55]

二〇〇一年からワールドワイドパートナーであるので、二〇二〇／一年東京オリンピックではNTTグループ五社、富士通、NECなどが日本国内スポンサー契約を結んだので、「これら日本のITベンダーを束ね、二〇二〇年の東京五輪に向けたシステム」[*56]を構築したのがアトスだった。

ところでアトスは、トヨタ、ブリヂストン、パナソニックの日本企業三社同様、二六年ミラノ・コルティナ大会および二八年ロサンゼルス大会のパートナーから姿を消している。東京大会の数々のトラブルを目の当たりにした日本企業と異なり、フランス政府によるアリババ外しの漁夫の利を得た格好となったアトスが、なぜTOPプログラムをやめるのか。

その理由はおそらく、東京大会前に五輪用CMを中止したトヨタとはまったく異なるところにある。この企業にIOCに協賛し続ける体力がないことは、株価を見るだけで一目瞭然なのだ。同社の経営について何ひとつ知らなくても、アトスの株式チャートを見れば同社が非常に大きな問題を抱えていることは誰にでも分かる。アトスの株価は二〇一七年には一〇〇ユーロを超えていたが二〇二一年に入ると急落し、二〇二四年になってからはつねに一桁ユーロで「安定」している。二〇二三年八月二九日には、こうした状況に危機感をおぼえた同社の株主有志が「建設的なアトス株主協会（Union des actionnaires d'Atos constructifs）」[*57]を結成した。二四年二月にはスタンダード・アンド・プアーズがアトスの社債をCCCつまり「ジャンク」に格づけしている。

二〇二二年九月末に、国立情報システムセキュリティ庁などがアトスにオリンピック関連業務を任せることを決めたとき、アトスの株価はすでに一〇ユーロを割っていた。これほどの経営難にある企業にオリンピックの基幹システムを任せることが、フランスの政府機関主導で決定されたということである。こうして組織委員会は警備体制の不安に加えて、サイバーセキュリティのリスクも抱え込むことになった。デフォルトの可能性が真剣に取り沙汰されている会社に優秀なエンジニアが残るはずもないのだが、学生や年金生活者やボランティア落選者をかき集めて人員を補充するわけにもいかない。近年のオリンピックには「ロシア人ハッカー」のサイバー攻撃もつきものとなっているが、パリ五輪では「ジャンク」の格づけを受けたITベンダーが、ウクライナ侵攻という文脈でそれに立ち向かうのだ。

こうした状況にフランスの政治家がひとりも危機感を覚えないはずはない。ニコラ・サルコジが初代総裁を務めた右派政党、共和党（二〇一五年―）の国会議員は、アトスの一時的国有化を提案した。アリババに国有化の噂が絶えないのは成長しすぎて中国共産党に睨まれたためだが、それとは正反対の理由である。アトスはエアバス社などの企業のほか、フランスの内務省、軍事省とも契約を結んでおり、戦略的に重要な事業を抱えている。特に重要性が高いのが、核開発に使用される同社のスーパーコンピュータだ。そこにオリンピックを成功させなくてはならないプレッシャーが加わり、「潰すには大きすぎる」の論理が働く。チェコの大富豪、ダニエル・クレチンスキーが買収に関心を示したが、オリンピックの六週間前にあたる六月一一日に、アトスよりもはるかに経営規模の小さいOnepoint社による買収をアトスの取締役会が受け入れ、同日に同社の株価はついに一ユーロを割っている。

アトスはなぜ、これほどまでの経営難に陥ったのか。多くの識者がアトスへの公的資金注入に否定的であるのは、歴代経営陣の判断ミスのみを原因として現在の状況が生まれているからである。アトスの起源はクレディ・リヨネ銀行の情報技術を扱う同行の子会社で、当初から吸収合併によって巨大化してきた歴史を持つ。シラク政権で経済大臣を務めたティエリ・ブルトンが二〇〇八年に最高経営責任者に就任すると、その傾向にさらに拍車がかかった。ブルトンは「情報サービスの下請けを行なうこの小さな会社を、世界的リーダーにする」[*58]という野心を抱き、拡大路線を突き進んだ、と『ル・モンド』は報じている。ブルトンの元でアトスは、シーメンスのIT部門、ブル（フランスのコンピュータ会社）、ゼロックスのIT部門、シンテル（アメリカのITサービス会社）などを次々と買収した。二〇一七年にはユーロネクスト・パリ上場企業の時価総額上位四〇銘柄であるCAC40に名を連ねる。ちなみに二〇二四年四月現在、IOCは公式サイトで「アトスはCAC40指数を構成するヨーロッパ会社です」[*59]と紹介しているが、現在同社はCAC40から脱落しているのでこちらは誤情報である。

『ル・モンド』はアトスの転落を「テクノロジーの変化が新しいモデルを課していた時期に、間違った選択が続いた結果」[*60]と分析している。なかでもクラウドコンピューティングの飛躍を予期できなかったこと、非戦略的部門のアウトソーシングによるコストカットに遅れをとったことが致命的だった、とのことだ。しかし本当に問われるべきは、そのような間違った選択ばかりを続けた人物、すなわちティエリ・ブルトンが、二〇一九年に欧州委員となって同社の経営を離れるまで一〇年以上も最高経営責任者であり続けた理由ではないだろうか。

ブルトンは、典型的な「フランスのエリート」である。フランスの高等教育は大学とグランゼコールに分かれており、いわゆる「エリートコース」となるのは少数精鋭教育を行なう後者となる。学校にもよるが一学年数百名程度のグランゼコールのトップ校は、ゼネラリストを養成する傾向が強い。ブルトン自身は高等電気学校（École supérieure d'électricité）出身のエンジニアで、学生の頃から「リーダーになること」を「専門」にしてきたタイプのエリートとは若干異なる。しかし経済大臣や欧州委員を務めていることからも分かるように、フランス型官僚的エリートの道を歩んでいる。あるいは有料テレビ局、カナル・プリュスの経営を離れてアトスの最高経営責任者に迎えられたあと、一年も経たずに辞任したルドルフ・ベルメールの方が、ゼネラリスト型フランス人経営者の好例かもしれない。パリ経営大学院（HEC）出身のベルメールは、アトスのあとにはフランス最大の民間放送局、TF1の最高経営責任者に就任している。

こうした「専門：リーダーになること」といったタイプのフランス型エリートが現場軽視の傾向を強く持つことは、あらゆる方面で長年におよび指摘され続けている。フランス以外の国ではエリートは現場を軽視しないのか、というもっともな疑問も出てくるだろうが、少なくともアメリカで成功しているハイテク企業はフランスとは明らかに異なる原理で経営されている。ビル・ゲイツやスティーブ・ジョブスの時代からシリコンバレーで目立つのは、型破りなエンジニアが起業後も長く経営トップに君臨するパターンだ。ここで強調したいのは、そうしたアメリカ企業が企業倫理を含めたあらゆる面で優越している、ということではない。OpenAIの例を持ち出すまでもなく、イノベーションの暴走がもたらしうる文明的危機は二一世紀の全人類の課題ですらある。しかし関心を財務指標のみに絞れば、シリコンバレー企業の圧倒的優位は論を俟たない。早い話、フランスでマイクロソフトやアップルのような企業は生まれていないし、今後もなかなか出てきそうにないのである。

話をアトスに戻すと、同社の崩壊には「フランス的なあまりにフランス的な」とでも形容したくなる側面が認められるということなのだ。技術に無関心な官僚的エリートが経営判断ミスを繰り返して株価が大暴落したが、核抑止に深く関与しているために（おそらくいずれは）公的資金を注入せざるをえない、といった展開はきわめて二一世紀のフランス的なものだ。このような企業が、スポーツ、外交、技術、経済上のさまざまな思惑が入り乱れた結果、パリで開催されるオリンピック関連システムのインテグレーションを引き受けることになったのである。これで大会中に大きなトラブルが発生すれば、アトスの信用は落ちるところまで落ちてしまうことだろう。

そうなったとき、おそらくフランス政府も国立情報システムセキュリティ庁も組織委員会も責任を負うことなく、アトスが一社で泥をかぶることになるのではないか。ＩＯＣにいたっては「それ見たことか、だからアリババにしておけば」とすら言い出しかねない。しかしそもそもIOCのクラウドパートナーがアリババでなければこんなことにはならなかったはずなので、IOCのスポーツウォッシングに元凶を求めることは可能である。しかしミラノ・コルティナ大会組織委員会のように最初からIOCの意向を無視してもよかったのだから、有事の際に責任が追及されるべきはIOCだけではない。

二年ごとに開催地を変える現在のオリンピックに対し、環境負荷が重すぎる点について批判が高まっているのは前章で見てきた。しかし一度きりの大会を開催したあとに解散してしまう組織委員会こそが、何よりも壮大なスクラップアンドビルドなのだ。組織委員会を構成するのは、これまでに一度もオリンピック開催を経験したことがない人々である。つまりどこの国であれ、組織委員会は素人集団であることを宿命づけられている。こうした組織が大会のためのITインフラについて適切な判断ができないことに、おそらく驚いたりすべきではないのだ。

この点をさらに突き詰めれば、非営利ベースで夏季・冬季合わせて二年ごとに開催地を変え、組織委員会のメンバーをそっくり入れ替えて運営するには、オリンピックというイベントの規模は大きすぎるのではないか、という問いも立てられるだろう。何十億ユーロという大金が動くイベントなのだから、その規模にふさわしく営利事業として「経営」されているなら、これまで見てきたようなさまざまなトラブルは回避されていたのではないだろうか。営利事業ならこんな運営はありえない、というキャピタリストたちからの批判がいまのところそれほど出てきていないのは不思議なほどである。

思うに、スポンサー企業から組織委員会に出向した人々は、自社では考えられない杜撰なガバナンスを目の当たりにしているはずだ。こうした人々は守秘義務契約に署名していることだろう。しかし機密保持については組織委員会の比にならないほど厳格なはずのNSAの諜報員ですら、二〇〇二年ソルトレークシティ冬季五輪での大量監視を告発している。トーマス・ドレイクは告発に一五年を要したが、これほど長い時間をかけることなく各国から内部情報が出てくれば、オリンピックをめぐる議論に大きく資するはずだ。特に退職された方々につきましては、ぜひともドレイクのあとに続いていただきたいと願うばかりである。

注

＊1　Dominique Clément, 'The Transformation of Security Planning for the Olympics: The 1976 Montreal Games', *Terrorism and Political Violence*, 0:1–25, 2015, p.2.

＊2　Clément, ibid, p.14.

＊3　Clément, ibid, p.14.

＊4　Lindsay Whitehurst, 'Ex-spy says NSA did mass surveillance during Utah Olympics', *AP*, 3 June 2017. https://apnews.com/general-news-f16a2338b493478cb37b89e86407e316（二〇二四年四月一五日閲覧）

＊5　SID Today, 'SID Trains for Athens Olympics', Snowden Archive, 15 August 2003. 電子フロンティア財団のウェブサイトで全文の閲覧が可能。https://www.eff.org/fr/document/20150928-intercept-sid-trains-athens-olympicspdf

＊6　National Security Agency/Central Security Service, *NSA Awards Major Acquisition Contract to Science Applications International Corporation*, 19 September 2002. https://www.nsa.gov/Press-Room/Press-Releases-Statements/Press-Release-View/Article/1636887/nsa-awards-major-acquisition-contract-to-science-applications-international-cor/

＊7　C4Iシステムとは、情報技術の発展にともない前世紀の終わりに各国の軍隊が採用するようになった情報処理システムである。

＊8　二〇〇四年七月三〇日付でアテネニュース（Athens News）が報道した、シドニー五輪の警備最高責任者で、アテネ五輪の警備コンサルタントを務めたピーター・ライアンの発言。Minas Samatas, 'Security and Surveillance in the Athens 2004 Olympics: Some Lessons From a Troubled Story', *International Criminal Justice Review*, 2007; 17; p.225.

＊9　オリンピック会場の屋外コンサートで爆破事件が起こり、二名が死亡している。

＊10　Samatas, ibid, p.220.

＊11　Amnesty International, *Violence Has No Place in these Games! Risk of Human Rights Violations at the Rio 2016 Olympic Games*, 1 June 2016. https://www.amnestyusa.org/reports/violence-has-no-place-in-these-games-risk-of-human-rights-violations-at-the-rio-2016-olympic-games/（二〇二四年四月一五日閲覧）

＊12　『日本経済新聞』「五輪観客に顔認証活用を検討 新型コロナ対策で政府」二〇二〇年一〇月二一日。

＊13　日本電気株式会社「NEC、東京2020オリンピック・パラリンピック競技大会に次世代の業務用無線システム、混雑状況可視化システム、顔認証システム等を納入」二〇二一年九月六日。https://jpn.nec.com/press/202109/20210906_01.html（二〇二四年四月一五日閲覧）

＊14　Collectif, « Ni en 2024, ni jamais : NON au Big Brother Olympique », *Lundi Matin*, le 26 janvier 2021. https://lundi.am/Ni-en-2024-Ni-jamais-NON-au-Big-Brother-Olympique（二〇二四年四月一五日閲覧）

＊15　*Le Monde*, « JO 2024 : la reconnaissance faciale ne sera pas expérimentée durant les Jeux », le 23 novembre 2022.

＊16　Steve Lohr, 'Facial Recognition Is Accurate, if You're a White Guy', *The New York Times*, 9 February 2018.

＊17　Kashmir Hill, 'A Face Search Engine Anyone Can Use Is Alarmingly Accurate', *The New York Times*, 26 May 2022.

＊18　シリコンバレーでは珍しいトランプ支持者としても有名な、PayPal創業者にして現パランティア社会長のピーター・ティールが投資しているなど、極右思想の持ち主との繋がりが取り沙汰されることも多い企業。

＊19　LOI n° 2023-380 du 19 mai 2023 relative aux jeux Olympiques et Paralympiques de 2024 et portant diverses autres dispositions (1), Article 10. https://www.legifrance.gouv.fr/loda/id/JORFTEXT000047561974/（二〇二四年四月一五日閲覧）

＊20　ジル・ドゥルーズ「追伸——管理社会について」『記号と事件』宮林寛訳、河出書房新社、一九九二年、p.366。

＊21　Djaïd Yamak, « JO 2024 : l'ombre des drones de surveillance plane aussi sur les festivals », *Le Monde*, le 3 février 2023.

＊22　フリー百科事典『ウィキペディア（Wikipedia）』「ウォール・オブ・デス」https://ja.wikipedia.org/wiki/%E3%82%A6%E3%82%A9%E3%83%BC%E3%83%AB%E3%83%BB%E3%82%AA%E3%83%96%E3%83%BB%E3%83%87%E3%82%B9（二〇二四年四月一五日閲覧）

＊23　Hadopi 法の正式名称は「インターネット上での創造の流通・保護促進法（Loi favorisant la diffusion et la protection de la création sur internet）」といい、P2P技術を使用した違法ダウンロードを行なった者の電話・インターネットへのアクセスを禁止する、という厳しい規制が盛り込まれていた。実際にインターネットへのアクセス禁止（一五日間）を補充刑とした判決はおそらく一つしか出ていない、とされている。二〇一三年に発せられた政令によって同法は事実上終焉している。

＊24　この標語はLQDNのメンバーが執筆した「団体自伝」の書名となっている。Mathieu Labonde, Lou Malhuret, Benoît Piedallu et Axel Simon, *Internet et libertés*, Vuibert, 2022.

＊25　EU一般データ保護規則についてのLQDNによる総括は以下で読むことができる。La Quadrature du Net, « Le RGPD va rebooter Internet : ouvrons le combat », le 25 mai 2018. https://www.laquadrature.net/2018/05/25/25_mai/（二〇二四年四月一五日閲覧）

＊26　Technocarte : cartographie des projets sécuritaires. https://technopolice.fr/villes/（二〇二四年四月一五日閲覧）

＊27　Assemblée nationale, *Proposition de loi n°3452 relative à la sécurité globale*, Enregistré à la Présidence de l'Assebmée nationale le 20 octobre 2020. https://www.assemblee-nationale.fr/dyn/15/textes/l15b3452_proposition-loi（二〇二四年四月一五日閲覧）

＊28　https://stoploisecuriteglobale.fr/

＊29　Brando Benifei et al., *Lettre ouverte de parlementaires européens à la France sur la reconnaissance faciale*, le 30 novembre 2023. https://www.documentcloud.org/documents/24179768-mep-open-letter-regarding-the-revelations-of-illegal-use-of-facial-recognition-in-france-1（二〇二四年四月一五日閲覧）

＊30　Matthew Guariglia and Dave Maass, 'LAPD Requested Ring Footage of Black Lives Matter Protests', Electronic Frontier Foundation, 16 February 2021. https://www.eff.org/fr/deeplinks/2021/02/lapd-requested-ring-footage-black-lives-matter-protests（二〇二四年四月一五日閲覧）

＊31　Shoshana Zuboff, 'Democracy Can Still End Big Tech's Dominance Over Our Lives', *Time*, 5 May 2022.

＊32　L'Aeemblée nationale, « Jeux olympiques et paralympiques de Paris en 2024 : M. le Préfet Pierre Lieutaud, Coordonnateur sécurité JO 2024 » (vidéo), le 25 novembre 2020. https://videos.assemblee-nationale.fr/vod.php?media=9959565_5fbe5c9723bc0&name=%22Jeux+olympiques+et+paralympiques+de+Paris+en+2024+%3A+M.+le+Pr%C3%A9fet+Pierre+Lieutaud%2C+Coordonnateur+s%C3%A9curit%C3%A9+JO+2024%22+du+25+novembre+2020（二〇二四年二月二二日閲覧）

＊33　Coue des comptes, *L'organisation des Jeux olympiques et paralympiques de Paris 2024*, le 20 juillet 2023. https://www.ccomptes.fr/fr/publications/lorganisation-des-jeux-olympiques-et-paralympiques-de-paris-2024-1（二〇二四年四月一九日閲覧）

＊34　Le comité d'organisation des Jeux Olympiques et Paralympiques de Paris 2024, *Une cérémonie olympique unique*. https://olympics.com/fr/paris-2024/les-jeux/ceremonies/ceremonie-d-ouverture（二〇二四年四月一九日閲覧）

＊35　Simon Barbarit, « Stade de France : "C'est quoi votre problème ?" Didier Lallement sur la défensive devant les sénateurs », Public Sénat, le 9 juin 2022.

＊36　Ministère de l'intérieur et des outre-mer, *5 questions au coordinateur national pour la sécurité des Jeux olympiques et paralympiques 2024 et des grands événements sportifs internationaux*, le 25 juin 2019. https://www.interieur.gouv.fr/Archives/Archives-des-dossiers/2020-Dossiers/La-securite-des-grands-evenements-sportifs/5-questions-au-coordinateur-national-pour-la-securite-des-Jeux-olympiques-et-paralympiques-2024-et-des-grands-evenements-sportifs-internationaux#:~:text=Le%20coordinateur%20national%20pour%20la,que%20repr%C3%A9sente%20les%20JO%202024.（二〇二四年四月一九日閲覧）

＊37　Fabienne Pascaud, « Thomas Jolly : "Je suis triste qu'on ne puisse pas partager la cérémonie d'ouverture avec plus de public" », Télérama, le 20 février 2024.

＊38　*Le Canard echaîné*, « Paris 2024 : le plan B revient sur Seine », le 7 février 2024.

＊39　CNT-AIT, « Sécurité des JO : précaires, engagez-vous, regagnez-vous ! », *Actualité de l'Anarchosyndicalisme*, le 1 décembre

2023. http://cnt-ait.info/2023/12/01/securite-des-jo/（二〇二四年四月一九日閲覧）

＊40　Ministèrede l'Enseignement supérieur, de la Recherche et de l'Innovation, *3 000 missions de sécurité pour les étudiants à l'occasion des Jeux de Paris*, le 11 décembre 2023. https://www.enseignementsup-recherche.gouv.fr/fr/3-000-missions-de-securite-pour-les-etudiants-l-occasion-des-jeux-de-paris-89224（二〇二四年四月二〇日閲覧）

＊41　イル＝ド＝フランス地域圏の全国老齢保険金庫は、オリンピック警備についてのウェビナーを開催している。https://www.lassuranceretraite-idf.fr/home/retraite/webinaires/agents-securite-jo-retraite.html（二〇二四年四月二〇日閲覧）

＊42　*France Bleu*, « Le festival Lollapalooza annulé en 2024 :"On perd 180 millions d'euros à cause des JO", regrette l'organisateur », le 7 mars 2024. https://www.francebleu.fr/infos/economie-social/le-festival-lollapalooza-annule-en-2024-on-perd-180-millions-d-euros-a-cause-des-jo-regrette-l-organisateur-3099302

＊43　Le comité d'organisation des Jeux Olympiques et Paralympiques de Paris 2024, *Olympiade culturelle de Paris 2024 : informations clés sur les événements et les affiches artistiques*, le 1 juin 2023. https://olympics.com/fr/infos/olympiade-culturelle-paris-2024-informations-cles-affiches-artistiques（二〇二四年四月二〇日閲覧）

＊44　*France Culture*, « L'Olympiade culturelle de Paris 2024 : plus de 2 000 projets "avec l'objectif d'atteindre les zones rurales », le 27 janvier 2024.

＊45　国際オリンピック委員会『オリンピック憲章（二〇二三年版）』「第一章　オリンピックムーブメント」日本オリンピック委員会訳、二〇二三年、p.12

＊46　Benoît Hopquin, « Pierre de Coubertin, le perdant des Jeux olympiques », *M le Mag du Monde*, le 10 mars 2024.

＊47　Centre Georges Pompidou, « Le sport aux antipodes du queer ? » (vidéo), le 20 janvier 2024. https://www.centrepompidou.fr/fr/ressources/media/FBWiZdh（二〇二四年四月二〇日閲覧）引用したボュオンの発言は1:16:54より。

＊48　Centre Georges Pompidou, « Sport, autosupport, autodéfense » (vidéo), le 21 janvier 2024. https://www.centrepompidou.fr/fr/ressources/media/EPjLAu1（二〇二四年四月二〇日閲覧）引用したコシの発言は54:57より。

＊49　*Le Monde*, « JO de Paris 2024 : le géant chinois Alibaba ne s'occupera pas des données sensibles », le 23 septembre 2022.

＊50　*Capital*, « JO de Paris 2024 : le sponsor Alibaba inquiète », le 2 décembre 2021.

＊51　国際オリンピック委員会「トーマス・バッハＩＯＣ会長が再選、任期は４年間」二〇二一年三月一〇日。https://

olympics.com/ja/news/thomas-bach-reelected-ioc-president-for-additional-four-years （二〇二四年四月二〇日閲覧）

＊52 小笠原博毅「反東京オリンピック宣言――あとがきにかえて」小笠原博毅・山本敦久編『反東京オリンピック宣言』航思社、二〇一六年、p.265

＊53 『毎日新聞』「バッハ氏、政治色強くモスクワボイコット、スポーツ界無力痛感」二〇二一年三月一四日。

＊54 Fondazione Milano Cortina 2026, *Cyber Security Architect Specialist*. https://milanocortina2026.intervieweb.it/jobs/cyber-security-architect-specialist-33/en/ （二〇二四年四月二〇日閲覧）

＊55 Le comité international olympique, ATOS. https://olympics.com/cio/partenaires/atos （二〇二四年四月二〇日閲覧）

＊56 『日経クロステック』「東京五輪のＩＴシステム、開発者が明かすその全貌」二〇一七年六月一二日。

＊57 https://udaac.org/ （二〇二四年四月二〇日閲覧）

＊58 Olivier Pinaud, « Atos : récit d'un crash, des années Breton au démantèlement », *Le Monde*, le 8 octobre 2023.

＊59 Le comité international olympique, *ATOS*. https://olympics.com/cio/partenaires/atos （二〇二四年四月二〇日閲覧）

＊60 *Le Monde*, « Atos, l'hubris et la chute d'un mousquetaire français de l'informatique », le 5 février 2024.

第五章　オリンピックマネー

5-1. スポーツマーケティング

アベリー・ブランデージは一九三六年ベルリン五輪「成功」の立役者として知られている。米国オリンピック委員会会長だったブランデージの後押しなくして、第三帝国のプロパンガンダがあれほどのインパクトを残すことはなかった。それから三六年後、二度目のドイツ開催（ミュンヘン）となった夏季オリンピックは、ブランデージが第五代IOC会長として迎える最後の大会だった。終盤にさしかかったころ、イスラエル選手団一一人がパレスチナ武装組織の人質となって全員殺害される。大観衆と選手団、そしてテレビカメラを前にブランデージが叫んだ言葉は「大会は続けられなくてはならない（The Games must go on）」だった。ミュンヘン大会は続行された。そのブランデージには東洋美術愛好家の顔もあり、サンフランシスコの美術館に自身の名を冠したコレクションを寄贈している。そのため同美術館にはブランデージの胸像が置かれていた。しかし開館五〇周年に向けた調査作業で学芸員たちがナチスシンパとしての顔を「発見」し、ブラック・ライブズ・マターのうねりが高まる二〇二〇年に撤去されたのである。

ところでブランデージはアマチュア主義に固執した最後のIOC会長でもあった。ピエール・ド・クーベルタンの唱えたアマチュア主義を支えたイデオロギーとは、階級差別にほかならない。クーベルタンが求めたのは余暇に心身を鍛錬する高貴な「スポーツ騎士」であって、金銭的報酬をともなうプロスポーツはその理想の対極にある。一九二〇年代から三〇年代まで労働者オリンピアードが開催された理由のひとつには、IOCのアマチュア規定による実業団スポーツの排除も挙げられる。第二次世界大戦後にIOCに加盟したソ連が「ステートアマ」を送り込むようになるとアマチュア規定は時代遅れとなったが、ブランデージが会長の間はオリンピック憲章に残り続けた。

一方「プロスポーツはスポーツなどではなくエンターテイメントである」[*1]というブランデージのエリート主義は、次の原則も支えていた。「ビジネスはビジネス、スポーツはスポーツであって、この二つを混ぜることは不可能である」[*2]。こちらの原則もブランデージの退任とともに、急速に過去のものとなっていったのである。

ブランデージの晩年と後任の「キラニン卿」こと第六代IOC会長マイケル・モリスの任期は、第一章で言及したオリンピック冬の時代にあたる。メキシコシティ、ミュンヘン、モントリオール、モスクワの「四つのM」で続いたさまざまなトラブルによって、オリンピックの開催希望都市は激減し、八四年大会の招致に手をあげたのはロサンゼルス一都市となった。そのためロサンゼルスはIOCに対して圧倒的に優位に立ち、開催都市契約と組織委員会会長の人選にその力関係が反映される。ロサンゼルス市は公金支出を拒否し、組織委員会会長にはIOCとまったく縁のない旅行業界のビジネスマン、ピーター・ユベロスが就任したのだった。

ブランデージが忌避したビジネスとスポーツの融合にユベロスは成功し、「商業オリンピック」の歴史がここからはじまる。その柱の一つは放映権料の市場化で、アメリカ国内の独占放送権を獲得したABC一局だけで二億二五〇万ドルを支払っている。もう一つの柱がスポンサー・ライセンスだ。ロサンゼルス以前もオリンピックにはさまざまな企業が協賛していたが、ユベロスはスポーツマーケティングを導入して、業種一社にスポンサーを限定し、協賛金を釣り上げることに成功した。こうしてロサンゼルス大会は二億二三〇〇万ドルの黒字を計上する。

オリンピックを商機へと変えた「功績」を真っ先に帰すべき人物は、ピーター・ユベロスである。しかしロサンゼルス市に有利な契約のもと、放映権料の六割以上を組織委員会の懐に入れ、もっぱらアメリカ国内に利益を還元したユベロスがIOCの長期的パートナーとなることはなかった。IOCはユベロスの作った仕組みを、ユベロス抜きで継続していく体制を自前で整えていく。以下はIOCの公式ウェブサイトに掲載されている「一九八五年：オリンピックパートナープログラムの創設」という記事の抜粋である。

> サマランチとリチャード・パウンドは、IOCの財務状況を改善するため二つの方法を定めました。ひとつめは、IOC主導でのテレビ局との交渉です。IOCは放映権料の多くを組織委員会に分配し、それからオリンピックムーブメントを構成する国内オリンピック委員会と国際競技連盟に残りが分配されます。サマランチとパウンドは、のちにオリンピック・プログラム（TOP）として知られることになる、野心的なプログラムを開始しました。その後オリンピック・パートナー・プログラムに改名されますが、略称は同じくTOPです。そうするうえで彼

らは、ユベロス会長のもとで莫大な経済的成功を収めたロサンゼルス大会の原則を用いたのでした。[*3]

IOCが全世界に無料公開しているこのテクストには、ある重要な関係者の名前が最後まで出てこない。TOPの生みの親というべき人物は、サマランチやパウンドではなく、アディダス社長・ホルスト・ダスラーである。ユベロスが成功させたオリンピックの収益モデルをIOCの管理下で持続可能にしたのが、ダスラーおよび彼と組むことを決めたサマランチなのだ。というより、ダスラーが自分の息のかかったサマランチをIOC会長に押し上げたとの見方の方が、事情通のあいだでは一般的であろう。

ホルスト・ダスラーはアディダス創業者「アディ」・ダスラーの息子として、スポーツシューズの製造・販売業務を手がけてきた。しばしばカインとアベルの相剋にたとえられる「アディ」の兄「ルディ」が創業したプーマとの骨肉の争いのなかで、スポーツマーケティングが巨大ビジネスとなる可能性にホルスト・ダスラーは気づく。スポーツマーケティングそのものはホルスト・ダスラーの発明ではない。この分野の開祖は、コカ・コーラ社をサッカービジネスの中核とすることを思いついたBBCのスポーツ解説者、パトリック・ナリーとされることが多い。ホルスト・ダスラーはナリーの事業の重要性に気づき、ダスラー五五パーセント、ナリー四五パーセントの出資でモナコにSMPI社を立ち上げ、FIFAのスポンサーシップを手がけた。しかしSMPI社は短命に終わる。ダスラーは、ナリーとの関係を解消して当時世界を席巻していた「ジャパンマネー」と組むことを選んだ。こうして一九八二年にダスラー五一パーセント、電通四九パーセントの出資でインターナショナル・スポーツ・アンド・レジャー（以下ISL）社が設立された。世界のスポーツ、そして電通という企業のたどる軌跡も、ここから大きく変わっていく。

ISL社は会社設立一年後の一九八三年に、二つの重要な契約をIOCと結んでいる。ひとつがオリンピックパートナープログラムのマネージメントであり、もうひとつがロサンゼルスの次大会となる八八年ソウルオリンピックのマーチャンダイズ、ライセンス、スポンサーシップ、サプライヤー契約の管理である。このビジネスにはISL社の共同出資者として電通も関与している。この時期、電通のスポーツ担当者として世界のスポーツビジネスに食い込んでいったのが、四〇年後に東京オリンピックの汚職事件で失脚する高橋治之である。ダスラーが国際スポーツのあり方を作り変えていた頃、電通はこの変容に早くから関わっていたのだ。ホルスト・ダスラーはその行方を見届けることなく、一九八七年に五一歳で癌のため他界する（葬儀ではサマランチが弔辞を読んでいる）。ホルストがほとんど一人で作り上げたと言われるIOC、FIFA、世界陸上連盟の利権を独占するシステムに、単独の後継者はいなかった。ホルストの死後、ダスラー家伝統のお家騒動が勃発し、ISL社は急速に衰退する。そもそも一度の大会で数億ドルの金額が動く、粗利九割超とも言われる事業がいつまでも家族経営に収まるはずがない、との分析も正鵠を射ているかもしれない。[*4] 一九九〇年にはフランス人実業家、ベルナール・タピが本丸アディダスの経営権を買収し、これにてアディダス社とダスラー一族の資本関係が消滅する。この間、ホルスト・ダスラーに目をかけられて一九八五年にアディダスのプロモーションディレクターに就任した元金メダリストのドイツ人弁護士が、ホルストの死後間髪入れずにアディダスを退社している。この敏腕弁護士の素早い動きは興味深いが、彼のアディダス退社の動機は知られていない。この人物は一九九六年にIOCの理事となり、その後副会長を二期務めたのちにIOC会長の座に上りつめるのだった。

ISL社の転落劇のもうひとつの大きな原因として挙げられるのが、IOCによる自組織内マーケティング部門設立である。FIFAと異なりIOCは、九〇年代半ばにリチャード・パウンド主導でISL社と手を切ることを決める。電通がISL社の保有株を売却するのも、同時期の一九九五年のことだ。その後ISL社は放映権ビジネスに進出するなど、事業拡大の道を突き進んだ。ノンフィクション作家、田崎健太は『電通とFIFA』でその顛末についてこう述べている。

しかし、あまりにも手を広げすぎだった。様々な連盟、団体への支払いのために、ISL社は資金不足に陥ることになった。

二〇〇一年一月、電通はISL社に対して六六〇〇万フランの銀行保証をしている。もちろん担当者は高橋である。

「FIFAから頼まれた。そこでぼくを含めて何人かの電通の人間がFIFAまで話を聞きに行った。ISLはもう駄目だ、電通でなんとかしてくれと」

その間、ＩＳＬ社は手を組む企業を探したが見つからなかった。そして、五月に倒産した。[*5]

ＩＳＬ社の歴史はここで終わる。このあとに展開するのは、国際スポーツを「電通でなんとかして」いく歴史だ。しかしホルスト・ダスラーがそうしたように、国際スポーツを電通が一手に掌握することにはならなかった。この頃スポーツビジネスで動く金額はどんどん膨らみ、それにともなって参入者も増えている。それでも二一世紀初頭に、電通が国際スポーツビジネスで大きな存在感を放っていたことは間違いのない事実だ。しかしこの記述に適した時制は過去形となる。ＩＳＬ倒産から二〇年後、今度は高橋治之が二〇二〇／一年東京オリンピックをめぐる汚職事件で失脚するからだ。日本最大の広告代理店の座を降りそうな気配はまだまだ漂っていないものの、汚職事件の影響で電通は二〇二五年大阪万博や二〇二六年名古屋アジア大会といった日本国内のメガイベントから外されている。国際スポーツビジネスにおいては、ＩＯＣがＩＳＬ社を切り捨てたときとよく似た展開が再現されている。東京五輪を五年後に控えていた（はずの）二〇一五年に、電通はアジア二二カ国[*6]の二〇一八年から二〇二四年までのオリンピック放送権を取得している。しかし高橋治之が逮捕されたあと、二〇二六年から二〇三二年の同地域の放送権はスイスのインフロント社に売却されたのだ。サハラ以南アフリカのオリンピック放送権をすでに取得していたインフロント社の創業者は、さまざまな汚職疑惑で第八代ＦＩＦＡ会長を辞任したゼップ・ブラッターの甥にあたる、フィリップ・ブラッターである。同社はＦＩＦＡスポンサーである中国の大連万達グループの傘下にあり、国際スポーツにおける「ジャパンマネー」から「チャイナマネー」への交代劇という側面もある。

電通の凋落とともに日本スポーツ界とIOCの蜜月も終わり、ある重要な合意が消滅した。冬季オリンピックの札幌開催である。もともと札幌市は二〇二六年冬季五輪の開催に名乗りを挙げていたが、表向きは二〇一八年の北海道胆振東部地震によって招致をとりやめている。日本経済新聞によると、「札幌市では北海道新幹線の札幌延伸などと連動できる三〇年の招致を望む声が経済界を中心に多かった」[*7]とのことで、地震は口実にすぎなかったのかもしれない。こうして三〇年大会に照準が合わせられたのち、IOCと札幌市は東京都知事に無断で、東京オリンピックのマラソンと競歩を札幌で実施することを決定する。札幌市とIOCがこのように「直で通じている」ことは、来るべき冬季大会の前触れであると理解されていた。しかし二〇二二年九月に予定されていた札幌市長とのローザンヌでの面会を、トーマス・バッハ会長は一方的に見送った。そこからはじまる札幌冬季五輪の招致停止までの道のりについては、ほかに譲りたい。本書の関心のありかは、札幌が消えたことでフレンチアルプスが有力候補地として急浮上し、そのまま二〇三〇年冬季五輪の開催地に選ばれていく過程とその背景で動く力学にある。一言でまとめるならそれは、ISL社が消えて勢力を拡大した電通もまた転落し、電通の傘下にあったフランスのスポーツコンサルタントが影響力を発揮していった下剋上の連鎖である。ここからの主役はパリ五輪組織委員会の事務総長・エティエンヌ・トボワと、組織委員会のCOO(チーフ・オペレーティング・オフィサー)・エドゥアール・ドネリーとなる。

エティエンヌ・トボワはアトランタ五輪にバドミントン選手として参加し、男子シングルス三三位という目立たない成績を残した元アスリートである。他方、パリ五輪組織委員会会長のトニー・エスタンゲは、三大会（シドニー、アテネ、ロンドン）での金メダリストである。スポーツ界では現役時代の成績が大きくものをいうので、エスタンゲが組織委員会のトップに収まり、トボワがその右腕となることに不思議はない。しかしロンドン大会まで現役選手だったエスタンゲのスポーツビジネス界での実績は、トボワと比べれば生まれたての赤子のようなものである。

第二章で言及したとおり、トボワは二〇〇八年および二〇一二年大会のパリ招致計画にも関わっている。彼がフランスのスポーツ界で存在感を発揮するようになったきっかけは、フランスで開催された二〇〇七年ラグビーW杯であると複数の報道が伝えている。[*8] この大会でトボワは、フランスラグビー連盟会長（のちにワールドラグビー会長）、ベルナール・ラパセをはじめとするスポーツ界の大物の知己を得る。その翌年にトボワは、一回り以上若いエドゥアール・ドネリーと共同でスポーツコンサルティング会社、ケネオ社を設立する。ケネオ社およびトボワは、二〇二〇年オリンピックの東京への招致成功に「積極的に関わった」ことで躍進した。しかしできたばかりのフランスのコンサルティング会社が、東京オリンピックの招致に「積極的に関わ」る余地はどこにあるのか？

二〇一七年八月一四日付の『ル・モンド』紙は、以下のように報じている。

この代理店は、フランス国立オリンピック・スポーツ委員会などさまざまなフランスのスポーツ機関と契約を結んだが、それだけに止まらなかった。ケネオ社は、東京の二〇二〇年大会の招致成功に積極的に関わった。トボワによれば、日本が有利となるための鍵は次のことだった。クウェートのアハマド・アル＝ファハド・アル＝サバーハや、セネガルのラミーヌ・ディアクといった「影響力のある」ＩＯＣ委員の票を「固める」ことだ。専門サイト「SportPro」での二〇一三年一一月のインタビューでトボワはこう説明している。問題は、以後この二名が司法捜査を受け、二〇二〇年大会の招致がフランスの予審の対象となっていることだ。「この言い方は不適切だった」とエティエンヌ・トボワは弁明する。「説得する(convaincre)」という動詞を用いるべきだった、というのが現在の彼の考えだ。[*9]

ここに登場するラミーヌ・ディアクは、第一章で述べたとおり、ロシア陸連からの収賄容疑で逮捕・起訴され、二〇二〇年九月に有罪判決を受けている。東京五輪招致委員会によるディアクへの「ロビー活動」は起訴されることなく、二〇二一年にディアクは他界した。ディアクへの贈賄疑惑で日本オリンピック委員会会長の竹田恒和が辞任に追い込まれているが、そのきっかけは二〇一九年に『ル・モンド』が出した、フランス検察の捜査を伝える「スクープ記事」だとされている。その二年前に『ル・モンド』は、ディアクの票を「固める(sécuriser)」ために、パリ五輪招致委員会の中枢にいた人物が「積極的に関わっ」ていたと報じていたのだ。

トボワの「ライフワーク」は、パリへのオリンピック招致であった。その彼が東京五輪招致に「積極的に関わった」動機を理解する鍵は、この件についての最重要文献である石元悠生の『東京五輪招致の研究』によって提供されている。

一方、政府間による働きかけで最も多かったのはフランスだった。安倍首相をはじめ、閣僚や国会議員、政府高官が国際会議や大型連休中の外遊を活用し、フランス政府のさまざまな分野の大臣らに働きかけを行った。ここでは、パリが二〇二四年大会の立候補に意欲を示していたことで、フランス政府から「東京支持」を引き出す代わりに「二四年大会はパリ支持」との取引（deal）も行われたものと推察される。資料によれば、安倍首相がオランド大統領（当時）と面会し、オランド大統領から「観光の観点からも五輪は有益である。サービス向上などから両国で話し合ってはどうか」との提案もあった。つまり、パリが二四年大会の開催都市になるためには、大陸ローテーションの関係から二〇年大会は同じヨーロッパのマドリードやイスタンブールでなく、アジアである東京で開催されることが条件の一つとなる。言い換えれば、五輪招致をめぐり両国は相思相愛の関係であったともいえる。[*10]

フランスの関係者にとって、二〇二〇年大会がマドリードやイスタンブールといったヨーロッパの都市ではなく東京で開催されることは、その四年後にパリにオリンピックを招致するための必要条件だったことが理解できる。ケネオ社の東京五輪招致への関与、そしてその後の電通によるケネオ社の買収も、オリンピックをめぐる日本とフランスの「相思相愛の関係」の産物ということになるだろう。

二〇一六年九月二三日に電通は「電通、フランスの独立系大手スポーツマーケティング会社「ケネオ社」の株式一〇〇パーセント取得で合意」と題されたニュースリリースを発表する。二〇一五年にオリンピック招致委員会の事務総長に就任したトボワは、同年六月にケネオ社の株式を一〇万五〇〇〇ユーロという安値で売却済である。このニュースリリースにオリンピックの文字は一度も出てこない。しかしケネオ社の代表者（Chairman）として最初に名前が出てくるエドゥアール・ドネリーは、二〇二二年にパリ五輪組織委員会のCOO（チーフ・オペレーティング・オフィサー）に就任することになる人物である。ウェブメディア『メディアパルト』の二〇一七年五月一二日付報道[*11]によれば、ケネオ社は公的機関が発注したオリンピック招致関連事業を数件落札しており、受注総額は二〇〇万ユーロを超えている。また二〇一六年九月二三日というタイミングは、ローマ市長に就任したばかりのヴィルジニア・ラッジが選挙公約だった二〇二四年オリンピック招致からの撤退を正式表明してから二日後に当たる。つまり、二〇二四年オリンピックのパリ開催の可能性が高まっていく文脈で、フランスでもっともオリンピックと関りの深いスポーツマーケティング会社を電通が買収した、ということなのだ。

エドゥアール・ドネリーは電通にケネオ社を売却した二年後（二〇一八年）に、同社を離れる。

それからさらに二年後の二〇二〇年には、電通もケネオ社を手放す。ケネオ社がパリ五輪をめぐる汚職疑惑によってフランス金融検察による家宅捜索を受けるのは、パリ五輪を一年後に控えた二〇二三年六月のことである。パリ五輪組織委員会と電通フランスもほぼ同時に家宅捜索されている。捜査範囲は二〇一二年から二〇二〇年までと長期におよび、報道によれば検察のターゲットはトボワとドネリーである。念のため再確認しておくと、二〇一二年という時期にケネオ社が手がけていた案件はパリではなく、東京への五輪招致である。

この捜査についてのもっとも詳しい報道は、フランス最大のスポーツ紙『レキップ』紙が二〇二三年七月一三日の二二、二三面に掲載した記事である。電通フランスの家宅捜索も小見出しで伝えるこの記事は、本件に関し他紙の追従を許さない詳報となっている。しかし、あるいはそれゆえに、この記事の電子版は掲載から数日後にパリ五輪組織委員会による訂正を受け、『レキップ』の定期購読者以外は記事冒頭にアクセスできなくなっている。訂正事項は複数に及ぶが、真っ先に言及されるのがケネオ社に莫大な利益をもたらした東京五輪招致での「業務内容」である。まず、元記事の該当箇所を見ていこう。

同社の業績は好調で、二〇一三年には一一〇万ユーロの利益を上げている。さまざまな手柄のうちのひとつが、二〇二〇年オリンピック大会招致を目指す東京のキャンペーンへの積極的な関与である。そこでのケネオ社の役割とは？　もっとも影響力のあるＩＯＣ委員の票を「固める」ことだ。こうした委員たちが、どこの国がオリンピックを開催することになるかを決めるのである。（……）「ＩＯＣ委員の過半数の支持、つまりは票を確保」しなくてはならない。「そのためにはもっとも有力な委員からはじめなくてはならない。なぜならこうした委員の支持が他の委員に影響を及ぼしうることが暗黙の了解となっているからだ」とトボワは続ける。この契約はケネオ社に一〇〇万ユーロをもたらしたのだった。[*12]

先に引いた二〇一七年の『ル・モンド』の記事と内容だけでなく言葉づかい（「固める（sécuriser）」や「影響力のある委員（membres influents）」）も重複しているのは、どちらの記事も同じソースに依拠しているためだろう。残念ながら『ル・モンド』の記事で言及されている「SportPro」というウェブサイトは現存していないため、トボワの元発言を確認することはできない。次に、『レキップ』が右の記事を掲載してから数日後に出した訂正を見てみよう。

訂正（二〇二三年七月一九日）：本記事の掲載後、組織委員会は以下の詳報の追加を望んだ。東京五輪招致キャンペーンにおける、二〇一三年のケネオ社でのエティエンヌ・トボワの活動は、立候補ファイルの練り上げとプレゼンテーションに関する技術的助言の提供であった。コミュニケーションとロビー活動を行なったのは他の関係者である。トボワがＩＯＣ委員を個別訪問するロビー活動に従事したことはない、と組織委員会は強調している。[*13]

トボワがロビー活動に関与していないのならば、当該『レキップ』紙の記事だけでなく六年前の『ル・モンド』の記事も訂正した方がよさそうなのだが、こちらにパリ五輪組織委員会が訂正を要求した形跡はみられない。

結局のところ、電通＝ケネオのラインで何がどう動いたのかを知るには、フランス金融検察による捜査の進展を待つよりほかない。ちなみに金融検察のジャン＝フランソワ・ボネール検事は「私たちの目的は、普遍的な祭典が（……）つつがなく進行できるようにすることです。このイベントの邪魔になるようなことはしませんよ」と二三年九月一三日にラジオで発言しており、[*14]オリンピック期間中に逮捕者が出る可能性を否定している。

しかし捜査を待たずに言えることもある。本人のLinkedInアカウントによると、エドゥアール・ドネリーは二〇一八年七月にケネオ社の経営を退いてから一年ほど長期休暇を取ったのち、二〇一九年にスポーツ専門SNS、Be Sport社のゼネラル・マネージャーに就任している。Be Sport社で二年を過ごしたあとにパリ五輪組織委員会のCOOに就任するわけだが、この間に彼の兄、ダヴィッド・ドネリーとスポーツコンサルティング会社、RnK社を共同設立しているのだ。ドネリー兄弟の新会社は二〇二〇年末に設立されるや否や、組織委員会と重要な契約を次々と結んだ。そのなかには聖火リレーの運営も含まれており、二〇二四年一月の時点でRnK社公式サイトの求人ページには「シニアプロジェクトリーダー　聖火リレーセンター（有期限雇用）」や「バイカー　聖火リレー（フリーランス）」といった募集が掲載されていた。つまり、パリ五輪から業務を受注する企業の創立者が、組織委員会のCOOに就任したということになる。このことはさすがに問題となり、エドゥアール・ドネリーのRnK社の持ち株を共同経営社（つまりエドゥアールの兄）に売却することが組織委員会の倫理委員会により要求されている。*15

IOCが電通を切り捨て、二〇三〇年冬季五輪の開催地を札幌以外の線で探るようになったのはこの間のことであった。そしてRnK社はここにも商機を見出したのである。バッハ会長が札幌市長との面会を「ドタキャン」するのが二二年九月で、この時点で三〇年冬季五輪が札幌で開催される見込みはほぼ消えていた。カナダのバンクーバー、スウェーデンオリンピック委員会なども三〇年冬季五輪への関心を示していたが、これらの候補地では都市、地方／州、国の間で合意が形成されていなかった。他方スイスの政界は冬季五輪招致について超党派で前向きで、そのため三八年冬季大会についてIOCと「優先的に対話を進める」と報道されている。しかしスイスは直接民主制の国である。オリンピックをスイスに招致するとなると、住民投票または国民投票は避けられない。二一世紀になってからオリンピック招致を問う住民投票で賛成が上回った事例は二件（バンクーバーとオスロ）しかなく、スイスのベルン（二〇〇二年）、サンモリッツとダボス（二〇一三年）、シオン（二〇一八年）で行なわれた住民投票でも反対派が勝利している。言い換えると、これまでスイスで冬季五輪が開催されてこなかったのは、住民が否決し続けたためなのだ。

こうした文脈で急浮上したのが「フレンチ・アルプス」の立候補なのである。ここで年表形式で推移を整理しておこう。

- 二〇二一年一〇月：オーヴェルニュ＝ローヌ＝アルプ地域圏のローラン・ヴォキエ議長が国営テレビ、France 3 Alpesで三〇年冬季大会招致への意欲を表明*16
- 二〇二二年一月：プロヴァンス＝アルプ＝コートダジュール地域圏のルノー・ミュズリエ議長が、三四年または三八年冬季大会招致への意欲を表明
- 二〇二二年六月：バルセロナ＝ピレネー（スペイン）が三〇年冬季大会への立候補を撤回
- 二〇二二年一〇月：ブリティッシュ・コロンビア州（カナダ）議会がバンクーバーへの冬季五輪招致関連予算の計上を却下
- 二〇二二年一二月：三〇年冬季大会開催地の決定時期延期をＩＯＣが発表
- 二〇二三年二月：スウェーデンオリンピック委員会が三〇年冬季大会についての招致検討を開始
- 二〇二三年三月：スイスオリンピック委員会が「将来の冬季大会」についてのＩＯＣとの「継続的対話」を開始
- 二〇二三年五月：フランスのＩＯＣ委員、ギィ・ドリュが三〇年大会へのオーヴェルニュ＝ローヌ＝アルプ地域圏とプロヴァンス＝アルプ＝コートダジュール地域圏の「共同立候補」を提案

・二〇二三年七月：オーヴェルニュ＝ローヌ＝アルプ地域圏とプロヴァンス＝アルプ＝コートダジュール地域圏が「フレンチ・アルプス」の三〇年冬季大会への立候補を発表
・二〇二三年九月：ローラン・ヴォキエとルノー・ミュズリエがローザンヌでバッハ会長と面会
・二〇二三年一〇月：ムンバイ（インド）で開催された第一四一次IOC総会が、三〇年、三四年冬季大会の同時決定を承認
・二〇二三年一一月：三〇年大会はフレンチ・アルプス、三四年大会はソルトレークシティが単独候補地に決定

この年表を読み解くにはいくつかの背景知識が必要となる。そのひとつが、ローラン・ヴォキエとルノー・ミュズリエの関係である。この二名の政治家の所属政党は異なっており、[*17]両者は競合関係にある。二〇二二年の段階で二つの地域圏が別々に将来の冬季五輪招致を考えていたのは、そのあらわれにほかならない。世界的に有名なスキー場と過去に冬季五輪（シャモニ、グルノーブル、アルベールヴィル）を開催した実績を誇るのは、ヴォキエのオーヴェルニュ＝ローヌ＝アルプ地域圏だ。他方、ミュズリエにはエマニュエル・マクロンの支持がある。IOC委員ギィ・ドリュが介入して二つの地域圏の共同立候補が発表されると、両者の足の引っ張り合いがネックになるのでは、との分析が各方面から出てきている。

次に、スウェーデンオリンピック委員会は二二年大会および二六年大会の招致にも名乗りをあげているが、その度にストックホルム市議会または市長が不支持を表明してきた歴史に注意が必要である。IOCがもっとも重視するのは、予算超過の際には開催国が公的資金を注入する、との言質である。[*18] その一言を言い渋るスウェーデンが、IOCの優先的パートナーとなることはない。二三年九月にヴォキエとミュズリエがバッハ会長を挟んでローザンヌで撮影したような記念写真を、スウェーデンの政治家が撮影したことはないのだ（札幌市長にもできなかったが、そちらの事情はまったく異なる）。

最後にソルトレークシティについては、二八年ロサンゼルス五輪組織委員会のケイシー・ワッサーマン会長およびアメリカオリンピック委員会が三〇年冬季大会の招致に反対していた。二八年、三〇年と二年しか間をおかずにアメリカでオリンピックが開催されることで、スポンサー集めの難航などが予測されるためである。しかし、ロサンゼルスから六年後となる三四年大会は承認されており、そのためこちらは早くからソルトレークシティで「ほぼ内定」していたのである。

まとめると、フランスのスポーツ相（一九九五年から九七年）も務めたことのあるIOCの古参委員、ギィ・ドリュが三〇年大会のフランスへの招致を公に言い出した時点で、結論はほぼ出ていたということだ。札幌の可能性が消えていたことも、スウェーデンやスイスに問題があることもドリュには分かっていた。そこでフランスのスポーツマーケティング業界は二三年に入ってから、パリでのオリンピック夏季大会を一年後に控えつつ、三〇年大会招致に飛びついたのである。そこでパリ五輪組織委員会の現役幹部が「活躍したらしい」と伝えるのが、先述の『レキップ』紙二三年七月一三日の報道なのである。正確には、金融検察によるケネオ社、組織委員会、電通フランスの家宅捜索について報じる記事の下部に置かれた、「RnK社にとってのもうひとつの市場(Un marché de plus pour RnK)」という見出しの別記事となる。長くなるが、以下に全文を訳出しよう。

エドゥアール・ドネリーの兄、ダヴィッドの会社は、まだまだオリンピックを求めている。けれども今度は冬季大会だ! 同社は二〇三〇年大会に向けた南フランスの立候補ファイル作成のため、スパートナー社やPwCと協力する。契約金額は一〇〇万ユーロだ。けれどもタイミングはギリギリで、試合の決着はまだまだつきそうにない。おまけにローラン・ヴォキエのローヌ=アルプ地域圏が、ルノー・ミュズリエの一人レースを許すつもりはないときた……。

二〇二二年に、プロトファイル作成を四万ユーロで請け負ったのはケネオ社だった。分かりやすく言い換えると、こういうことだ。招致は可能だろうか? 南フランスの切り札は? 不都合は? 当時みなが考えていたのは、二〇三四年か二〇三八年大会への立候補だった。同地域圏は計画実行に移り、事業主の支援の入札を開始する。PwCの支持を得て、もちろんケネオ社は応募する。けれども地域圏は歩みを止め、時間稼ぎに入った。フランス国立オリンピック・スポーツ委員会ならびにIOCと協議し、確実に立候補が好意的に受け取られるようにするためだ、と関係者は説明する。「IOCは当時こう言っていました。二〇三四年はソルトレークシティが有利です。二〇三八年となると、大陸ローテーションの原則からいって、たぶんヨーロッパにはならないでしょう」。となると二〇四二年か二〇三〇年ということになる。（……）

南フランスは第二の選択肢を選び、準備を加速させる。新しい入札を開始するのではなく、公共調達センター（centrale d'achat publique française）を通すことに決め、PwCが指名される。同社は当然のように、一緒に公募に立候補したケネオ社を頼った。数日後、冷や水が浴びせられる。パリ五輪組織委員会のミカエル・アロイシオ副本部長から電話を受け取った同地域圏は、ケネオ社ではなくRnK社とスパートナーとの協力を望む、とPwCに伝えたのである。

いったいどういうわけで、パリ五輪のために働くミカエル・アロイシオが、南フランスが行なう二〇三〇年冬季大会のための一般競争入札に介入してくるのか？　陰悪なかたちで組織委員会を離れたセバスチャン・シェブフがケネオ社のコンサルタントになっていることを知って、電話をとったのだろうか？　『レキップ』の質問を受けたミカエル・アロイシオは、組織委員会がこれまで一緒に働いてきた会社（RnK、スパートナー、オルビアなど）について話したことを認めた。しかしケネオ社の中傷などはしていない、と断言した。「南フランスは、私たちの経験についてたずねました。それは本当に、経験の共有だったのです。（……）私はケネオ社については一言も言及していません。なぜなら新しいチームと一緒に働いたことがないからです」

セバスチャン・シェブフはミカエル・アロイシオの介入について知らされたことを確認したが、コメントは拒否している。*19

ここでアロイシオが「（ケネオ社の）新しいチームと一緒に働いたことがない」と述べているとおり、トボワも（一五年）ドネリーも（一八年）電通も（二〇年）持ち株を手放したあと、同社の経営陣はすっかり入れ替わっている。また前述のとおり、検察の捜査範囲となっているのは東京五輪の招致を手がけていた時期から電通の子会社だった二〇一二年から二〇年までのケネオ社の活動であって、二〇年以降は捜査対象とはなっていない。PwCとは、この記事に登場するスパートナーやオルビアといったスポーツコンサルティング会社とは売上高が数桁違う、世界最大級の多国籍コンサルティング会社である。PwCフランス法人は二〇二一年にパリ五輪の「オフィシャルパートナー」、つまり出資額によって国内スポンサーが三段階に分けられるなかでの中位スポンサーとなっている（最高位スポンサーは「プレミアムパートナー」、最下位スポンサーは「オフィシャルサポーター」）。

以上を確認したうえで、先の記事を要約してみよう。パリ五輪のスポンサーにもなっている大手コンサル会社が、三〇年冬季大会のフランスへの招致関連事業を落札し、ケネオ社をパートナーに選んだ。しかし同社ではなく、パリ五輪組織委員会COO、エドゥアール・ドネリーの兄が経営している RnK 社を選ぶよう、パリ五輪の副本部長が「介入」した、というのがことの大筋となる。ケネオ社にとってはもちろん大変遺憾な事態で、記事に登場するコンサルタント、セバスチャン・

シェブフはこの記事から一ヶ月後に「優越的地位の濫用（trafic d'influence）」のかどでミカエル・アロイシオ副本部長をフランス金融庁に訴えている（その後二四年二月に不起訴処分が決定）。資本主義の自由競争の原理が恩顧主義によって阻害されることは、たしかに問題ではあろう。しかしスポーツビジネスの部外者である私たちにとっては、ケネオ社にせよRnK社にせよ、わけの分からないコンサル会社に税金が使われることに変わりはない。そしてこのどちらの会社もパリ五輪との関係が深い。要は、いつも同じ「スポーツコンサル」に金が流れる仕組みになっているのである。

一九九〇年代から二〇二〇年ごろまで、日本は国際スポーツの重要な一極をたしかに占めていた。一九九八年長野オリンピック、二〇〇二年サッカーW杯（韓国との共同開催）、二〇〇七年世界陸上、二〇一九年ラグビーW杯、二〇二〇／一年東京オリンピックと、大規模スポーツ大会がこれほどまで日本に集中した現象は、そこから利益をあげる強力なシステムが日本に構築されていたことでしか説明できない。このシステムは多くの日本人に「電通」の企業名で知られている。もう少し普遍的な説明を試みると、ある国で大規模スポーツ大会を開催するには、ノウハウとネットワークを持つ個人（たとえば高橋治之やエティエンヌ・トボワ）や組織（たとえば電通やRnK社）の存在が不可欠である。こうした個人や組織は、大会開催によってさまざまな資本を蓄積する。そして大会は一度で終わるが、大会開催によって生まれた経済は持続を志向する。同一国で大規模スポーツ大会が立て続けに開催されてきた近年の傾向は、基本的にこうした資本蓄積の運動で理解できるはずだ。二〇一四年にソチオリンピック、二〇一八年にサッカーW杯を開催したロシア、二〇一四年にサッカー

W杯、二〇一六年にリオオリンピックを開催したブラジルも好例を提供しているだろう。

ここで本書の冒頭に掲げた「オランダやフィンランドはフランスとなにが違うのか」という問いに返りたい。一言で答えるならば、スポーツ経済の規模、ということになるだろう。エリートスポーツの正当性が低いフィンランドのような国では、電通はもとよりケネオや RnK 規模の事業すら見通しは暗いはずだ。このような国で起きているのは、電通みたいなアクターがいないからオリンピックが招致されない、オリンピックが招致されないから電通みたいなアクターが育たない、という悪（ないし見方によっては好）循環である。現在フランスで起きているのは、単純にその真逆である。九八年サッカーW杯、二〇〇七年ラグビーW杯、二〇一六年UEFA欧州選手権、二〇二三年ラグビーW杯、二〇二四年パリオリンピック、とこんなにしょっちゅう大規模スポーツ大会を開催している国は、ほかにはアメリカと日本くらいしかないだろう。そのような国が、どこも開催したがらないと言われるようになって久しい冬季オリンピック開催に手を挙げ、スポーツマーケティング業界がまだまだ潤うことになったのだ。この循環は、ロシアのように国際社会から爪弾きにされるか、ブラジルや日本のようにオリンピック組織委員会から有罪判決者が出るか、はたまたメガスポーツイベント批判が成熟して住民の支持を失うかのいずれかが起きない限り、断ち切られることはなさそうである。しかし「国際社会から爪弾き」はともかく、あとの二つのシナリオはそれほど荒唐無稽なものではないかもしれないのだ。

5-2. メディア

ピーター・ユベロス、ホルスト・ダスラー、ファン・アントニオ・サマランチらが一九八〇年代に確立したオリンピックの収益モデルは、スポンサーシップと放映権の二本柱となっている。そのうち動く金額が圧倒的に大きいのは、後者の方である。ロサンゼルス五輪では放映権料の六割以上が組織委員会に流れた。その後、ISL＝ホルソト・ダスラーはIOCが放映権ビジネスを一方的に取り仕切るシステムを確立し、八八年ソウル大会以降、組織委員会はいわば「おこぼれにあずかる」かたちとなる。その代わり大会のチケット売り上げは組織委員会の収入となるが、最良のケースでもIOCの懐に入る放映権料とは桁がひとつ違う。[*20]

二〇〇一年にはサマランチ会長の出身国、スペインのマドリードにオリンピック放送機構（Olympic Broadcasting Service、以下OBS）が設立される。二〇一〇年のバンクーバー冬期五輪以降は、OBSが単独で放送の制作と配信を行なうようになった。大会によっては開催国の放送機関と共同作業となることもあるが、基本的にインフラ設置は組織委員会、映像制作と権利管理はIOCの管轄である。現行（二〇二三年版）のオリンピック憲章第四八条は「メディアによる取材・中継」について以下のように規定している。

第四八条　オリンピック競技大会のメディアによる取材・中継

（一）IOCはオリンピック競技大会のために、さまざまなメディアによるできる限り広範囲な取材・中継を保証し、世界中の可能な限り多くの人々による視聴を保証するため、必要なあらゆる措置をとる。

（二）メディアによるオリンピック競技大会の取材・中継に関しては、IOCがすべて決定権を有する。

規則四八、付属細則

（一）オリンピック競技大会のメディアによる取材・中継がそのコンテンツを通じ、オリンピズムの原則と価値を広め、奨励することはオリンピック・ムーブメントの目的の一つである。

（二）IOC理事会は、オリンピック競技大会のメディアによる取材・中継について、すべての技術的な規則と条件を定め、それらはオリンピック開催地契約に盛り込まれる。オリンピック競技大会のメディアによる取材・中継に携わるすべての個人は、その規則と条件、さらにIOC理事会によるすべての指示に従わなくてはならない。[*21]（強調引用者）

これを受け、開催都市契約には国際放送センター（IBC）設立費用を組織委員会の負担とする条項が含まれている。二〇二〇年東京大会の開催都市契約第五三条には「OCOG［組織委員会］

および／または本大会のホスト放送機関が提供するすべての基本施設、サービス、その他必要なものを含め、放送契約に関する交渉の実行および終了ならびに放送契約の内容および締結に関するすべての決定は、ＩＯＣの独占的権限に委ねられていることについて、明示的に理解されている」[22]とある。つまり放送に関して組織委員会は金は出すが口は出せない、取り分はＩＯＣが一方的に決める、ということだ。こうした内容にすべての開催都市が合意し、契約書に署名しているのである。

ユベロス、ダスラー、サマランチの時代に話を戻すと、現在まで続くオリンピックの放映権ビジネスが一九八〇年代に確立されたのは、この時期に訪れたメディア技術史上の転換点のためである。それとは、吉見俊哉が『五輪と戦後』で指摘するように、衛星放送の技術発展にほかならない。吉見が論じるように「衛星とテレビの結びつき」は、「地球全体がグローバルヴィレッジ（地球村）としてある一つの出来事を長時間にわたって生放送で同時体験すること」[23]を可能にした。そしてこれまた吉見が的確に指摘するように「オリンピックはそのような「地球村の祭り」を同時体験する絶好の仕掛け」[24]である。メディア史上にオリンピックを凌駕する「地球村の祭り」が存在したことはない、とさえ言ってもいいかもしれない。視聴者数や文化史上のインパクトでオリンピックを凌駕する出来事を挙げることは難しくないだろう。しかしオリンピックには二〇五カ国から選手が参加するという、ほかのいかなるメディアイベントにも太刀打ちできない国際性がある。ノルウェー選手が活躍するバイアスロンや、カザフスタン選手にメダルの期待がかかるボクシングに、日本の視聴者が関心を払うことはほとんどないだろう。しかしこうした競技に声援を送る誰かが、地球村のどこかにいるのだ。これはほかのどんなメディアイベントにもない、オリンピックだけが持ち得る圧倒的な強みである。

八〇年代以前のオリンピックは、技術的な制約によって「地球村の祭り」となることはなかった。はじめてラジオで生中継された大会は一九二四年のパリ大会で、この技術によってマラソンという競技が娯楽として成立するようになったと言われている。一九三二年のロサンゼルス大会にはハリウッドの業界人がプロモーションに関与し、三段の表彰台が導入されるなどメディアイベントとして盛り上げていくさまざまな仕掛けが登場した。しかしオリンピックが真にメディアイベントとして成長するには、テレビの普及が待たれねばならなかったのである。一九五六年コルチナ・ダンペッツォ冬季五輪の組織委員会は放映権無料で国際テレビ中継を許可し、テレビ放映ビジネスの実験場となったと評されている。しかし、同年夏のメルボルン五輪の組織委員会は欲を出しすぎ、放映権料の交渉が決裂した。そのため国際中継されることはなかったが、多くのオーストラリア人がはじめてテレビに接する機会となったと言われている。[*25] しかし彼の国でのメディア史上の位置づけは、「ミッチー・ブーム」に近いようで遠い。日本の皇太子成婚の三年前という隔たりが持つ意味はことのほか大きく、メルボルンオリンピックは一般家庭にテレビを普及させるにはわずかに時期尚早だったのだ。

メルボルン五輪の二年後には、放映権に関する条項がはじめてオリンピック憲章に組み込まれる。[*26]
一九六〇年ローマ大会はイタリア国内で全競技がテレビ放送され、北米独占放映権はＣＢＳが五〇万ドルで取得した。ＣＢＳはローマ空港近くにトレーラーを停め、ローマの組織委員会が撮影した映像を北米向けに急ピッチで編集し、アナウンサーが英語の音声を入れる。完成したテープはアリタリア航空の一般旅客機に積み込まれ、ニューヨークに到着するとただちにグランド・セントラル駅の特設スタジオに送られたのだった。[*27]

その次の一九六四年東京オリンピックで、ついに衛星放送が開始する。六四年東京オリンピックは国際放送センター（ＩＢＣ）がはじめて設置された大会でもあり、メディア史上の画期となっている。しかし六〇年代に大会すべてを衛星生中継することは不可能で、「ローマ五輪方式」との併用がまだしばらく続く。しかし衛星放送の将来性は確実で、ホルスト・ダスラーはこの技術革新がスポーツ中継に与えるインパクトを的確に嗅ぎ当て、スポーツビジネスに参入したのである。一九八四年のロサンゼルス大会ではピーター・ユベロスの手腕で放映権ビジネスが成功し、翌八八年ソウル大会では放映権料の大半がＩＯＣに流れる仕組みが確立される。そこからＩＯＣが自前の映像制作・配信会社、つまりＯＢＳの設立を思いつくまではあと一歩だ。ＯＢＳが設立されるまでは大会ごとに開催国の放送機関がコンソーシアムを作り、ゼロからのやり直しが繰り返されていた。ＯＢＳ設立によって番組制作・配信のノウハウが蓄積されるようになり、効率化が進んだことはたしかであろう。

ＯＢＳは非公開会社で、公式ウェブサイトを見ても業務内容や財務状況についての情報はまったく得られない。そのためもあってか、ＯＢＳについては研究らしい研究もほとんど出ていない。しかし、パリ五輪も半年後に迫った二〇二四年一月になってようやく、『ル・モンド』が「オリンピック放送機構、オリンピックを支配する分厚い秘密に覆われた会社（Olympic Broadcasting Services, la très secrète entreprise qui règne sur les JO）」と題された充実した記事を出した。[*28] 内容も去ることながらこの記事で目を引くのは、多くの情報源が匿名となっていることだ。「メディアは完全に服従している」と語る「オリンピズムをよく知るある人物」、「ビデオカメラの俯瞰撮影を可能にする支柱を建てるために、［馬術競技が開催される］ベルサイユの庭園のど真ん中にコンクリートを流し込もうとしたんですよ。そんなことはできない、とOBSに伝えました」と証言する「大会に関係する公共部門の元職員」、「OBSの代表者は、ベルサイユ宮殿の歴史的、象徴的価値を考慮することなく、映像にとって最適であると彼らが考える場所を望んだのです」と先の証言を裏づける「匿名を希望するジャーナリスト」、「OBSはIBCだけでなく、数々の競技会場についても代金を請求してきます。音声フロー、解説者の座席、取材ゾーンのそれぞれに支払わなくてはならないのです」と打ち明ける「とあるラジオ記者」。この記事はこうした証言を積み重ねることで、おそらく新聞記事としては前例のない、かなり踏み込んだ内容となっている。しかしこうした証言の一つひとつはOBSを根底から揺るがす告発というほどのものではないし、実際にこの記事はフランスでたいして話題になっていない。この程度の発言すら実名でできないという事実は、いったい何を意味しているのか。

その答えは当該記事のなかにすでに出ている。メディアはOBSに「完全に服従している

(totalement soumis)」のだ。ファン・アントニオ・サマランチは「テレビはスポーツを必要としている、しかしテレビ抜きのスポーツなどなきに等しい（Television needs sports. However, sport without television is nothing）」と言ったとされている。[*29] サマランチの見解に与するなら、スポーツのテレビへの依存の方がその逆よりも強い、ということになる。とはいえオリンピックが最大の「地球村の祭り」であって、またさまざまな手段で排他的・独占的な立場が築かれている以上、「売り手＝OBS」が「買い手＝メディア」に対して相当優位であろうことは容易に想像できる。

先に引いた『ル・モンド』の記事には「OBSが価格設定する料金体系（grille tarifaire）について問い合わせたが、IOCの傘下企業も、さまざまな放送局も回答を望まなかった」という一文がある。これだけでは、『ル・モンド』の記者がどれだけの「さまざまな放送局（les différents diffuseurs）」に取材を試みたのかは分からない。しかしフランスでオリンピックは、テレビもラジオもそれぞれ一局しかない国営放送局により独占放送される。そうである以上、『ル・モンド』が「さまざまな放送局」というのならば、フランス以外の国の放送局にも取材を申し込んで回答を拒否された、と考えられる。おそらくオリンピックを放送する全世界の放送局とOBSの間で交わされている守秘義務契約に抵触するのだろう。しかし、フランスのように税金で運営される公共放送局がOBSに大金を支払う事例は、NHKを例に出すまでもなく、例外ではなくむしろ多数派なのではないか。このことが周知されれば、またはどこかの国の法律家の関心をひけば、ロンドンの人々の粘り強い努力によって開催都市契約がついに公開されたように、OBSの料金体系もいつまでも機密扱いされ続けることはないかもしれない。しかしその時はまだ到来していない。二〇二四年現在、メディアはOBSの言いなりになって、オリンピックムーヴメントの資金源を「国家機密なみに秘匿[*30]」しているのである。

かようにスイスの一非営利団体がメディアを「完全に服従」させているわけだが、これはオリンピックの巨大化の論理的な帰結である。万国博覧会の付属イベントとしてはじまったスポーツ大会が、メディアの技術革新とともに成長し、やがてメディアに対し強権的に振る舞うようになる。この展開に不自然なところはない。ところが、メディアがオリンピックに服従することで報道機関としてのメディアの役割との利益相反が発生する、という自明の事実を指摘する声は、ことのほか小さいのである。たとえば先に引いた吉見俊哉の『戦後と五輪』は、メディア史の観点から一九六四年の東京五輪と東アジアにおけるその反復を検証する仕事である。吉見独自の発見ではないが、「一九七六年から九一年までの間で、インテルサットの人工衛星をテレビ放送がどれだけ一時的に利用したかの変化」に着目し、「衛星利用の増加において、いかにオリンピックやワールドカップが大きな役割を果たしたか[*31]」を指摘するくだりは、メディア社会学の知見がオリンピックの分析に果たしうる最良の貢献のひとつであろう。しかしこれほど明晰な分析を行なう吉見にして、メディアとオリンピックの関係を分析する際に利益相反という言葉を使うことはないのだ。それは、吉見がメディアの問題を突かない、ということではない。一九六四年ではなく二〇二一年の東京五輪を分析する『検証　コロナと五輪』で、吉見は「大手メディアはスポンサー契約などによって、五輪というメガイベントを生み出す側にもいた[*32]」と指摘する。また「メディアもビッグイベントに向けて総動員体制とな」り、それゆえ「五輪や万博の開催は、市場経済面からも、イデオロギー面からも、既存体制を大いに強化する[*33]」とも書く。しかし大手新聞のスポンサー契約という二〇二一年の東京五輪でしか見られなかった例外的な事情を持ち出すことで、かえって普遍的な構造がぼやけてしまっているのではないか。

万国のメディアは何よりもまず、スポーツ記者を雇用してスポーツに紙面や時間枠を割くことで、オリンピックほかスポーツイベントのステークホルダーとなる。ナント大学の社会学者・セバスチャン・フルーリエルは「否定される労働とオリンピック：情熱と利害の間（Le travail dénié et les jeux olympiques : entre passions et intérêts）」という論文で、スポーツ・ジャーナリズムの特殊性についてこう論じている。

（……）スポーツジャーナリストの質は、教育や経験によって獲得される特別な技能に依るのではない。そうではなく取材対象との情緒的親和性（affinité affective）を基盤とする。スポーツ界がジャーナリズム界に対して優位であることの影響、および両者をつなぐ関係から生まれるこうした特徴は、実質的にジャーナリズムの実践を決定する。その実践とは、つねに情動的緊張を湛えて、無限に生み出すことができる結果をスポーツニュースとして伝えなくてはならない、というものだ。[*34]

つまり客観性・中立性を職業倫理とするジャーナリズム一般と異なり、スポーツ記者は完全なインサイダーとして取り込まれるということだ。その結果、「オリンピックは二重に祝われることになる。まずは、IOCおよびそのパートナーすべてによって、次に巨大スペクタクルとして大会を報道することに貢献する報道とメディアによって[*35]」という事態が生まれる。加えて、オリンピック放映権に数百万ユーロ、米NBCのような極端な例では数十億ユーロを支払う放送局にいたっては、「大会の成功」が局の経営を大きく左右さえする。この場合、経済的利害関係のうえでメディアはほぼ当事者だ。はっきり言って、オリンピックとはある程度までNBCなのである。こうした構造から、オリンピックに対して報道機関が公平性を保てなくなる、という深刻な民主主義上の問題が生まれるのだ。

二〇二一年末に放送されたNHK BS1スペシャル「河瀬直美が見つめた東京五輪」という番組が、「五輪反対デモに参加しているという男性」「実はお金をもらって動員されていると打ち明けた」という虚偽の字幕をつけた「重大な放送倫理違反」も、この観点を欠いては適切に分析できないだろう。安倍晋三との距離が近かった籾井勝人が会長に就任して以来、NHKという組織が大きな問題を抱えている、との指摘は数多い。国際ジャーナリストNGO「国境なき記者団」が発表する「世界報道自由度ランキング」において、日本の順位は二〇一六年および二〇一七年に七二位まで下がっているが、日本最大の報道機関の人事もこの急落の一因となっているだろう。それでも

「河瀬直美が見つめた東京五輪」が「重大な放送倫理違反」を犯した必要条件は、NHKをはじめとするテレビ局がIOCに莫大な放映権料を払い、オリンピックというイベントの当事者となっていることである。もちろんIOCに放映権料を払うあらゆる放送局がこれほどまでの不祥事を起こすわけではないので、NHKの腐敗はこの「重大な放送倫理違反」の十分条件になるだろう。[*36]

スポーツ報道を行なうメディアは利害関係者、放映権を購入するメディアにいたっては当事者である以上、メディアがオリンピックを批判的に報じる動機は限りなく低い。日本の新聞社六社（朝日・読売・毎日・日経・産経・北海道）が二〇二〇／一年の東京五輪のスポンサーとなったことは「世界ではありえない」と言われることが多く、事実そのとおりである。しかしスポンサーにならろうがなるまいが、スポーツ面を持つメディアの「報道の使命」とオリンピックの間には利益相反が存在する。新聞社のスポンサー就任は、この利益相反のいさぎよい公認と評価してもよいくらいだ。フランスでメディア企業がオリンピックのスポンサーとなるような自体は起きていない。しかし日本とフランスという両五輪開催国の報道に大した違いはない。むしろコロナ禍によって大会が延期され、開催をめぐって世論が分断された東京五輪を報じる日本のメディアの方が、近代オリンピックが抱える根源的な問題を正面から扱うことがはるかに多かったとすら言える。

本書で日仏両国の自国開催大会の報道の比較定量分析を行なうことはできなかったので、それは今後の課題となる。しかしイギリスのスポーツ社会学者、ジョン・ホーンが「（イギリスの）地方紙ならびに全国紙、そして放送局が二〇一二年ロンドン大会にまつわる否定的な報道を行なうことはほとんどなかった」[*37]と述べた事態がフランスで反復されていることに気づく人間は、大会開催を待たずに出てきている。

体育・スポーツ学分野の研究者であるイゴール・マルティナシュとオリヴィエ・ル・ノエは「二〇二四年パリ五輪は、反対者なき大義か？（Les Jeux de Paris 2024, une cause sans adversaire ?）」と題した論考を世に問うている。そこで彼らはフランスで「オリンピック・コンセンサス」が形成された力学を分析する。オリンピックを推進する勢力つまりスポーツ界は、当初消極的だった政界や財界の巻き込みに成功した。それに対し、反対派は行動においてだけでなくイデオロギー的にも分断されており、そのため近年各国で見られたオリンピック批判がフランスでは盛り上がらず「パリ的例外（exception parisienne）」と著者らが命名する状況が生まれた、と彼らは論じる。これは非常に的確な指摘で、マルティナシュとル・ノエ以前にこの問題を突いた論者を、筆者は寡聞にして知らない。しかし本書執筆時でパリ五輪およびそれへの抗議行動は終わっていないので、反対派についてのマルティナシュとル・ノエの分析の検証は大会終了後の課題としたい。他方、論考の半分以上を占めているのはオリンピック推進派、ないしは消極的賛成派の分析である。その一環としてスポーツ官僚、セバスチャン・モローにインタビューが行なわれ、彼によって左派政党、不服従のフランスの実質的党首であるジャン＝リュック・メランションの以下の発言が公にされている。

> 率直に言って、かつ実用的観点からして、私はオリンピックなんか好きではない。私はそもそも

もスポーツが嫌いだし、大衆の側ではなく権力の側につくことが多いああいった官僚的な国際組織も好きではない。いま言ったことは客観的に見て本当だしな。しかしだ、なぜこの私がわざわざ、みんなが好きな、人気のあるスポーツを攻撃しなくてはならないのかね。そのなかには私の選挙民もいるんだ。オリンピックはうまいことやってる。私がオリンピックを批判しても、あちこちから攻撃されるだけだ。それなのになんでわざわざ、そんなことをしなきゃならんのかね？[*38]

不服従のフランスという「党」[*39]がオリンピックを批判してこなかった理由は、この発言でほとんどすべてが説明されている。この権威主義的な「党」で、ジャン＝リュック・メランションの意向に疑義が挟まれることはめったにない。なので不服従のフランスとパリ五輪の関係については、これ以上の分析は不要となる。だがメランションは「オリンピック・コンセンサス」形成の主要アクターではもちろんなく、追従者にすぎない。「オリンピック・コンセンサス」を論じるにあたり、マルティナシュとル・ノエは当然メディアの果たした役割を分析する。そのために彼らが取った手法は、二〇一五年一月から二〇二〇年三月までのフランスの全国紙四紙（『レキップ』、『ル・フィガロ』、『ル・モンド』、『リベラシオン』）に掲載された、全五九五記事からなるコーパスの定量分析および定性分析であった。そして、容易に予測できることではあるが、メディアが総じてオリンピックに好意的であったことをデータで証明していく。

マルティナシュとル・ノエの達した結論へと急ごう。「メディアが作った「善き大義」（la construction médiatique d'une "bonne cause"）」は、政財界のみならず労働運動（ベルナール・ティボー）とも「収束（convergence）」を果たして「オリンピック・コンセンサス」を維持し、「他国と異なりフランスではオリンピックの開催に対する批判はほとんど聞き取れないまま」[*40]となった。メディアについてのマルティナシュとル・ノエの関心はコーパスの分析に限られ、放映権にまで目が向けられることはない。しかし「このようなイベントには新聞の読者を増やす効果がある。つまり売り上げが伸び、広告収入が増えるということだ。フランスで開催されることで、その効果は二重となる」[*41]との分析がなされ、メディアがオリンピックに経済的利害関係を持つことも指摘される。そのため「金のタマゴを産むニワトリを殺さぬように批判は抑えられる」[*42]ことになるのだ。

＊　＊　＊

ここまで、よく考えるまでもなく当たり前のことを論じるのにずいぶん紙幅を使ってしまった気もする。しかしメディアとオリンピックの共犯性を確認しておかないと、開催地でこれほど多くの問題を撒き散らしながら、それでもなぜいまだにオリンピックが続いているのかが説明できなくなる。サマランチが言ったように「テレビはスポーツを必要としている」のだ。メルボルンオリンピックに参加し、その後研究者となったフランスのスポーツ社会学者、レイモン・トマはこう記している。

中世の馬上槍試合はすでにスペクタクルであった。けれども近代の技術によってはじめて、観客の輪の際限ない拡張が可能となったのである。新聞とラジオはスポーツの発展においてたしかに重要な役割を担った。けれどもスポーツが世界的に広がったのは、テレビのおかげである。[*43]

オリンピックがテレビ中継されることなく、「観客の輪の際限ない拡張」などなかったら、と思考実験をしてみればすぐに分かる。無茶な条件での強制退去や、破格の条件での県立公園の払い下げや、菜園の破壊や、EU初の監視技術の導入や、学生寮からの学生の半強制退去といったことがまとめて一度に発生するような事態が、競技場の外に拡張されることのないスポーツ大会のためにまかり通ることなど考えられないはずだ。例外状態を生み出すほどの祝賀資本主義は、メディアが観客の輪を際限なく拡張する例外的な祝祭性においてのみ可能となる。

マスメディアの持つ文明史上の意義に関心を寄せた思想家は枚挙にいとまがない。なかでもひときわラディカルな批判者に、ギー・ドゥボールというフランス人がいる。ドゥボールは資本主義のイデオロギーが視覚表象によって浸透する「スペクタクルの社会」に対抗する手段として、状況(situation)の構築を提唱した。かような人物ならばオリンピックについて何か言っていそうなものだが、ドゥボールが正面からオリンピックを扱ったテクストというものは存在していない。それどころか彼の代表作である『スペクタクルの社会』（一九六七年）および『スペクタクルの社会への注釈』（一九八八年）には、オリンピックの「オ」の字も出てこない。これほど露骨な「スペクタクル」については論じる気にもなれない、といったところだろうか。その代わり、というわけではないが、フランスには大文字で「スポーツ批判理論（la Théorie ciritique du sport）」を名乗るマイナーな勢力が存在しており、彼らはドゥボールの強い影響下で「スポーツは必然的にファシズムに接近する」、という極端な議論を展開している。こうした極論を進めるうえで要請されるのが、資本主義に毒されていない「身体活動（acitivtés physiques）」を「スポーツ」から分離させる作業となる。この分離によってヨガやジョギング、登山やサイクリングはおろか、友人と興じる卓球なども、あれは「スポーツ」ではなく「身体活動」なのだ、との論理で批判を免れることになる。この理論はいくつかの難問に直面するが、そのひとつが以下の問いだ。古代オリンピックはスポーツなのか？

この大文字の「スポーツ批判理論」によれば、スポーツは産業資本主義によってはじめて成立するので、古代オリンピックはスポーツではない。では古代オリンピックと近代オリンピックは何がそれほど決定的に違うのか？「スポーツ批判理論」の頭領であるジャン＝マリー・ブロームはいくつかの答えを用意していて、そのひとつが「古代オリンピックには時計がなかった」というものである。

先に参照したイゴール・マルティナシュとオリヴィエ・ル・ノエは、ブローム一派の仕事について「旺盛な出版活動がメディアによって紹介されているにもかかわらず、このアプローチはなかなか読者を広げられずにいる」[*44]と述べる。この認識は当のブロームも共有していて、彼の視点からは「スポーツのイデオロギーと実践を批判する人なんてほとんどいませんよ！　われわれは変人扱いされています！」[*45]との嘆きが表明される。ブロームらが「変人（hurluberlus）」かどうかはさておき、彼らの理論的破綻および政治的非生産性を指摘することはそれほど難しいことではない。彼らの理論的瑕疵を一言で指摘するなら、スポーツ固有のものではないイデオロギーをスポーツの責任にしてしまっている、という点につきるだろう。彼らがマルクス主義の立場から「競争（compétition）」を批判する際、では古代オリンピックは競争ではなかったのか、との問いは誰もが思いつくはずだ。それへの回答が「あの時代に時計はなかった」では、読者が広がらないのも無理はなかろう。

「スポーツ批判理論」の担い手は現在高齢化が進み、若い継承者がいない状況にある。ブロームらが残した膨大な著作は、忘却されることになるだろう。おそらく彼らの理論的な躓きの大きな原因のひとつは、マスメディアと情報技術がもたらすインパクトの多義性を捉え損なったことにある。ストラヴィンスキーの「春の祭典」やベートーヴェンの交響曲第五番と異なり、政治を超越する力を持たないマス文化は「愚民創造文化、チェーン店文化である」[*46]と断罪するブロームが、過去半世紀の文化研究、メディア研究から何ひとつ学んでいないことは明らかだ。さらにブロームは第四インターナショナル加盟という経歴が嘘のように経済に無関心で、彼のスポーツ批判はもっぱらイデオロギー的側面（競争、暴力、ナルシシズム）に終始する。テレビ放送によるインテルサットの人工衛星の利用、というハード面に着目する吉見俊哉の慧眼とは好対照をなしているのだ。

「スポーツ批判理論」の書物を何十冊と読んでも、近代オリンピックが現に一世紀以上続き、二年毎に開催地を変えて祝賀資本主義が猛威をふるうのはなぜかを理解することはできない。ブロームらに言わせれば「みんなバカ（crétin）だから」ということになってしまう。しかしあるメディアイベントを視聴する数十億の人間を、大衆のアヘンに毒された「バカ」扱いして社会学を名乗ることができるのだとしたら、社会学など存在しない方がよほどマシであろう。

オリンピックはなぜ大衆に支持されるのか、という問いを避けた批判は、いずれ限界に達する。マルティナシュとル・ノエが明らかにしたジャン＝リュック・メランションの迎合的な態度は決して例外ではない。フランスでは現に多くの組織がメランションのように「オリンピック・コンセンサス」を前に萎縮しており、ときにオリンピック批判を牽制する側に回ることすらある。ベルナール・ティボーやジャン＝リュック・メランションのみならずＭＮＬＥ（第二章）やＦＮＥ（第三章）、はたまたレ・デゴムーズ（第四章）までをも巻き込む「オリンピック・コンセンサス」の形成、ならびに大会がはじまれば結局多くの人がオリンピックを見てしまうという現象を解明するには、イベントの祝祭性が持つ権力の発動に正面から取り組む作業が必要となるのだ。

その分析においては、政治的にも人権の観点からも批判より擁護の方がはるかに困難なはずなのに、それでもなかなか廃止論が優勢となることがない、君主制の分析が示唆に富むのではないだろうか。あるいは制度それ自体よりも、君主制の維持においてメディアが果たしている役割にオリンピックとの共通点が多く見出せるかもしれない。ＩＯＣ委員の約一〇パーセントが王侯貴族であるのは、たまたまでもなければクーベルタン以来の伝統である反動性が惰性的に発露されているから「だけ」でもないだろう。イギリスのプリンセス・ロイヤル（アン王女）やモナコ公やルクセンブルグ大公やカタール首長やサウード家の王子といった当のIOC委員たちが、現在のメディア環境で王侯貴族とオリンピックの持つ象徴権力の作用がよく似ていることに気づかないほど無邪気であるとは考えにくい。

オリンピックや君主が存在し続けているのは、その正当性のためではない。民主主義への冒涜であるという批判に対し、近代オリンピックにも君主制にも有効な反論を用意することなどできない。にもかかわらず、どちらも「廃止するのはとんでもなく難しいことのように思われる」[*47]のは一体なぜなのか。

皇紀二千六百年奉祝事業として万博とオリンピックが準備された歴史を持ち、歴代天皇が四度のオリンピック開会宣言を行なっている日本は、この問いについて考える材料がもっとも揃っている国かもしれない。季刊『ピープルズ・プラン』誌は二〇一七年七月に「二〇二〇年問題」という特集を組んでおり、その副題は「東京オリンピック・原発再稼働・改憲・天皇「退位」」となっている。この誌上でオリンピック反対運動の担い手を集めた座談会が行なわれているのだが、その司会を務めたのは反天皇制運動連絡会の天野恵一であった。「東京オリンピックおことわリンク」の宮崎俊郎による、「オリンピックそのものの問題というのは封印されてしま」い「派生して来ているような問題」に対し異議申し立てを行なう運動においてすら「オリンピックが根源的に抱えている問題」[*48]が回避されてしまう、という問題提起を受け、天野はこう発言している。

天皇問題も同じですよね。一番本源的な存在の方には触れないで行かなくてはいけないみたいなものが、何かある。オリンピックもあるでしょう? 国策そのものに批判しないというタブーみたいなものが、メディアで作られている。[*49]

ここで天野が名指しできず「何か」と呼んでいるものが解体されない限り、おそらくオリンピックも君主制もなくならない。オリンピックや君主制を生き永らえさせている、「一番本源的な存在の方」を回避させるその「何か」は、「オリンピックは貧乏人を殺す」や「地球は燃えている」といった批判が刺さることのない、社会正義や気候正義とはまったく異なる原理で支えられている。畏怖だとか愛着だとかいった掴みどころのないそうした精神の働きは、ファクトや数字や合理的な正論の積み重ねで太刀打ちできるようなものでは、おそらくない。

デヴィッド・グレーバーとマーシャル・サーリンズの共著『王たち(*On Kings*:日本語版近刊予定)』の冒頭には「二〇一一年のアラブの春による影響をほとんど受けなかった唯一の体制が、古くから続く君主制であったことは偶然でないように思われる」[*50]とある。「アラブの春」ほどの激動をオリンピックが生き残れるかどうかはともかく、政治的正当性とは異なる何かに宿る権力というものがたしかに存在しているのだということを、まずは認めなくてはならない。その後に待ち受けるもっとも厄介な作業は、自らを抑圧するそうした権力を大衆が積極的に支持する原理を解明していくことになるはずだ。

注

＊1 John Lucas, 'Avery Brundage and His Vision of the Olympic Games During the "Unsettling" Years 1938-1952', *Journal of Olympic History 16 (July 2008) Number 2*, p.26.

＊2 Lucas, ibid, p. 28.

＊3 The International Olympic Committee, *1985: Creation of The Olympic Partner Programme*. https://olympics.com/ioc/1985-creation-of-the-olympic-partner-top-programme（二〇二四年四月二一日閲覧）

＊4 Alan Tomrinson, 'The Making of the Global Sports Economy: ISL, Adidas and the Rise of the Corporate Player in World Sport', Michael L. Silk et al. (eds.), *Sport and Corporate Nationalisms*, BERG, 2005, p.54.

＊5 田崎健太『電通とＦＩＦＡ』光文社新書、二〇一六年、pp.181-182。

＊6 アフガニスタン、ブルネイ、カンボジア、台湾、東ティモール、香港、インドネシア、イラン、カザフスタン、キルギスタン、ラオス、マレーシア、モンゴル、ミャンマー、パプアニューギニア、フィリピン、シンガポール、タジキスタン、タイ、トルクメニスタン、ウズベキスタン、ベトナムにおける全メディア・全言語の放映権が対象。The International Olympic Committee, *IOC awards 2018-2024 broadcast rights in Asia*, 29 July 2015. https://olympics.com/ioc/news/ioc-awards-2018-2024-broadcast-rights-in-asia（二〇二四年四月二一日閲覧）

＊7 『日本経済新聞』「IOC、地震で譲歩 札幌市が二六年冬季五輪招致断念」二〇一八年九月一八日

＊8 Yann Bouchez, « JO : Etienne Thobois, l'homme de réseau du projet olympique », *Le Monde*, le 14 août 2017.

＊9 Bouchez, ibid.

＊10 石元悠生『東京五輪招致の研究』成文堂、二〇二二年、pp.82-82。

＊11 Antton Rouget, « JO 2024 : la candidature de Paris minée par les conflits d'intérêt », Médiapart, le 12 mai 2017. https://www.mediapart.fr/journal/france/120517/jo-2024-la-candidature-de-paris-minee-par-les-conflits-dinterets（二〇二四年四月二一日閲覧）

＊12 *L'Équipe*, « Marchés publics : le PNF multiplie les auditions », le 13 juillet 2023.

＊13 *L'Équipe*, MàJ : « Autour de soupçons lors de l'attribution de marchés publics, le Parquet National Financier multiplie les audition », le 19 juillet 2023. https://www.lequipe.fr/Jo-2024-paris/Tous-sports/Article/Autour-de-soupcons-lors-de-l-attribution-de-marches-publics-le-parquet-national-financier-multiplie-les-auditions/1408038

＊14 元発言は「Notre objectif est de permettre un déroulement serein (...) d'une fête universelle. Il ne nous appartient pas de déranger cet événement-là」というもの。*RTL*, le 13 septembre 2023. https://www.rtl.fr/actu/politique/invite-rtl-parquet-national-financier-si-vous-cherchez-un-cabinet-noir-il-va-falloir-se-lever-tot-assure-jean-francois-bohnert-7900297429（二〇二四年四月二一日閲覧）

＊15 *Le Monde avec AFP*, « JO de Paris 2024 : un cabinet de conseil en sport visé par une perquisition », le 21 juin 2023.

＊16 *France 3*, « Jeux olympiques d'hiver : vers une candidature des Alpes en 2030 ? », le 19 octobre 2021.

＊17 ローラン・ヴォキエの所属政党は、ニコラ・サルコジが初代総裁を務めた共和党（Les Républicains）、とルノー・ミュズリエの所属政党はエマニュエル・マクロンが結成した再生党（Renaissance）である。

＊18 二六年冬季大会の招致レースでイタリアに「敗れた」スウェーデン・オリンピック委員会は、以下の文言を含む声明を出している。「私たちはスポーツ競技大会のために政府から大規模な補助金や保証を募ったり、法律を変えたりするようなコンセプトを望んでもいなければ、提案することもできません。（We neither want, nor can present, a concept that involves major Government grants and guarantees - or change the legislation - for a sports competition.）」

＊19 *L'Équipe*, « Un marché de plus pour RnK », le 13 juillet 2023.

＊20 二〇一二年ロンドン大会のチケット売り上げは六億五七〇〇万ポンドだったのに対し、同年にＩＯＣが放送権から得た収入は二六億ドルとなっている。

＊21 国際オリンピック委員会『オリンピック憲章（二〇二三年版）』「第五章規則四八」日本オリンピック委員会訳、二〇二三年、p.87

＊22　国際オリンピック委員会、東京都、日本オリンピック「第三二回オリンピック競技大会開催都市契約」東京都訳。https://www.2020games.metro.tokyo.lg.jp/hostcitycontract-JP.pdf（二〇二四年四月九日閲覧）

＊23　吉見俊哉『五輪と戦後』河出書房新社、二〇二一年、pp.250-251。

＊24　吉見、同上、p.251。

＊25　Kim Wildman and Derry Hogue, *First Among Equals: Australian Prime Ministers from Barton to Turnbull*, Exisle Publishing Pty Limited, 2015, p. 87

＊26　Harry-Arne Solberg and Chris Gratton, 'Broadcasting the Olympics', Stephen Frawley and Daryl Adair (eds.), *Managing the Olympics*, Palgrave Macmillan, 2013, p.147.

＊27　Maureen Lee Lenker, 'How Jim McKay's armpits and a transatlantic race fueled the first U.S. broadcast of the Summer Olympics' *Entertainment Weekly*, 23 July 2021. https://ew.com/tv/hollywood-history-1960-rome-summer-olympics-first-us-broadcast/（二〇二四年四月二二日閲覧）

＊28　Brice Laemle et Nicolas Lepeltier, « Olympic Broadcasting Services, la très secrète entreprise qui règne sur les JO », *Le Monde*, le 17 janvier 2024.

＊29　Toshihiro Sone, 'Expansion of the sports broadcasting rights market: How Long will it continue to grow?' *NHK Broadcasting Studies*, 2003, No.2, p.128.

＊30　Laemle et Lepeltier, ibid, *Le Monde*.

＊31　吉見『五輪と戦後』、p.252。

＊32　吉見俊哉編著『検証　コロナと五輪』河出新書、二〇二一年、p.238。

＊33　吉見『検証　コロナと五輪』、p.56。

＊34　Sébastien Fleuriel, « Le travail dénié et les jeux olympiques : entre passions et intérêts », *Revue Sociétés contemporaines*, 2006/3 (no 63), p.33.

＊35　Fleuriel, ibid, p.33.

＊36　ＮＨＫと一般社団法人日本民間放送連盟は、世界的なスポーツイベントの際にジャパンコンソーシアムを構成し、すべての主要テレビ局が大会を放送する仕組みになっている。ジャパンコンソーシアムが払った二〇一八から二〇二

〇年のオリンピック放映権料が前後の大会よりも高額な六六〇億円となっているのは、自国開催大会が含まれるからである。

＊37 John Horne, 'Sports mega-events: mass media and symbolic contestation', Lawrence A. Wenner and Andrew C. Billings (eds.), *Sport, Media and Mega-Events*, 2017, Routledge, p.28.

＊38 Igor Martinache et Olivier Le Noé, « Les Jeux de Paris 2024, une cause sans adversaire ? », *Cahier d'Histoire*, n° 158 : 2023, p.103.

＊39 不服従のフランスは厳密には政党ではなく政治運動なのだが、このあたりのニュアンスはフランスの報道でも無視されることがほとんどなので、本書では括弧に入れて「党」と記す。また党でないので党首も存在しない。ジャン＝リュック・メランションの「党」における公式な立場は「大統領選挙への立候補者」となる。

＊40 Martinache et Le Noé, ibid, p.96.

＊41 Martinache et Le Noé, ibid, p.97.

＊42 Martinache et Le Noé, ibid, p.98.

＊43 Raymond Thomas, *Le sport et les médias*, 1993, Éditions Vigot, p.19.

＊44 Martinache et Le Noé, ibid, p.105.

＊45 *Le Chiffon*, n°11 Hiver 2023-2024 décembre, janvier, février, p.7.

＊46 *Le Chiffon*, Ibid, p.7.

＊47 David Graeber and Marshall Sahlins, *On Kings*, HAU Books, 2017, p.1.

＊48 天野恵一司会「座談会　東京オリンピックへ向かう天皇政治と安倍政治」『ピープルズ・プラン』第七六号、ピープルズ・プラン研究所、二〇一七年四月、p.43。

＊49 天野、同上、p.44。

＊50 Graeber and Sahlins, *ibid*, p.1.

終章

本書第一章に登場する「ムッシュー・スタッド・ド・フランス」ことパトリック・ブラウゼック元サン＝ドニ市長、元プレーヌ・コミューヌ議長は、二〇二四年一月二四日発売の週刊紙『ル・アン・エブド（Le 1 hebdo）』で『パリ二〇二四』（第二章参照）の著者、ジャド・リンドガルドと対談している。そこでのブラウゼックの最後の発言は　次のようなものとなっている。

この種のメガイベントに対する私の考えは変わりました。スポーツ界のエリートにこれほどの大金が集中することには、疑問を抱かずにはいられません。またエコロジーの問題も避けられないでしょう。それに現段階で、一九九八年のときのような、大衆的熱狂はまったく感じられません。オリンピックは変わるべきだと思います。おそらくは複数の国で競技を行なうといった具合に。この疑問はW杯や他のものにも当てはまるはずです。[*1]

これを読んで私は「こんな発言が許されるものなのか？」とつぶやいた。ブラウゼックはオリンピック招致に深く関わってきた。そのため当然二〇一七年九月にペルーで開かれたIOC総会に出席しており、総額一五〇万ユーロの出張経費で豪遊している。さらにいえば二〇〇五年にシンガポールで開かれたIOC総会（第一章）にも、ブラウゼックの姿はあった。二四年大会の開催案が浮上すると、選手村やメディア村をセーヌ＝サン＝ドニ県に誘致するため奔走し、批判が出ればメディアに意見記事を寄稿し反論してきた。[*2]彼以上にオリンピックと関わりの深い政治家は、フランス政界広しといえそんなにいるものではない。

そのような人物が政界を引退し、大会が半年後に迫ると、年季の入ったオリンピック批判者よろしく分散開催を提案してみせるのだ。これはあまりに虫のよい話ではないか？　私は怒りというよりは脱力感に襲われ、大判の週刊紙をおりたたんでカバンにしまうと、深いため息をついたのだった。

けれどもブラウゼックの提案が重みを持つのは、まさに彼が「年季の入ったオリンピック批判者」などではないからである。IOCにしてみたらジュールズ・ボイコフが何冊も本を出すより、「あの」パトリック・ブラウゼック「にすら」こんなことを言われてしまうほうがよほど嫌なはずだ。

ブラウゼックの提案自体は新しいものではまったくない。現在のオリンピックのあり方を批判し、開催地の分散を提案する論者は少なくない。ボストンの招致反対運動と関わりの深いスポーツ経済学者、アンドリュー・ジンバリストもそのひとりである。二〇二〇／一年のサッカー欧州選手権は実際に分散開催されたし、カナダ・アメリカ・メキシコで共同開催される二六年サッカーW杯も広域分散開催である。しかしロジスティックスの負担が大きく、また選手と観客の移動距離に公平性を保つことができないため、現UEFA会長は今後の分散開催の採用を否定している。

他方、第二章で取り上げたマルティン・ミュラー他の『ネイチャー』誌掲載論文「オリンピックの持続可能性評価」は、以下の三つの提案を行なっている。第一がイベントの規模の大幅な縮小、第二が複数の都市での持ち回り開催、そして第三が独立監査機関設立を含む、持続可能性ガバナンスの改善となる。そして論文は、この三つの提案のあとに置かれた以下の文章で締めくくられる。

オリンピックのステークホルダーの間には、現在のところこうした改革への強い抵抗がある。それらが（ダウンサイズの場合）収益フローを阻害し、（持ち回り開催の場合）オリンピックの普遍性のアピールを損ね、（持続可能性ガバナンスの改善の場合）厳格かつ交渉不可能なコミットメントを課す可能性があるからだ。しかしながらこうしたアクションが起こされない限り、都市や国はオリンピックではなく、持続可能性達成のためのほかの手段のために公的資金を使うべきである。*3

ＩＯＣおよびステークホルダーがこうした改革案を受け入れない限り、オリンピックが持続可能なものとなることはないので、その結果存続が危ぶまれるようになるということだ。同論文の執筆者たちがそこまで言及することはないが、ＩＯＣがいつまでも「収益フロー」や「オリンピックの普遍性のアピール」を優先し、持続可能性への「交渉不可能なコミットメント」を避けるなら、いずれはＩＯＣという組織の解体も視野に入ってくるはずだ。

ところでこの三つの提案のうち、二番目の持ち回り開催の有効性については検討が必要とされるだろう。二都市の間で持ち回りされ八年おきの開催となるのか、三都市間で一二年おき、四都市間で一六年おきとなるのかで話はまったく変わってくるが、いずれの場合でも多くの問題が発生する。ここで、現在決定しているまたは有力候補と噂されている将来の開催都市の間でそのまま持ち回りされると仮定して、思考実験をしてみよう。

二都市間での持ち回りとなる場合、パリ五輪の現在の組織委員会は常設機関となり、職員の多くもフルタイム・無期雇用となるだろう。八年ごとに柔道やアーチェリーやスケートボードやビーチバレーやBMXやセーリングの仮設会場[*4]を取り壊すよりも、常設会場を作って残す方が持続可能性の観点からも費用面からも好ましいかもしれない。しかし選手村はどうなるか。アスリート一万人を収容できる常設宿泊所をオリンピックのために作り、八年に一度だけ使うか。それとも八年に一度大規模な不動産開発をグラン・パリのどこかで行なうか。他方で八年しか間を置かずにまたパリで開催されるとなると、二四年大会に集まった四〇を超えるフランス企業に三二年大会のスポンサーにもなってもらうわけにはいかなくなりそうである。

これが三都市間での持ち回りとなると、次のパリでの大会は二〇三六年となり、話はだいぶ変わってくる。組織委員会は解散させたほうがいいか、常設にして一部職員だけ残したほうがいいか。常設の場合、オフィスの規模はどうするのか。現在の組織委員会のビルは、二五年から三〇年頃までの間持て余すことになるのではないか。競技会場は仮設と常設どちらがよいか。一二年ごとにスクラップアンドビルドするか、それとも一二年に一度の大会のためのメンテナンスコストを負担するか。さらに四都市以上の間での持ち回りとなると、持ち回りする意味などほとんどなくなり、運営側に発生する問題の質と量は現在のモデルと大して変わらなくなるだろう。

こう見ていくと、持ち回り開催よりも古代オリンピックのように同一都市で毎回開催する方が合理的である。事実、オリンピック開催都市固定案は、おそらく分散開催よりもポピュラーな提言で、多くの人々によって繰り返されている。それはおそらく、古代オリンピックがずっとオリンピアで開催されていたという史実がよく知られているためだ。この提言でもっとも頻繁に言及される「候補都市」がアテネであるのもそのためだろう。スポーツ雑誌『ナンバー』の企画で二〇〇〇年シドニーオリンピック観戦記を著した村上春樹も、そのような提言を行なったひとりである。

僕のささやかでシンプルな提案は、競技種目を今の半分に減らし、会場をアテネ一カ所に固定してしまうことだ。サッカーとテニスと野球とバスケットボールは種目から外す。言い換えれば、プロのリーグやトーナメントが存在するものは、あえてオリンピックに入れる必要はないということだ。そうすれば大会運営の費用はもっと少なくてすむし、巨大なスポンサー料も必要なくなる。新しい会場の設営も必要ない。あのみにくい誘致合戦もやらなくてすむ。アスリートはみんなアテネを目指すことになる。高校野球だって毎年甲子園でやっているけど、何か問題ありますか？　ないじゃないですか。アテネはいいところですよ、マラソンだって、常にオリジナル・マラソン・コースでやれる。*5

この村上の「ささやかでシンプルな提案」は、もちろん彼が言うほど「ささやか」でも「シンプル」でもない。ＩＯＣのブランディングの根幹に抵触する人問題であって、だからこそ実現していないのだ。また「アテネはいいところですよ」と村上が思うのは彼の勝手だが、アテネでずっとオリンピックをやると決めるうえで同地の人々の民意を問わないわけにはいかないだろう。これは村上だけではないのだが、アテネを恒久的オリンピック開催都市に、という提案を行なう人が、かの地の人々の民意について言及することはめったにない。もちろんアテネの住民やギリシア政府が拒否すれば話は当然それで終わるのだから、たかだか無責任な思考実験の場でそこまで言及する必要などないということなのだろう。ところで村上春樹がこの「ささやかでシンプルな提案」を行なったのは二〇〇四年アテネ五輪の前のことだが、その後も絶えない「アテネ推し」の人々は、はたしてギリシアの人々が四年ごとに近代オリンピックの開催を希望するなどと、本気で思っているのだろうか？　惨禍と言っても過言でない「あの」アテネ五輪のあとで？　ソフィア・エグザルコウ監督の『Park』（第三章参照）を観ていればこんな提言などまず出てこないはずなので、この佳作が埋もれてしまっている影響はこんなかたちでも残っている。

村上春樹の「ささやかでシンプルな提案」に話を戻すと、これはやはり作家の適当な思いつきということになるのだろうが、一蹴してしまうには惜しい鋭さが備わっていることもたしかだ。それは、オリンピック開催都市固定案に、ミュラー他の「オリンピックの持続可能性評価」の第一の提案であるダウンサイジングを合体させているからである。さらに「サッカーとテニスと野球とバスケットボールは外す」という村上の具体的な案は、IOCの痛いところをついたかなりいじわるなものだ。つまりスポーツビジネス的には話にならないが、公金で支えられるイベントの正当性という観点からは反論が難しい提案なのだ。村上による除外競技リストには、二〇一六年のリオ大会でオリンピックに復活したゴルフも加えられなくてはならないだろう（やれやれ、なんだってゴルフなんかがパリでもオリンピック種目に残っているんだ?-）。

ダウンサイズによってほとんど都市に負担をかけなかったのみならず、損益分岐点を上回る売上を達成した大会の先例は存在する。「緊縮財政大会（Austerity Games）」とも呼ばれる、一九四八年のロンドン大会である。戦後復興が最優先だった当時の労働党内閣に、前大会（三六年ベルリン）の向こうを張るような一大スペクタクルを行なう手段はおろか、動機もまったくなかった。この大会のためには新しい競技会場はもちろん、選手村も作られていない。二〇二四年大会の半分に満たない総勢四〇〇〇人強の参加選手たちは、イギリス空軍のキャンプ（男子）かロンドンカレッジの学生寮（女子）に宿泊した。そのうえ彼ら彼女らには、タオルの持参すら命じられた。このように運営された大会には七五万ポンドの予算が計上されていたが、最終的に三万ポンドの黒字を計上したのである。[*6]

この一九四八年ロンドン大会をモデルとし、なおかつ開催都市を固定するなら、本書で述べてきたオリンピックにまつわる問題のほとんどは発生しなくなるはずだ。もちろんジャン＝マリー・ブローム（第五章参照）のように近代オリンピックのイデオロギーをほかの何よりも問題とするなら、それでよし、とはならないだろう。しかしイデオロギーこそが問題であるというなら、甲子園や大相撲もたいがいである（そしてブロームならそれらも問題にするはずだ）。しかし少なくとも私には、甲子園や大相撲の廃止を求める反対運動に参加したり、本を一冊書くほどのモチベーションはない。そうなる理由は以下のひとつだけである。無茶な条件での強制退去や、破格の条件での県立公園の払い下げや、菜園の破壊や、それまで違法だった監視技術の導入や、学生寮からの学生の半強制退去といったことが、甲子園や大相撲のためにまとめて一度に発生することはないからだ。オリンピックと甲子園や大相撲の間には、圧倒的な規模の差がある。そしてオリンピックと甲子園や大相撲の間にある規模の違いは、さまざまな権力装置の発動によってはじめて実現可能となるものだ。そしてその権力装置の最たるものがマスメディアであるというのは、本書でもっとも書いておきたかったことのひとつである。

もしもオリンピックの規模が甲子園や大相撲くらいの予算、社会的影響にまで縮小されるならば、それはオリンピック反対派の勝利と言ってよいはずである。一九四八年ロンドン大会はIOC史観においても「成功した大会」とされているのだから、それへの回帰を訴えていくことで、オリンピックを推進する勢力との対話を開くことはできるだろうか。それに加えて、村上春樹に倣い、私も恒久開催都市とダウンサイズの合体案を提案したい。ただし私は二〇〇四年アテネ五輪の悲惨を知っているので、トラウマまみれの近代オリンピックをアテネの人々に押しつけたいと思ったことは一度もない。

一九〇〇年と一九〇四年大会の開催に苦労したピエール・ド・クーベルタンが、恒久開催地「新オリンピア」を構想していたと伝えるのは、ほかでもないIOCの公式ウェブサイトである。

「もしいつか「新オリンピア」がヨーロッパのどこかに生まれるなら、おそらくスイスの湖畔のどこかにその建造物が姿をあらわすはずだ」。クーベルタンはこうして、恒久的解決策を探したのです。オリンピック競技大会を祝うために、恒久開催地をいますぐ作ってはどうだろう？[*7]

この最後の問いに「まったくそう」と答えることからIOCと話し合いができたら、と私は願う。クーベルタンの言うとおり、レマン湖畔に恒久開催地を作ればいいじゃないですか。そうすれば多くの問題が解決します。で「新オリンピア」は、IOCの本部があるローザンヌにすれば一番手っ取り早いのではないですか。スイス連邦議会は一九九八年にIOCへの付加価値税課税を否決してますけど、その際に連邦参事会（conseil fédéral）が「ローザンヌ大学経営学部の試算によれば、IOCがレマン湖地方に所在することで一九九五／九六年度に年間一〇〇万スイスフランの収入があったことを忘れるわけにはいかない。またIOCがスイスにあるおかげで、オリンピックムーブメントに参加する三四の国際競技連盟のうち一九がスイスを本拠地にしている」[*8]と答申してますよね。IOCとスイスの間の蜜月がそれほどのものなら、もうずっとスイスでオリンピックやればいいじゃないですか。オリンピック憲章にだって「国際財務報告基準とスイスの法令に従って年次報告書と財務諸表を作成し、監査報告とともに総会に提出し承認を求める」[*9]とありますし。開催都市契約の準拠法もスイス法だし、問題が起きたら「仲裁はスイスのヴォー州ローザンヌで行なわれる」[*10]ってなってますよ。ローザンヌ駅の正面口にでっかく「Lausanne Capitale Olympique（オリンピック首都、ローザンヌ）」とあるのは伊達じゃない、ってことですよね。スイスなら夏季大会も冬季大会も開催できるし、名実ともに「オリンピック首都」になったらいいじゃないですか。もちろんスイスの人たちの民意を問わないわけにはいきませんが、幸いスイスって直接民主制の国ですよね。大事なことは住民投票とか国民投票で決める国ですよね。だからほかのどの国よりもちゃんとした手順で、ローザンヌを「新オリンピア」にするかどうか、民主的に決められるんじゃないですか？

　この提案が「バカバカしい」と一蹴されてしまうなら、その時はＩＯＣの解体を要求せざるをえなくなるだろう。

注

＊1　Jade Lindgaard et Patrick Braouezec, « Que laisseront les J.O. à la Seine-Saint-Denis ? », *Le Un Hebdo* n° 480, le 24 janvier 2024.

＊2　Patrick Braouezec, « Chantiers des JO de Paris 2024 : la priorité, les gens », *Le Journal du Dimanche*, le 25 avril 2020.

＊3　Martin Müller, Sven Daniel Wolfe, Christopher Gaffney, David Gogishvili, Miriam Hug and Annick Leick, 'An evaluation of the sustainability of the Olympic Games', *Nature*, volume 4, pp.340–348, 2021. https://www.nature.com/articles/s41893-021-

00696-5（二〇二四年四月六日閲覧）

＊4　ここで挙げた種目はすべて、パリ五輪では仮設会場で行なわれる。

＊5　村上春樹『シドニー！②　ワラビー熱血篇』文春文庫、二〇〇四年、pp.60-61。

＊6　Team GB, *The Austerity Games: Celebrating 75 years since London 1948*, 29 July 2023. https://www.teamgb.com/article/the-austerity-games-when-the-world-came-together-again-after-ve-day/1wYatFvwh4iC2abRVzPoVd（二〇二四年四月二三日閲覧）

＊7　Le comité international olympique, *Comment Lausanne a basculé vers sa destinée olympique*, le 11 août 2020. https://olympics.com/cio/news/comment-lausanne-a-bascule-vers-sa-destinee-olympique（二〇二四年四月二三日閲覧）

＊8　L'Assemblée fédérale – Le Parlement suisse, *Postulat 98.3385, TVA. Suppression de l'exonération accordée au CIO*, déposé le 23 septembre 1998. https://www.parlament.ch/fr/ratsbetrieb/suche-curia-vista/geschaeft?AffairId=19983385（二〇二四年四月二三日閲覧）

＊9　国際オリンピック委員会『オリンピック憲章（二〇二三年版）』「第二章　規則一九」日本オリンピック委員会訳、二〇二三年、p.44

＊10　国際オリンピック委員会、東京都、日本オリンピック「第三二回オリンピック競技大会開催都市契約」、東京都訳。

装幀　近藤みどり

カバー／扉　装画

題名：Carte des Saccages des JOP 2024

作成：Saccage 2024 (saccage2024.noblogs.org)

編集：À la criée (alacriee.org)

佐々木夏子（ささき・なつこ）

文筆・翻訳業．2007 年よりフランス在住．立教大学大学院文学研究科博士前期課程修了．訳書にエリザベス・ラッシュ『海がやってくる——気候変動によってアメリカ沿岸部では何が起きているのか』（河出書房新社、2021 年），共訳書にデヴィッド・グレーバー『負債論——貨幣と暴力の 5000 年』（以文社、2016 年）など．

パリと五輪 ── 空転するメガイベントの「レガシー」

2024年7月12日　初版第1刷発行

著　者　佐々木夏子
発行者　前瀬宗祐
発行所　以　文　社
印刷・製本　中央精版印刷

〒101-0051 東京都千代田区神田神保町2-12
TEL 03-6272-6536　FAX 03-6272-6538
http://www.ibunsha.co.jp/

ISBN978-4-7531-0387-4